百家廊文丛
BAIJIALANG WENCONG

# 清代下层女性研究
## 以南部县、巴县档案为中心

毛立平 ○ 著

本书受中国人民大学科学研究基金项目暨中央高校基本科研业务费专项资金支持

中国社会科学出版社

### 图书在版编目（CIP）数据

清代下层女性研究：以南部县、巴县档案为中心 / 毛立平著 . —北京：中国社会科学出版社，2023.5（2024.8 重印）

（百家廊文丛）

ISBN 978 - 7 - 5227 - 1713 - 5

Ⅰ.①清… Ⅱ.①毛… Ⅲ.①女性—社会生活—研究—中国—清代 Ⅳ.①D442.9

中国国家版本馆 CIP 数据核字（2023）第 068093 号

| | |
|---|---|
| 出 版 人 | 赵剑英 |
| 责任编辑 | 马　明 |
| 责任校对 | 何欣欣 |
| 责任印制 | 王　超 |

| | |
|---|---|
| 出　　版 | 中国社会科学出版社 |
| 社　　址 | 北京鼓楼西大街甲 158 号 |
| 邮　　编 | 100720 |
| 网　　址 | http://www.csspw.cn |
| 发 行 部 | 010 - 84083685 |
| 门 市 部 | 010 - 84029450 |
| 经　　销 | 新华书店及其他书店 |
| 印刷装订 | 三河市华骏印务包装有限公司 |
| 版　　次 | 2023 年 5 月第 1 版 |
| 印　　次 | 2024 年 8 月第 2 次印刷 |
| 开　　本 | 710×1000　1/16 |
| 印　　张 | 16.25 |
| 插　　页 | 2 |
| 字　　数 | 230 千字 |
| 定　　价 | 88.00 元 |

凡购买中国社会科学出版社图书，如有质量问题请与本社营销中心联系调换
电话：010 - 84083683
版权所有　侵权必究

# 绪论　从妇女史到性别史：清代女性研究的回顾与反思

尽管有关女性问题的讨论自古有之，像缠足究竟起于何时、源于何故，妓女文化在不同时代的发展和影响……至迟在明清时代就已成为文人讨论和关注的话题。但具有现代意义的妇女史研究始于20世纪二三十年代。新民主主义革命时期，中国妇女史的研究迎来了"第一次高潮"，各种有关中国妇女的论著不下几十种乃至上百种。然而需指出的是，这些论述虽然以学术的面貌出现，却以揭露男权压迫、呼吁妇女解放为旨归，将妇女的落后看作中国落后的缩影，而以解放妇女作为打破中国旧文化桎梏的钥匙。因此，这一阶段的妇女史研究多以"压迫—解放"为主题，而将妇女设定为"受害者"的角色，其写作的起因与目的从某种程度而言反倒远离了妇女本身。

20世纪90年代以来，随着社会史研究的兴起，妇女史越来越成为学者，特别是女性学者关注的议题，[①] 并且发展迅速，一时间几成历史研究中的"显学"。这次研究高潮中，研究者们基本突破了以女性作为"受害者"角色的设定，将女性看作历史的构造者和积极参与者，尽力实践"把妇女还给历史，以及把历史还给妇女"的双重目

---

① 高世瑜就曾指出："完全投入妇女史研究的学者人数不多，有研究功力的学者尤其是男学者往往不屑于专门从事妇女史研究，这就造成了研究队伍不仅人数有限，而且素质不是很高，同时性别构成不平衡，女性占了绝大多数。"参见高世瑜《发展与困惑——新时期中国大陆的妇女史研究》，《史学理论研究》2004年第3期。同时需要指出的是，这不仅仅是中国的问题，国外妇女史学界也存在同样的性别偏差。

的。尽管研究质量仍然参差不齐,但妇女史研究的数量却呈逐年稳步上升态势,至今已蔚为大观。笼统估算,进入 21 世纪的二十余年间,中国大陆地区出版的严格意义上的妇女与性别史著作、译著与论集就有百余种,论文数千篇。特别是妇女史、性别史方向成为博、硕士论文的热门选题对象（现有的妇女史研究论文中博、硕士论文占到将近半数）,可见这一领域仍具有相当乐观的发展前景。① 而清代由于其末代王朝的特性,存留至今的各类史料最为丰富,包括大量的在历史上属于"沉默群体"的女性相关资料,因而清代妇女史研究也最受关注,并在过去二十余年中得到长足发展。在这样一个学科发展迅速,但希望与问题并存的背景下,且值清史研究走过一个世纪之际,笔者觉得有必要对清代妇女史、性别史的研究进行回顾与反思,在梳理成就的同时找到问题及其根源所在,以期为未来的研究突破贡献绵薄之力。

## 一 清代女性的社会经济地位

如前所述,20 世纪 90 年代以来,学者们基本摆脱了中国传统社会中女性系"受害者"的论调,但是妇女地位究竟如何,具体至清代而言,女性的社会地位究竟是高还是低？她们在家庭或家族中能享有哪些权利？这一直是学者们正面热议或研究中隐含的话题。

滋贺秀三有关中国传统社会女性地位的论断,对人们研究妇女的家庭、社会地位有着深远的影响。他指出："在围绕家产的权利关系上,和父的生存期间儿子的存在宛如等于无一样,夫的生存期间妻的存在也隐在夫的阴影中等于没有。即妻的人格被夫所吸收。"只有当丈夫去世后,寡妻才能保持原样地代替夫享受其地位的权利。"像这样的妻的人格被夫所吸收、夫的人格由妻所代表的关系,我想将其称

---

① 相关数据参见高世瑜《从妇女史到妇女/性别史——新世纪妇女史学科的新发展》,《妇女研究论丛》2015 年第 3 期。

绪论　从妇女史到性别史：清代女性研究的回顾与反思

为在法律意义上的夫妻一体的原则。"在此基础上，以财产权为例，妇女所拥有的财产权指在丈夫去世后对于家庭财产的管理权，而并不存在所有权。① 但正如美国学者白凯（Kathryn Bernhardt）所反驳的，滋贺只注重了女性财产权利的法律原则，而忽略了实际生活中的司法实践。② 可惜的是，尽管白凯批判了滋贺秀三的法律条文本位的观点，但仍认为明代以来的法律将寡妇"降格为一个财产的监护人"，虽然清代因贞节崇拜而赋予寡妇更大的嗣子选择权利，其讨论仍限于寡妇替嗣子监管丈夫财产的范畴，而未能对妇女的财产权利做出实质性的突破研究。③ 其根源在于，白氏对明清妇女财产权利的研究尽管参考了一些官员判案的实例，但总体上仍以官方法律文本为基础，并未对民间的司法实践进行深入剖析。这是她虽反对滋贺的观点，但本身仍无法突破的重要原因。

近年来，越来越多的国内学者开始注重利用方志、文集、司法档案、契约文书等资料来研究妇女史，这与社会史兴起后史学界"眼光向下"的学术转向相契合，而通过对这些更贴近民间的史料进行研究和分析，学者们也得出了与之前的认识不同的有关妇女社会和家族地位、经济和司法权利的结论。

阿风利用契约文书与诉讼档案对明清时代的妇女地位进行总体考察，指出明清妇女在家庭和社会中扮演着重要角色、拥有相当的家族地位和经济权利，且能够在司法审判中发挥其能动性，为本人及家族争取更大的利益。④ 尽管阿风的研究仍未完全跳出早期日本学者滋贺秀三、仁井田陞等有关家族法的窠臼，但基于基层史料的研究使得他

---

① ［日］滋贺秀三：《中国家族法原理》，张建国、李力译，法律出版社2003年版，第109页。
② ［美］白凯（Kathryn Bernhardt）：《中国的妇女与财产：960—1949年》，上海书店出版社2003年版，第44页。
③ ［美］白凯：《中国的妇女与财产：960—1949年》，上海书店出版社2003年版，第43—66页。
④ 阿风：《明清时代妇女的地位与权利——以明清契约文书、诉讼档案为中心》，社会科学文献出版社2009年版。

3

进一步肯定了明清女性在社会和家族中的法律和经济地位。除被广泛利用的徽州契约文书外,妇女史学者们继续挖掘清代其他地方的契约文书,并从中探查女性在土地、借贷等交易中的活动与作用,指出妇女能够以"买方"、"卖方"和"中人"等多元的身份在家庭大宗交易中发挥重要作用:"她们在契约中的各种表现,也意味着妇女在家庭中享有的经济地位得到了社会的认同与肯定。"① 其实,妇女的经济权利不仅体现在契约交易中,还体现在社会和家庭生活的各个层面。李华丽的研究证明清代许多妇女靠劳作独立承担起家庭生计,对家庭和社会的稳定作出贡献;刘盈皎、张生的研究则证明,清代不论满汉妇女都可在一定程度上拥有自己的财产,并且其财产得到了政府的保障。②

在谈及女性的经济或财产权利时,除作为妻子对夫家财产的权益之外,学界所关注的另一焦点在于女儿的财产继承权问题。这一问题最早的争论来自日本的中国法制史学者仁井田陞和滋贺秀三。仁井田陞强调家庭财产由家庭所有成员共同所有,因此女儿和儿子同样拥有财产继承权,只不过程度上有所区别而已;滋贺秀三则认为家庭财产的所有者并非全体家庭成员,而与宗祧继承相一致,因此只有男性子嗣可以祭祀祖先并继承财产,家庭中女儿唯一的权利是在成长时受到抚养和出嫁时得到嫁妆。③ 也正是依照这样的思路,白凯在其研究中否定了从宋代至明清时代女儿在家庭中拥有财产继承权的可能性。④

---

① 阿风:《明清时期徽州妇女在土地买卖中的权利与地位》,《历史研究》2000 年第 1 期;张启龙、徐哲:《被动的主动:清末广州高第街妇女权利与地位研究——以契约文书为例》,《妇女研究论丛》2015 年第 2 期;刘正刚、杜云南:《清代珠三角契约文书反映的妇女地位研究》,《中国社会经济史研究》2013 年第 4 期;吴声军:《从贺江文书看清代以降南岭走廊妇女的权利——兼与清水江文书的比较》,《广西社会科学》2016 年第 6 期。
② 李华丽:《清代妇女的家庭生计问题研究》,《历史教学问题》2009 年第 5 期;刘盈皎、张生:《无财不能立身——清代妇女财产权保障研究》,《湖北大学学报》2013 年第 4 期。
③ [日]仁井田陞:《中国法制史研究:奴隶农奴法·家族村落法》,东京大学出版会 1980 年补订版;[日]滋贺秀三:《中国家族法原理》,张建国、李力译,法律出版社 2003 年版,第 457—458 页。
④ [美]白凯:《中国的妇女与财产:960—1949 年》,上海书店出版社 2003 年版,第 8—42 页。

绪论　从妇女史到性别史：清代女性研究的回顾与反思

然而，滋贺派学者所忽略的，恰恰是他本人所提出的女儿获得嫁妆的权利。笔者所见最早将嫁妆看作女性财产继承权的是经济史学者邢铁，他在1996年的研究中指出，作为法律概念的现代意义的家产继承权，与中国古代社会中继产方式的实践应当区分开来，"不能仅仅以找到法律依据者才认定为权力，应该把实际存在的各种因素引起的各种机会和方式都视为继产权的体现"。因此，奁产陪嫁是女儿参与娘家析产的"通常方式"。① 其后，笔者通过对清代嫁妆的系统研究，推进了人们对清代妇女财产权利的认知。通过对史料的系统梳理，笔者证明，清代女性不仅拥有以嫁妆形式参与娘家财产分析的权利，而且在婚后，嫁妆始终属于女性的私有财产，可与夫家财产分开存放，常常只能由女性本人支配。这部分"私财"大大拓展了女性在婚姻前后的经济权利，也使得她们在很多情形下有经济能力干预家庭、家族内外事务，相应提高了她们的家庭和社会地位。②

除女性在家庭和家族中的经济地位外，随着近年来地方司法档案的逐步发掘，学者们开始越来越多地关注司法档案中的女性记录，展开女性司法和诉讼权利的研究，这样的研究大大拓宽了人们对于传统女性活动场域和社会活动能力的认知，也是对女性社会地位的进一步反思。在这一研究过程中，不管是法律史学者还是妇女史学者都不约而同地指出：尽管清代法律对妇女究竟是否可以提起诉讼的规定有些模棱两可，但女性可以通过"抱告制度"广泛地参与到诉讼中来，这一点是确定无疑的。在地方司法实践中，不仅"抱告"在某种程度上流于形式——妇女本人才是真正的诉讼主体，且不少中下层妇女对于司法程序及内幕有着相当的了解，她们不仅积极参讼，还充分利用自

---

① 邢铁、高崇：《宋元明清时期的妇女继产权问题》，《河北师院学报》（社会科学版）1996年第1期。在其后的著作《家产继承史论》中，作者又对该问题进行了进一步阐述，参见邢铁《家产继承史论》，云南大学出版社2000年版。

② 毛立平：《清代嫁妆研究》，中国人民大学出版社2007年版。

己的性别"弱势"去博得县官的同情,以获取有利的判决。① 尽管妇女参与诉讼可能存在外力的帮助或影响,比如族人或讼师的帮助和"唆使",但这并不影响"她们利用了加强性别等级的法律,并将这些法律反过来在司法场景中为她们的利益服务"。② 不仅州县档案中所呈现的民事诉讼中有较多的女性参与,对京控案件的研究亦表明,即便在京控这样的重大案件中,亦有约三分之一的诉讼人为女性。她们或为丈夫、儿子诉冤,或为家族争取权益,或为自己证明清白,奔走于家乡与京城之间,给地方和中央政府都带来一定的压力。正如胡震所指出的:"对晚清京控的研究却表明,清代妇女是国家诉讼这个公共领域中的一群十分活跃的参与者。"③ 因此,"清代妇女缺乏诉讼权利的结论过于简单,应该进行全面检讨"④。

笔者认为,对女性参与司法诉讼的研究,不仅证明清代女性拥有相当的诉讼权利,而且更进一步展示了女性对外界社会的了解程度与参与程度。这些研究打破了中上层妇女"大门不出,二门不迈"、下层妇女虽出门参与劳动却对外界社会无知无识的固见,体现出妇女不仅勇于走出家门、走入公堂,且对外界社会及司法程序有着一定的了解,她们利用各种可以凭借的力量(如讼师、家族中的男性);利用法律的空子(清代法律并没有明确规定妇女是否可以参讼),并利用自身劣势将其转化为优势(在诉讼中故意显露自身的弱势以

---

① 参见毛立平《"妇愚无知":嘉道时期民事案件审理中的县官与下层妇女》,《清史研究》2012年第3期;吴欣《清代妇女民事诉讼权利考析——以档案与判牍资料为研究对象》,《社会科学》2005年第9期;姚志伟《清代妇女抱告探析》,《法学杂志》2011年第8期;吴佩林《清代四川南部县民事诉讼中的妇女与抱告制度——以清代四川〈南部档案〉为中心》,载黄宗智主编《中国乡村研究》(第八辑),福建教育出版社2010年版。

② [美]麦柯丽(Melissa Macauley):《挑战权威——清代法上的寡妇和讼师》,载高道蕴、高鸿钧、贺卫方主编《美国学者论中国法律传统》,清华大学出版社2004年版。

③ 胡震:《诉讼与性别——晚清京控中的妇女诉讼》,载《近代法研究》第1辑,北京大学出版社2007年版;李源:《性别与权力:清代女性参与京控案再研究》,载《述往而通古今,知史以明大道——第七届北京大学史学论坛论文集》,2011年;刘正刚、杨彦立:《晚清妇女京控案探析:以台湾林戴氏为中心》,《暨南史学》(第八辑),广西师范大学出版社2013年版。

④ 姚志伟:《清代妇女抱告探析》,《法学杂志》2011年第8期。

绪论　从妇女史到性别史：清代女性研究的回顾与反思

博得县官的同情），获得有利于自己及其家族的判决。学者们发现不少案件是在家庭中存在成年男性的情况下而由妇女牵头诉讼，实证性地体现出我们对于传统女性的家庭和社会地位应当有新的客观的评价。

## 二　清代的阶级、族群与性别

自20世纪90年代妇女史研究兴起以来，尽管研究成果蔚为大观，但研究取向却呈现出明显的阶级、地域和民族上的不均衡。女性群体中最先得到研究者关注的是上层女性。其原因很简单，上层女性由于其所属阶层的文化特权而保留有更多的史料记载：传记和行状、墓志铭、亲友的回忆录、女性本人的诗集和文集等。特别是清代以"才女文化"著称，使得才女及其作品研究成为文学领域与史学领域共同关注的课题。同时，由于明清文化发展的地域特点，这些才女又主要集中于两个区域——江南与京城。正如曼素恩（Susan Mann）在其著作《缀珍录：十八世纪及其前后的中国妇女》的引言中所说：书中所论及的妇女"都来自于社会顶端的精英阶层，她们所受的教育程度之高，甚至远远超过我们今天的绝大多数人。她们许多人过着一种我们几乎无法想象的特权生活，闲适与饱学将她们与帝国晚期99.9%的妇女隔绝开来。更重要的是她们中的70%以上来自于中国中部的沿海一隅。"①如何处理妇女史研究中的阶级、地域与族群差异，成为摆在妇女史学者面前的一个重要课题。

"江南"在清代的文化蕴含，已由杨念群进行了透彻深入的分析。②需要指出的是，这一文化核心区域不仅属于男性，也属于女性。

---

① ［美］曼素恩（Susan Mann）：《缀珍录：十八世纪及其前后的中国妇女》，定宜庄、颜宜葳译，江苏人民出版社2005年版。

② 杨念群：《何处是"江南"？：清朝正统观的确立和士林精神世界的变异》，生活·读书·新知三联书店2010年版。

郭蓁通过对清代江浙地区诗人数量的统计得出："有清一代诗坛，江、浙诗人的数量便一直高居榜首……统计数据足可印证清代女诗人分布的地域特征与男诗人相一致的事实。"① 而清代女性文学之所以如此兴盛，与家庭氛围、社会文化乃至国家影响都有直接或间接的关系。从家庭内部因素来看，卢苇菁指出，为女儿提供良好的教育是18世纪精英家庭维护其社会地位和声誉的重要手段。同时，在清代人口压力不断增大的背景下，父亲培养儿子从事科举的压力也在不断增强，而提高女儿的教育和修养，除能增加家族荣誉外，还给父亲带来轻松、愉悦的家庭感受。女儿出嫁后仍可以通过文字唱和的方式保持与父亲的联系，成为她们与原生家庭终生的联结纽带。② 从整体的社会环境考量，郭蓁指出，女性文学的繁荣"与清王朝对女性较为宽松的文化政策，男性作家对女诗人的爱护、支持和帮助，以及文化型家庭对女性教育、培养、扶植等等的关爱"息息相关。③ 可惜的是，郭蓁文中对于"清王朝对女性较为宽松的文化政策"并未做具体深入的论述。笔者认为，这正是清代女性文学繁荣的深刻政治背景。如同只强调汉族男性"剃发易服"而允许汉族女性穿着汉族传统服饰一样，清代的文字狱也仅针对男性，在这样的文化压抑背景下，士人家庭将文学唱和的兴趣部分地从同人之间转向与家庭中的女性进行，而女性也由于相对宽松的文化政策而能有较为自由随性的发挥。何湘指出，清代江南女性诗坛形成一种豪迈的风格④，即应与这样的社会政治背景有关。

京城是清代除江南之外的另一女性文学核心区域，其与江南最大的不同在于京城才女的民族特征。同江南才女一样，清代"满族才女

---

① 郭蓁：《清代女性诗人群的总体特征——以清初至道咸诗坛为中心》，《齐鲁学刊》2008年第5期。
② Weijing Lu（卢苇菁），"A Pearl in the Palm: A Forgotten Symbol of the Father-Daughter Bond", *Late Imperial China*, 31: 1, 2010, pp. 62–97。
③ 郭蓁：《论清代女诗人生成的文化环境》，《山东社会科学》2008年第8期。
④ 何湘：《论清代江南女性诗的风云之气》，《苏州大学学报》2013年第1期。

绪论　从妇女史到性别史：清代女性研究的回顾与反思

绝大多数出身于中上层家庭和文人代出的家庭"。受汉文化影响渐深的满洲贵族，女性文学修养也发展迅速。对于史学研究而言，"满族妇女诗歌的价值，并不主要在于它们是妇女所作，而主要在于这些诗歌能够生动形象地表现清代满族妇女在政治、经济中的地位和处境"①。如纳兰氏诗中所反映的清初满族女性的豪爽雄健之风、顾太清诗词中所体现的家世沉浮对其个人际遇的影响等。值得指出的是，京城还是南北女性文学的交汇之处，这一点正是以往学者研究的不足所在，如纳兰性德纳江南女词人沈宛为妾，嘉庆年间完颜廷鏴娶江南才女恽珠为妻。恽珠不仅著有《红香馆诗词集》，还按照清廷所提倡的女性道德标准编选了《国朝闺秀正始集》，集结了清代各地女性诗人的诗词作品。在其影响下，儿媳、孙女都以能诗著称，为旗人女性诗人的产生和发展作出了贡献。因此，当我们研究清代才女问题时，不仅应当重视其在文学和时代上的共性，也应注重其族群和地域的差异性，以及二者之间的联络和交流，才能从总体上把握清代才女文化的实质。

尽管清代才女辈出，但她们毕竟是女性中的少数群体，女性历史显然由更多的普通女性或者说中下层女性构成。近年来新史料的不断发掘，使我们的研究得以渐渐从上层妇女过渡到中下层妇女。如前所述，契约文书和司法档案是这类史料的主体。司法档案对于妇女史研究的意义，容后文详述。此处要说明的是，妇女史研究对于司法档案的运用，绝不限于考察女性的诉讼权利和法律地位，档案中所提供的女性诉状和供词，以及其中所包括的作为证据审呈的大量民间契约，如卖妻文约、主嫁文约、招夫养子文约、赎女另嫁文约、娘婆两家集理文约等史料，与诉状、供词及县官的判决一起，多面而生动地反映出中下层女性的生活状态和社会关系。笔者通过对南部县档案中所反映的出嫁女与娘家关系的考察，得出不仅上层社会出嫁女与娘家联系

---

① 张佳生：《清代满族妇女诗人概述》，《满族研究》1989 年第 1 期。

紧密（如前述卢苇菁的研究），下层妇女婚后亦与娘家保持着密切的联系，亲情和利益是这种联系的主导因素。① 张晓霞利用巴县档案对该地的孀妇再嫁问题进行探讨，用地方实例印证了清代男女比例失调使女性在婚姻市场上成为奇货而导致孀妇难以守节的宏观论调在巴县同样存在。② 李清瑞则利用巴县档案对清代四川地区的拐卖妇女案件以及拐案所反映出的各种社会问题进行分析，指出四川移民社会的背景和妇女个人及其家庭的因素共同导致拐案盛行。③ 苏成捷（Matthew H. Sommer）通过对巴县、南部县、宝坻县档案中的272件卖妻案件的深入考察，指出妻子和土地一样，是下层男性的最后财产，而"卖妻"在某种程度上也是下层百姓（包括妇女）的一种生存策略。④

妇女史研究"眼光向下"的转变着实可喜，但在族群和地域方面研究的不均衡态势仍旧相当明显。汉族妇女以外，只有作为统治民族的满族女性受到一定的关注。定宜庄所著《满族的妇女生活与婚姻制度研究》可谓这一领域的奠基之作。定氏通过描述入关前后满族妇女社会生活习俗、贞洁观念和家庭地位的变化，对满族女性"从扬鞭马背之上到深藏闺阁之中"的角色转变进行了较为深入的考察和反思。⑤ 其后，定宜庄教授再发两文，对当前满族妇女史研究进行进一步总结和思考。她指出满汉两个民族在深层次的价值观和审美观上的差异，但这与妇女地位的高低并无直接关系。即"扬鞭马背之上"并不能证明满族女性入关前即不受男权束缚、地位高。早在清入关前，妇女就是男人权力斗争的工具，可以被任意抢掠、变卖、交换，整个社会对

---

① 毛立平：《清代下层妇女与娘家的关系——以南部县档案为中心的研究》，台湾"中研院"《近代中国妇女史研究》第21期（2013年6月）。
② 张晓霞：《清代巴县孀妇的再嫁问题探讨》，《成都大学学报》2013年第2期。
③ 李清瑞：《乾隆年间四川拐卖妇人案件的社会分析——以巴县档案为中心的研究（1752—1795）》，山西教育出版社2011年版。
④ ［美］苏成捷（Matthew H. Sommer）：《清代县衙的卖妻案件审判：以272件巴县、南部与宝坻县案子为例证》，载邱澎生、陈熙远编《明清法律运作中的权力与文化》，台北：联经出版公司2009年版，第361—374页。
⑤ 定宜庄：《满族的妇女生活与婚姻制度研究》，北京大学出版社1999年版。

绪论　从妇女史到性别史：清代女性研究的回顾与反思

于妇女的歧视也非常明显。入关后，满族统治者自觉地用儒教纲常重塑自己的民族，这既是他们得以成功地统治这个泱泱大国的原因，也是导致这个民族最终衰弱的主要原因。与男子共同经历了这场深刻变革的满族妇女，在付出比男子更大代价的同时，也保留了潜藏于这个民族深处的一些因素，并反过来对汉族社会造成影响。① 同时，定宜庄教授呼吁在满族妇女史研究中重视满文史料的挖掘，重视满族妇女与八旗制度之间的紧密联系，运用社会性别理论将满族妇女史研究引向深入。② 赖惠敏教授是另一位关注旗人妇女研究的重要学者，她在《清代皇族妇女的家庭地位》《清代旗人妇女财产权之浅析》《妇女无知？清代内府旗妇的法律地位》三篇论文中分别对清代皇族女性、普通旗人妇女和内务府旗妇的家庭、社会、经济和法律地位进行了较为全面的论述，指出旗人女性婚前与婚后在家庭和社会中地位的变化，及其相较于汉族女性所不同的家庭和社会地位、经济和司法权益。她的研究都以内务府等原始档案为基础，为我们揭示了以前较少为外人所了解的不同阶层和不同身份的旗人女性的生活环境和生存状况。③

除满、汉之外其他族群的女性研究，至今可以说仍旧是凤毛麟角，但我们仍可看到一些学者已经开始了这一领域的拓展。如吴克尧和包海凤注意到康熙朝锡伯族政治性迁徙过程中锡伯女性的经历和遭遇；④ 吴才茂从清水江文书考察清代苗族女性在土地买卖中所起到的作用及其所反映的女性社会经济地位；⑤ 李国彤则通过对蓝鼎元的女学著

---

① 定宜庄：《有关满族妇女史研究的几点思考》，《国际满学研讨会论文集》，2009 年。
② 定宜庄：《关于清代满族妇女史研究的若干思考》，《吉林师范大学学报》2014 年第 6 期。
③ 赖惠敏：《清代皇族妇女的家庭地位》，台湾"中研院"《近代中国妇女史研究》第 2 期（1994 年 6 月）；赖惠敏、徐思泠：《清代旗人妇女财产权之浅析》，台湾"中研院"《近代中国妇女史研究》第 4 期（1996 年 6 月）；赖惠敏：《妇女无知？清代内府旗妇的法律地位》，台湾"中研院"《近代中国妇女史研究》第 11 期（2003 年 12 月）。
④ 吴克尧：《康熙朝锡伯族妇女悲惨命运述略》，《黑龙江民族丛刊》2000 年第 4 期；包海凤：《从康熙朝档案研究锡伯族妇女遭遇》，《黑龙江史志》2006 年第 3 期。
⑤ 吴才茂：《清水江文书所见清代苗族女性买卖土地契约的形制与特点——兼与徽州文书之比较》，《安徽师范大学学报》2017 年第 3 期。

11

作进行考察，探讨他如何在畲族地区宣传儒家的家庭观念与妇德。① 尽管清代少数民族女性的研究仍处于起步阶段，且研究成果的水平参差不齐，有些尚处于初步探索阶段，但我们有理由相信，随着性别史研究的逐步深入，不同族群和区域的女性群体会逐步走入研究者的视野，这也是未来妇女/性别史发展的重要方向之一。

## 三 性别研究视野的开拓与史料的甄别

自20世纪六七十年代妇女史研究在世界范围内兴起以来，女性这一历史上"失声的群体"开始成为史学研究的对象，而"性别"也成为历史研究的一个全新视角。半个多世纪以来，各国的妇女史学者力图搜求不同时代、不同阶层女性生产、生活的记录和记忆，以填补历史书写中的性别空白。但是，妇女史研究始终受到来自两个方面因素的限制。一是研究领域的局限性，人们往往误认为妇女史或性别史就是描述和分析内闱之事或女性之间的联结，外界社会属于男性，基本与妇女无关。因此，妇女史常常与婚姻家庭史的研究纠结在一起，难分彼此，有人甚至认为妇女史就是婚姻家庭史学的一个分支。这样的观念在很大程度上限制了妇女史研究，也是促成学界将"妇女史"发展为"性别史"的主要因素之一。二是妇女史研究在很大程度上仍受到资料缺乏的限制——女性既为"失声的群体"，绝大多数女性在历史上很难留下确切而翔实的书面记录，而有限的记忆或回忆类资料不仅受时代限制，且受个人情感等因素的影响，正如国内妇女史研究的开创者之一高世瑜所言，史料鉴别问题已经成为妇女史研究的瓶颈。② 因此，史料的开拓与甄别也是妇女史研究

---

① Guotong Li（李国彤），"The Control of Female Energies: Gender and Ethnicity on China's Southeast Coast", *Gender and Chinese History: Transformative Encounters*, edited by Beverly Bossler, Seattle: University of Washington Press, 2015, pp. 41–57.

② 高世瑜：《妇女史研究的瓶颈——关于史料鉴别问题》，《中华女子学院学报》2011年第4期。

绪论 从妇女史到性别史：清代女性研究的回顾与反思

中非常重要的问题。

从研究视野而言，随着妇女史向性别史"提法"的转变，学者们在不断拓宽中国妇女史研究的视野和范畴，尽管有些研究尚显薄弱或肤浅，但都不失为清代妇女史研究全面展开的有益探索。如前所述，不仅上层女性受到关注，下层妇女的生存状态与生活环境也开始成为关注的话题。不仅汉族女性受到较为深入的研究，满族以及清代其他少数民族的女性也开始进入研究者的视野。不仅内闱家事是研究主题，各个领域的女性贡献都逐渐为学者所关注，特别是美国学者在这方面的探索尤为突出。高彦颐（Dorothy Ko）的《闺塾师：明末清初江南的才女文化》向我们展示了帝国晚期一个游历的女性群体，指出明清的江南闺秀远不是受压和无声的，这些妇女在男性支配的儒家体系中，创造了一种丰富多彩和颇具意义的文化生存方式。作者通过儒家理想化理论、生活实践和女性视角的交叉互动，重构了这些妇女的社交、情感和智力世界。透过妇女的生活方式，该书提出了一种考察历史的新方法。① 曼素恩的《缀珍录：十八世纪及其前后的中国妇女》对十八世纪盛清时代女性的工作、娱乐、写作、信仰及人生历程进行了深入细致的研究，体现出女性在清代盛世的风貌和贡献，该书利用习见的、由男性书写的史料与妇女自身的作品相参照，这本身便推开了一扇通向中国女性世界的崭新窗口。② 白馥兰（Francesca Bray）的《技术与性别：晚清帝制中国的权力经纬》，力主将科技看作表达与塑造中国文化、社会形态的有力的物质形式，并采取这样一种视角考察了宋代至清代中国传统社会中的"女性技术"，从家庭的生活空间、女性的纺织生产、女性的生育与保健等方面，深入而有力地分析了科技如何强有力地传播和塑造了中国传统文化中的性别规则与

---

① ［美］高彦颐（Dorothy Ko）:《闺塾师：明末清初江南的才女文化》，李志生译，江苏人民出版社 2005 年版。
② ［美］曼素恩:《缀珍录：十八世纪及其前后的中国妇女》，定宜庄、颜宜葳译，江苏人民出版社 2005 年版。

女性角色。与我们对传统女性的固有认知不同,作者认为,妇女并非父权、夫权的被动牺牲品,而是中国传统文化形态与社会秩序的积极有力的参与者。① 作为外国学者研究中国历史,以上著作或多或少在某种层面上具有"他者"的文化心态,但她们独到的研究视角和不拘一格的史料应用,都为我们开拓妇女史研究的视野做了很好的启示。

除视野的开拓之外,史料的开拓对于妇女史研究及发展也是至关重要的。"任何史料都是有局限的,对于像妇女史这样新兴的学科尤其是如此,所以在研究中,尽量开拓史料收集的范围是必要的。"② 妇女史研究中,不仅档案、文书等汉文史料应当被广泛挖掘,清代其他少数民族文字,特别是满文史料亦应当受到相当的重视。如清代旗人女性问题被统治者看作内务之事,常常仅用满文记录,据笔者查阅内务府档案的经验,乾隆朝之前的宫廷女性记载多为满文。因此,正如一些国内外学者所提倡的要大力学习满文、拓展满文史料,与汉文史料相互印证、补充,这不仅是研究清代政治史的必要途径,也是清代妇女史研究中同样存在的问题。然而在进行满汉文史料对照时,我们尤其应当注意"甄别"的问题。"现存汉文史料大多出自汉族文人或饱受儒家礼教浸染的满族文人之手,他们是以汉族的观念和用语对满族习俗加以观察和表述的。表面上看来,满族许多制度和习俗与汉制似乎无甚区别,实质上却有诸多名同实异之处。而满族统治者出于各种考虑,对于自己早期的习俗又常常有意无意掩盖和抹煞。因此研究中必须尽量阅读文献的原文也就是满文而不是汉译本。往往也必须耗费精力,探寻一些名词的满文甚至蒙古文原文,以求找到它的真实含义,从而理解这些词语中反映的真实观念。这是一项相当困难琐碎但

---

① [美]白馥兰(Francesca Bray):《技术与性别:晚期帝制中国的权力经纬》,江湄、邓京力译,江苏人民出版社2005年版。
② 定宜庄:《关于清代满族妇女史研究的若干思考》,《吉林师范大学学报》2014年第6期。

不能避开的工作。总之，注重本民族文字纪录的史料，就会避免诸多误解，也才能使研究更加深入。"①

的确，在大力挖掘和开拓新史料的同时，必须客观看待"文本"记录与"史实"之间的关系问题。其实相对而言，中国女性在历史记录中并非完全隐没不见，从刘向《列女传》之后，便陆续有女性类传出现，至范晔《后汉书》设《列女传》，女性遂于正史中占有固定席位——宫廷女性多被收入后妃、公主或外戚传中，其他女性则以德行为标准，收入《列女传》。这使得不仅贵族女性有机会被写入史志，中下层女性也可以通过节孝等品质青史留名。特别是宋元之后，正史《列女传》有强调"匹妇"行谊的趋势，及至明清，荆钗布裙成为主要入传人选。② 正史之外，各类地方史志、文人所写的妇女传记（包括行状、寿志、墓志铭、祭文等），共同形成了中国历史上独特的女性记录传统。但是，正如一些学者所警示的，"记载"并不等于"史实"。中国的女性记载传统有其深刻的历史背景和时代烙印。首先，各类史志记载女性的目的在于提供为世人效仿之楷模，因此除刘向《列女传》设"孽嬖传"外，其他女性传记一律只收录正面的女性形象，且"正面"的含义从女性的仁孝、慈爱、智勇、节烈，至明清渐渐缩小为只有节烈，且只有奇苦的节烈行为方可作为入传之资本。③ 节烈之外的其他类型女性形象，未得留下记载，更别说"负面"形象。其次，绝大多数女性传记的作者为男性，他们往往从男性角度有选择地描述女性的行为方式乃至内心世界，其写作目的，正史多为彰显统治者所需要的女性品质，私家传记则是为了提升家族荣誉。男性不仅是传记的书写者，也是预设的读者。衣若兰通过对历朝《列女

---

① 定宜庄：《关于清代满族妇女史研究的若干思考》，《吉林师范大学学报》2014 年第 6 期。
② 参见衣若兰《史学与性别：〈明史·列女传〉与明代女性史之建构》，山西教育出版社 2011 年版，第 69、147—148 页。
③ 衣若兰：《史学与性别：〈明史·列女传〉与明代女性史之建构》，山西教育出版社 2011 年版，第 314—335 页。

传》的考察指出："史家所关心的往往不是妇女本身的生命历程，而是如何借由妇女的忠孝节义事迹，来激励人们（尤其是男性）向善……以女德来激励男性，如此也就成为中国女性传记传统的特殊内涵。"① 因此，中国历史上数量庞大的女性传记所反映的内容不仅极为狭隘单一，且与女性的实际行为或自我认知存在很大差距。

近年来，明清档案的不断挖掘和整理，为我们研究中下层女性提供了不可多得的宝贵资料。不论中央档案（如刑科题本）还是地方档案（如巴县档案、南部县档案、宝坻县档案、台湾淡新档案等），都包含大量的妇女犯罪或参与诉讼的材料。这一点首先打破了传记类文献只囊括典范女性的光环，将女性纳入家庭纠纷、两性关系及民事和刑事犯罪的行列，大大扩展了我们在研究传统女性时的考察维度。其次，地方档案收录的，多为民间户婚田土类"细事"纠纷，② 更能反映女性生活的琐碎事件和实际状态，其中女性的诉状和供词，在一定程度上可以说是非常难得的第一手下层妇女表述材料，"这是比诗词更直接、更真实的'自己的声音'"③。再次，档案中的女性，无论作为告状者、诉讼参与者还是罪犯，都因不符合儒家思想对于女性无外事的规范，而属于"负面"的形象。因此，案件审理者和记录者无须出于道德榜样等方面的考量，对她们的言行进行修饰或避讳。相反，作为法律文书，相对更注重真实性。以上几点似乎使得档案成为研究明清中下层女性较为理想的史料。

但是，档案中的女性记载，包括女性自己的诉状和供词，是否就一定真实可信？赖惠敏在利用清代档案研究夫妻间杀伤案例时发现，

---

① 衣若兰：《史学与性别：〈明史·列女传〉与明代女性史之建构》，山西教育出版社2011年版，第149页。

② 有关清代司法实践中地方档案中所记录的"细事"与刑科题本中重大刑事案件审理方式的不同，参见［美］苏成捷《清代县衙的卖妻案件审判：以272件巴县、南部与宝坻县案子为例证》，邱澎生、陈熙远编《明清法律运作中的权力与文化》，第361—374页；里赞《晚清州县审断中的"社会"：基于南部县档案的考察》，《社会科学研究》2008年第5期。

③ 定宜庄：《妇女史与社会性别史研究的史料问题》，《历史研究》2002年第6期。

绪论　从妇女史到性别史：清代女性研究的回顾与反思

家庭纠纷中描写妇女詈骂公婆和丈夫、不守妇道的记录比比皆是。她通过对案件的分析指出，"地方官员处理杀伤案件必须符合《大清律例》的量刑标准，因而不惜牺牲妇女形象"。① 也就是说，为使杀伤案的判决更加符合律例、不被上级驳回，地方官在案卷中刻意损毁女性形象。但是，笔者在研究州县衙门档案中的女性案件时发现，非杀伤类的民事案件，如买休卖休、夫妻不和、女性逃婚等，此类案件皆属县官可自行裁决、无须上报、无须在判决时逐条依律审断的"细事"，不具备赖氏所说的地方官员牺牲或损毁妇女形象的要素，然而案卷中有关女性不听公婆和丈夫教诲、不守妇道的描述同样普遍。那么，究竟是中下层女性因文化程度低而的确不守妇德，还是男性在诉讼过程中故意贬低女性，抑或州县官本身即带有性别偏见？女性本身对案卷的形成有怎样的影响？换言之，州县档案中大量对于女性言行的记录，包括男性对女性的控诉、女性自身的诉状和供词、县官的批词和判决等，是否反映清代中下层女性的真实状态？如果不是，究竟有哪些因素影响到这些史料的真实性？笔者的《档案与性别——从〈南部县衙门档案〉看州县司法档案中女性形象的建构》一文对以上问题进行了思考，从官员、男性亲属和妇女本人三个角度考察了其各自对司法档案记录产生的影响，从而阐释下层女性"无知""刁泼"的形象如何在州县档案中被建立起来。

因此，对于妇女史、性别史研究而言，尤须将各类史料作为具有客观而复杂背景的"文本"进行深入细致的分析，了解女性史料记载的个人和家族因素，探查史料的社会和文化背景，才能真正做到"将妇女还给历史"。

最后，我们再回归到绪论的题目本身。妇女史研究在中国自20世纪90年代兴起以来，经历了从"妇女史"向"性别史"的转变，即从关注妇女本身的历史到关注两性关系，并从性别的视角重新审视

---

① 赖惠敏：《从档案看性别：清代法律中的妇女》，载李贞德主编《中国史新论：性别史分册》，台北：联经出版公司2009年版，第377—411页。

整个历史发展。这一变化无疑具有积极意义，也使得妇女史学者们纷纷自觉体认这一变化过程，改为性别史研究，并陆续出版了一些性别史研究的著作，如李贞德主编的《性别、身体与医疗》、李小江等编著的《历史、史学与性别》、王小健的《中国古代性别结构的文化学分析》等。但成果数量毕竟不多，且一些研究尽管以"性别"为名，但仍旧不自觉地将其等同于妇女史研究。这使得我们难免产生这样的疑问：首先，只要研究内容关于女性，就是妇女史研究吗？其次，新世纪"妇女史"向"性别史"的转变，除了名称的转变之外是否贯彻了研究内涵的真正转变？近年来，尽管多数学者已经不再完全使用"女权主义"的或"女性主义"的态度来研究妇女/性别史，而着眼于具体探讨不同阶层、不同族群的女性在历史各个发展阶段所扮演的角色和所起到的作用；探讨女性的地位和权利在长时段的历史变迁中所经历的变化或冲突；探讨如何利用不同的视角去看待女性与家庭、社会的关系；探讨如何利用不同的史料挖掘历史上的女性记录，并分析史料背后的女性故事。但这些研究无一不是围绕女性本身而进行。如何将历史上的男性也纳入性别史研究，探讨两性的互动与交锋，以及特殊情境下两性角色的交融甚至错位，探讨两性如何共同构成了历史的发展，真正完成从"妇女史"向"性别史"的转变，这是我们目前应当深入思考的问题。因此，所谓"性别史"研究，其实我们刚刚起步。

## 四 本书的主体思路与章节构成

如前所述，由于以往研究在很大程度上集中于历史上的上层女性，目前学界仍缺乏一部较为全面而深入反映清代下层女性的生活环境与生存能力、家庭归属与自我认知、两性关系与社会交往、压力应对与法律意识的著作。本研究以489件清代四川南部县、巴县档案中

## 绪论　从妇女史到性别史：清代女性研究的回顾与反思

的以女性为主要当事人的案件为基础，① 利用其中呈现的丰富而生动的史料，探讨社会阶层、性别观念、官方意识形态、经济和文化的变迁以及女性的自我觉醒，如何共同塑造了清代下层女性的群体形象，希望以此完善学界对下层女性的认知，使其与中上层女性一起构成传统中国女性的历史全貌。

本书除"绪论"外还包括七章正文和余论。

"绪论"中追述了从妇女史到性别史研究的主要阶段、主体成果、已形成的研究规模和达到的学术成就，并分析其中存在的问题和瓶颈，既作为本研究的学术史梳理，也指出该领域的发展方向和本书的创新空间。

第一章"州县档案中的清代下层女性群体形象"。本章通过将州县档案中分散而零碎的反映下层女性生存环境和生活状态的史料一点点补缀起来，尽量还原真实客观的下层女性群体形象，呈现她们区别于上层女性的特点、她们的生存困境、道德认知以及家庭和社会的归属感，为读者初步勾勒清代下层女性的群体肖像，也为后续章节的逐步深入论述做好铺垫。

第二章"下层女性的夫妻关系"。对于普遍早婚的下层女性而言，夫妻关系可能是其一生中最重要的关系。"素好无嫌"是档案中常用来表述夫妻关系和睦的词语，体现出下层百姓平淡而和谐、困顿中蕴含着温情的夫妻关系。但是，由于我们使用司法档案做研究，史料中呈现的往往是夫妻间的矛盾与纠纷并因此闹上公堂。美国学者黄宗智指出："除了兄弟阋墙导致分家外，夫妻争执显然是村庄调查中反映

---

① 本研究利用的489件档案中，南部县档案占291件，巴县档案占198件。由于两县档案既具有相当的共同特性，又在某些层面具有不同的特点，为便于研究，本书在多数章节为两县档案同时利用的情况下，部分章节则只利用其中一县的档案数据进行分析。如"死亡的性别隐喻：女性自杀案件的民间处置与司法干预"一章，笔者所搜集到的女性自杀案件，巴县档案占到90%以上，为了论述的客观性，而非给读者以两县皆是如此的印象，遂舍弃南部县的案例，专以巴县档案中的自杀案例进行讨论。

出来的最常见的一种纠纷。"① 贫困、性格和体貌的不匹配都会引发夫妻矛盾和冲突；不少下层女性给男性做妾，而妾的介入，也往往使得家庭矛盾更加复杂和升级。本章的目的在于从夫妻关系入手，进一步探讨女性的家庭关系和地位、生活状态和生存策略。

第三章"泼出之水：清代下层妇女与娘家的关系"。本章以婚姻为纽带，讨论下层女性在娘家和婆家之间的矛盾认同。娘婆两家基本构成女性最主要的生活场所、亲属关系和情感归属。按照儒家观念的要求，女性婚后应以夫家为主，"非有大故"不回娘家，但本章通过具体档案揭示了与上层妇女一样，下层妇女婚后也与娘家保持了较为密切的联系，不同的是，亲情与利益的纠葛成为下层女性与娘家关系的主要特点。

第四章"女性与基层社会"。从本章起下层女性将跨出家庭的范围，进入其所生活的基层社会场域。相较于深居闺阁的上层女性而言，下层女性无疑在行动上享有更大的自由，她们可以走出家门，游走于乡村和县城、场镇和集市之间。本章探讨基层社会给女性的日常生活提供哪些资源、带来哪些影响，女性如何利用这些家庭以外的资源扩大自己的生活圈、提高自己的生活质量、达到她们在家庭内部不能满足的诉求。

第五章"'妇愚无知？'：下层女性的涉讼策略与法律意识"。尽管清代法律规定家中有成年男子时女性不得发起诉讼，但档案显示不少女性在有丈夫或成年儿子的前提下仍发起诉讼，且多数案件得到了县官的受理。尽管常被县官斥为"妇愚无知"，但实际上下层妇女具有一定的法律意识，知道如何利用自己的性别和年龄弱势来博得县官的同情、逃脱法律惩处、赢得有利于自己和家人的判决。在诉讼过程中，女性的诉状和供词是难得的她们第一人称的史料表述，尽管其间可能受到各种因素的影响，但下层女性对自己行为、境况和意愿的表

---

① ［美］黄宗智：《民事审判与民间调解：清代的表达与实践》，中国社会科学出版社1998年版，第29页。

述都很值得我们关注。

第六章"特殊的'交易':'卖婚文约'及其民间和法律效力"。清代,有大量家庭因贫困等将妻子或儿媳嫁卖,但由于"嫁卖生妻"是非法行为,嫁卖过程中所签署的"卖婚文约"也就相应不具有法律效力。本章利用南部县档案中收录的"卖妻文约"探讨此类文约的内容和要素,它们何以进入司法档案,文约本身的意义何在,以及其在民间和法律层面的效力有何不同。

第七章"死亡的性别隐喻:女性自杀案件的民间处置与司法干预"。学界关于女性自杀问题的研究,多集中于与贞洁相关的自杀行为,对于贞洁原因之外的自杀则关注甚少。本章利用巴县档案中的86件"非贞洁类"女性自杀案件,探讨那些由于"生活琐事"而自杀的下层女性看似简单的自杀原因背后所蕴含的较低的家庭和社会地位以及难以跳脱的生存困境。夫家亲属、官员往往对女性自杀持不解和反对态度,认为她们的做法有亏妇德并诱发不良社会风气。尽管女性自杀多属"无判罚"类案件,但报官并履行司法流程对家属而言还是非常必要的。当男性因不关注而导致的不理解,对女性的自杀行为无法给出合理解释时,就将其归咎为"遭遇邪祟",这也是女性自杀问题在社会和司法层面所蕴含的深刻而独特的性别隐喻。

余论"档案与性别:州县档案中的下层女性建构"。本书利用州县档案研究下层女性,那么作为司法档案被记录下来的"文本",是否客观真实地反映了清代下层女性的言行和思想?哪些因素可能影响到档案对女性的记载?除官府和参与诉讼的男性之外,女性本身对档案记录产生了怎样的影响?本部分通过对以上问题的探索,试图将档案文本还原到其产生过程和社会背景之中,回答下层女性形象是如何在司法档案中被建构起来的,也作为笔者利用司法档案研究下层女性的理论总结。任何史料都不是完全客观的,当我们利用司法档案研究下层女性时,应时刻对影响史料形成的因素保有清醒的认知。

最后需要说明的是,我们在利用州县档案时,会碰到一些棘手的问题。首先，档案常常有页面残损或案卷保存不完整的情况，导致案件信息不全，如只有原、被告的诉状，而没有县官的审讯记录和审断结果。由于控案双方往往各执一词，诉状中不免有夸大或虚假的成分，给我们的史料甄别工作带来一些困难。但正如前文所述，史料文本会受到各种因素影响，所谓"真实客观"本就是一个相对的概念，笔者很难做到不完整的案件就不作为史料使用，只能尽量客观地使用它们。其次，不少案卷字迹模糊，且书写者习惯使用异体字，或限于文化水平常写有错别字，这也给我们对史料的识别和使用带来一定困难。本书中引用档案时，对于异体字或错别字一般采用在后面加注括号的方式，如"已（以）后不得向王张氏等借生事端"；对于缺损或模糊到无法辨认的字则用"□"代替，如"小妇人嫁□□〔与其〕子蒋天云为妻"，〔 〕中的字为笔者根据上下文对缺漏字所做出的判断补充。对于档案原文因执笔者在书写时的疏忽而缺漏的字，笔者亦用〔 〕补注，如"不顾父〔母〕妻室，流浪在外，多年未归"。再次，由于下层百姓多不识字，常常很难说清自己名字具体是哪个字，而且日常生活中，他们可能只用昵称而不用正式的名字，因此案件中同一人的名字在不同人的诉状和供词中常常用字不同，如巴县蒋李氏供："蒋老六即蒋长兴是翁公"；南部县陈国宝控诉其妻逃走后被敬朝成另嫁"罗步头"为妻，敬朝成则表示"罗洪书即罗步头"，本案县衙的提讯单中也有"罗步头（即罗洪书）"的提法，而在堂审记录中，则只使用罗洪书的正式名字而不再出现罗步头。因此在引用档案原文叙述案件时，对于同一人的不同名字，笔者也采用括号的方式注明，如"罗洪书（罗步头）"。关于同一人名字的不同写法，如王仕德控诉族人因其嫁卖儿媳而从中图索，他在诉状中说："蚁第四子王第用自幼凭媒说合李昌崇之胞妹为婚……将李氏于十一月十二日改嫁与谢虹玉为妾"，而其族人的诉状则为"将伊子王蒂用生妻李氏嫁与谢洪玉为妾"，王第用与谢虹玉两人名字用字都用了不同的字。对此，笔者以当事人自己在诉状中使用的名字或官府审断时使用的名字为准,则王氏族人的诉状即以"合族商议悦服将伊子王蒂(第)用生妻李氏嫁与谢洪(虹)玉为妾"的方式呈现。最后,两县档案中,普通百姓在诉状中男性多自称"蚁"、女性自称"氏",在供词中男性自称"小的",女性自称"小妇人"。有功名和有职务者,又有不同称谓,如生员自称"生",在县衙任差役者自称"职"等。笔者在引述档案时,为了案情的简明通畅会注明一些人物的身份,如"邹氏仍令小的(王时中,笔者注)儿子领回团聚"。

本书使用的档案,一律注明出自巴县档案或南部县档案以及档号,由于一个案件往往跨越数月,少数案件甚至跨越数年,因此只在档号后注明案件的年份而不再标注到月、日。此外,巴县档案中咸丰朝的史料来源于中华文史网(国家清史工程数据库),因此标注该数据库显示的档号;其他朝的史料来源于四川省档案馆,因此标注档案馆显示的档号,特此说明。

# 第一章　州县档案中的清代下层女性群体形象

如本书绪论所述，尽管自20世纪90年代以来，妇女史成为发展迅速的研究领域，并收获了丰富的研究成果，但受史料所限，在相当长的一段时间内学界研究多集中于上层女性，特别是江南、京城等明清时代文化和经济都较为发达地区的女性，广大中下层女性，特别是处于社会底层的乡村女性群体仍在很大程度上处于"失语"状态。州县司法档案的发掘，为我们窥探清代下层女性的生存环境和生活状态提供了一个难得的窗口。作为本书的第一章，笔者希望先为读者勾勒一幅清代下层女性的大致形象：她们的生存环境是怎样的，家庭关系如何；她们在生活中面临哪些困境，以及如何应对这些问题；相较于受儒家思想束缚较深的上层女性，她们又享有哪些自由；等等。以期为后续章节的深入讨论和分析先做一个基础性的铺垫工作。

## 第一节　普遍早婚的下层女性

郭松义先生通过对清代不同地区婚嫁年龄的研究指出，初婚年龄"大抵富家结婚男早于女，贫家结婚女早于男"的说法是可信的。[①]相较于上层女性而言，清代下层女性更早地离开原生家庭进入婚姻家

---

① 郭松义：《伦理与生活：清代的婚姻关系》，商务印书馆2000年版，第220—221页。

第一章 州县档案中的清代下层女性群体形象

庭。这其中既包括不少女孩在年幼时就被父母送到婆家做童养媳,也包括在正常的婚姻形式中,下层家庭为减轻经济负担而往往将女儿早早嫁出。因此,她们被原生家庭养育的时间格外短。

两县档案中,案件当事人在诉状和供词中常会说明自己的婚姻状况,其中包含不少女性的婚配信息。如南部县冉茂荣具告儿媳被其娘家兄弟蓦(暮)嫁他人为妾一案中,冉茂荣表示,"小的儿子冉世(仕)先自幼凭媒说娶雍怀举胞姐雍氏为妻",雍怀举也在供词中说明"这雍氏是小的胞姐,幼配冉茂荣之子冉世(仕)先为妻",街邻杨作礼、杨登龙在供词中也说"冉茂荣的儿子冉仕(世)先自幼凭媒说娶雍怀举胞姐雍氏为妻"。① 再如巴县李世元状告王老二拐逃其妻一案中,李世元在诉状中说明,"蚁自幼凭李相隆作媒说娶苟成明次女为妻",岳父苟成明也在供词中表示"李苟氏是小的女儿,自幼凭媒嫁与李世元为妻"。② 这种"自幼"说娶或嫁与某某、"幼配"某某的说法,在档案中基本是人们提到婚姻状态时的惯常用法,以下分别列举两县档案中关于女性"幼配"某某说法的案例,以体现这种说法的普遍性。

南部县档案:

> 蒲国禄控诉李昌福拐嫁其妻一案中,蒲国禄之妻赵氏供:"小妇人幼配蒲国禄为妻,成配后因丈夫在外游荡,不顾小妇人的衣食,串通婶母赵氏将小妇人改嫁与李昌福为妻。"
>
> 王德星控诉张仕敬等人拐嫁其妻一案中,其妻郭氏供:"小妇人幼配王德星为妻,完配后因王德星不时糟践刻薄,小妇人逃走在张仕敬家中,将小妇人成配。"郭氏之父郭李寿也表示:"小的女儿幼配王德星为婚,结缡后未有生育。"
>
> 杨沈氏控告亡夫胞兄图产逼嫁一案中,杨沈氏供:"小妇人幼配杨廷武为妻,未育子女,今三月内小妇人的丈夫病故,遗小

---

① 南部县档案1-004-00258,道光四年。
② 巴县档案6-04-04916,咸丰元年。

妇人寡居。"夫兄杨建良在结状中也表示:"蚁胞弟杨廷武幼配沈氏为婚,未有生育,不料蚁胞弟今三月内病故。"

李昭银嫁卖妻子后又捏控其被拐嫁一案中,其妻刘氏在供词中说:"小妇人刘氏幼配李昭银为妻,讵料昭银父子常称小妇人无有嫁妆,日每把小妇人作贱。"刘氏娘家父亲也表示:"小的刘福元的女儿刘氏幼配李树正的儿子李昭银为婚,自结缡后夫妇不睦。"①

巴县档案:

李世元控告妻子私逃另嫁一案,他在供词中表示:"小的自幼凭媒说娶苟成明女儿为妻,以[已]生一子李长生,年甫四岁。"其岳父苟成明也供认:"李苟氏是小的女儿,自幼凭媒嫁与李世元为妻,已生有一子。"

廖荣华控告亲家谭天元强行退婚一案中,他在诉状中表示:"谭天元凭伊岳廖永泰为媒,幼聘蚁女长姑与伊子谭新喜为婚,今二月蚁女年甫十三岁,天元强娶过门,与子完配。"

刘春元状告罗木匠妻罗氏诓骗他说娶有夫之妇周氏一案中,两位当事妇女都有对自己早婚的表述,罗氏供"小妇人自幼嫁与罗木匠为妻",周氏供"小妇人自幼出嫁陈姓,因前夫去故再醮"。②

前辈学者对清代社会的婚龄问题早已有过较为充分的探讨。③ 笔者引用以上史料,并非为再次证明下层妇女的普遍早婚,而意在呈现

---

① 南部县档案1-004-00274,道光十二年;1-004-00275,道光十三年;1-004-00286,道光十七年;1-006-00291,同治元年。
② 巴县档案6-04-04916,咸丰元年;6-04-04919,咸丰元年;6-04-04976,咸丰二年。
③ 有关清代成婚年龄的代表性研究,参见郭松义《伦理与生活:清代的婚姻关系》第五章;王跃生《十八世纪中国婚姻家庭研究——建立在个案基础上的分析》第二章,法律出版社2000年版。

第一章　州县档案中的清代下层女性群体形象

在州县档案中女性的早婚状态是如何被表述的。客观上讲，档案中的"幼配"既可能指的是当事人成婚年龄较早，也可能是指其订婚的年龄较早。如谢开连控诉惠天德嫌贫毁婚一案中，较为完整地透露出下层百姓给儿女订婚与成婚的年龄信息。据谢开连供："小的年已三十八岁，膝下一子谢太喜年庚丙寅。四岁时携往叔父谢清潮之妻弟李安荣家吃酒，这惠天德亦是安荣的女婿，同妻引幼女翠香，年庚戊辰，对面愿与小的儿子联婚，就央叔父谢清潮作媒，于庚午年二月初六落拜，开有庚帖为凭。至去岁小的儿子年已十九，天德女儿年满十七，卜期十月初七完婚。"① 谢开连在诉状中明确表示，两家订婚时，其子为四岁，这一点在上述供词中也有体现②，而惠天德之女翠香只有两岁③，的确是"自幼婚配"。但同时其供词亦表明，谢家预备婚礼时，儿子年已十九岁，女孩则十七岁，可见正式的成婚年龄确如有学者所指出的"非极端早婚"，而属"相对成熟的早婚"。④ 因此，两县档案中"自幼婚配"或"幼配"的说法，不能排除只是自幼订婚的可能性。不过，对于家庭贫困的男性而言，往往很难"自幼"说定妻室，档案中不乏此类记载。如南部县李昌福供"小的家道赤贫，未娶妻室"；李治璠供，"小的父亡母故，幼未婚配"；蒲大头供，"小的幼未娶妻，自幼随伯父蒲贵在文县捕厅充差"；王万成在诉状中说，"年三十二岁……情民幼未娶妻，今三月十八日，有马国文为媒，劝民说娶何多信三媳寡妇何陈氏为室"；李子朝在供词中说，"因家屋贫寒，小的李子朝十八岁就出外帮人佣工，至四十二岁就娶妻室，佃耕刘姓田地，生一女儿桂姑，年甫十三岁，原莫许人"。⑤ 再如巴县萧廷福在

---

① 南部县档案1-009-00256，光绪十年。
② 诉状是百姓在告状时向官府呈递的状子，而供词则是案件在堂审时县衙所录的口供，二者为州县司法档案中的重要组成部分。
③ 档案中所提及的男女年龄皆为虚岁，本书后文皆同。
④ 王跃生：《十八世纪中国婚姻家庭研究——建立在个案基础上的分析》，法律出版社2000年版，第52页。
⑤ 南部县档案1-004-00274，道光十二年；1-005-00197，咸丰八年；1-005-00200，咸丰八年；1-006-00301，同治二年；1-008-01027，光绪十年。

诉状中说："年三十岁……因蚁幼未娶妻，前岁安芝圃作成蚁以银二十两说娶幺姑赎身从良。"① 穷困潦倒的男子很难早早讨到妻室，常常不得不在年龄较长、自己有些许积蓄之后，设法买娶孀妇、风尘女子或他人休离嫁卖之妻，这一点本书后续会有论及。相对下层社会存在数量较多的成年贫困单身男子而言，女子即便家庭贫困也能早早出嫁，且越是贫困之家可能越早把女儿聘出或送去童养，以得到财礼并减少家庭人口来缓解经济压力，这是导致下层女性较男性更为普遍早婚的社会背景。

笔者所搜集到的两县档案中，约有12%的案例中提到女孩为童养媳。童养婚在档案中有各种不同的说法，除"童养"之外还有"童婚"、"小抱"、"娴媳"或"娴房媳"等。但是，档案中童养媳的信息很容易在当事人的表述中被忽略，特别是已经"圆房"的童养媳。如南部县王登用控告儿媳在娘家的刁唆之下屡次出逃，在王登用本人的告状、其亲家敬绍奎的诉状，以及堂审的供词中，都没有提到王登用的儿媳敬氏是童养媳的说法，王登用只说"民子王加第发配敬绍奎之女敬氏为妻"，亲家敬绍奎则说"民女敬氏幼配王登用之子王金保（即王加第，笔者注）为妻，过门十余载"。只在敬氏族人的帮控禀状中才有"绍奎之女敬氏幼许王登用之子王金保童养为婚，小抱过门，今已成配数载，素无嫌怨"。② 综合敬氏父亲和族人的说法，由于她在婆家已经十余年，"成配数载"，不再是童养媳的身份，因此这一信息被父亲和翁公都忽略掉了。再如张大华控诉族叔张学朋、张学定将其弟媳罗氏嫁卖，本案卷中虽然没有保留张大华的告状，但张学朋、张学定和罗氏本人的诉状，以及当事人初审和复审的两轮供词和各方出具的结状都保留完整。其中，不论张家兄弟、叔辈、改嫁时的媒人，还是罗氏自己以及买娶她的后夫父子，在供词中都没有提到罗氏在张家是童养媳的信息，罗氏自己的诉状中也只说"氏幼配张大华、大贵

---

① 巴县档案6-04-04922，咸丰元年。
② 南部县档案1-007-00224，光绪二年。

第一章　州县档案中的清代下层女性群体形象

五胞弟张大万为妻,未有生育"。只在其前夫族叔张学朋、张学定的诉状中提到"张大万童媳罗壬姑幼稚,伊母梁氏再醮,大万无靠",说明罗氏本是张大万的童养媳。而族叔的叙述是在追述前事,当时二十四岁的罗氏已与张大万圆房多年,因此连她本人都没有再提起童养媳的身份。① 从以上案例判断,两县档案中当事人"自幼婚配"或者"幼配"的说法,即便那些没有提到是童养婚的案例,也不能排除是此类婚姻形式的可能。

不过,童养婚并不意味着成婚或"完配"的年龄必然更早。两县档案中,女孩被送去做童养媳的年龄差异较大,有三四岁就被送到婆家童养的,也有十几岁才送去童养的,甚至有的童养媳在被送养时几乎和正常婚姻的年龄差别不大。如南部县宋元忠控告亲家"刁逃"儿媳一案,他在诉状中表示,"民子宋辛林自幼凭媒宋三朋聘定余兴发之女余秀姑童养为婚,小抱过门,年甫三岁,迄秀姑年已十龄。可恶兴发起意退婚",可见秀姑三岁就被送到婆家童养;王仕德状告族人王道昌等借婚图索钱文一案,他在诉状中说明"蚁第四子王第用自幼凭媒说合李昌崇之胞妹为婚,小抱过门,嘉庆六年成配",后由于王仕德父子贫困,决定将李氏嫁卖,案卷中作为证据呈审的嫁卖文约中表明,"王蒂(第)用四岁小抱李昌崇胞妹梅姑为婚,抚养完配",儿子四岁,童养媳也应当年岁相仿,可见梅姑也是幼年就被童养。② 巴县妇女彭黄氏控诉翁公将其母子逐出,她表示,"小妇人八岁许抱与彭义才的儿子彭礼贵为娴媳,是嘉庆十四年完配的",则黄氏被童养的年龄为八岁。③ 南部县杨玉喜控诉岳父母悔婚,诉状中说"民父杨忠心自幼凭媒谢史氏同子谢瑞发,与民聘订谢应寿之女谢转姑为婚,小抱民家,年甫十一。民母旋故,转姑已养两载,应寿之妻谢谌

---

① 南部县档案1-003-00281,嘉庆二十一年。
② 南部县档案1-006-00322,同治四年;1-003-00076,嘉庆十四年。
③ 四川大学历史系、四川省档案馆编:《清代乾嘉道巴县档案选编》(下),四川大学出版社1996年版,第475页。

氏始将转姑领回",则谢转姑是在十一岁时被童养的。① 宋正刚退童婚一案,宋正刚表示于道光五年"凭媒谢宗鳌说和(合),小抱王家谦之女翠姑与蚁子宋狗儿为童婚",作为证据呈审的王家谦"赎女文约"中也说明,"膝下所生一女更名昭娃,自幼凭媒谢宗鳌之故父家柱说合与宋正刚之次子狗儿为妻,年近一十三岁,小抱过门,未存婚配"。② 此案中翠姑(童养后更名昭娃)是十三岁过门童养。王映德等控诉族人嫁卖儿媳,诉状中说:"民等族内王映贵素来刁恶,惯嫁生妻,莫人敢惹,伊子王富儿配订卢大才侄女卢冬姑为婚,系卢大成作合,冬姑年甫十六,去岁三月小抱过门,尚未结缡。"则冬姑是在十五岁时被童养的,是童养媳中年龄较大者。③ 监生邹殿钟在诉状中表示,"因生独子说订文生吴怀西女吴氏为婚,岁择期于今正月二十二冠笄,奈恩示禁止宴乐完婚百日,故生才另觅堪舆,择期三月二十二,先有书审呈。今正二十二,生将吴氏小抱过门,并未宴乐成配"。④ 即其子与聘定的儿媳都已达"冠笄"的年龄,预备成婚,且已择定日期,但由于赶上国丧⑤,禁止民间婚嫁,因而不得不以"小抱"的形式避免官府责罚。这种情况的"小抱"就与女孩的年龄无关,而是在特殊形势下采取的完婚方式。

根据郭松义先生的研究,童养媳婚姻在清代普遍存在,其中将近46.5%的童养媳在5岁以前被抱养,24.8%的女孩在6—10岁被抱养,27.3%的女孩则是在11—15岁被抱养。⑥ 两县档案中不少案件当事人都提到妻子、儿媳或女性自己是童养媳的信息,但只有少数案例透露出女孩被抱养和圆房的年龄信息,从中可见童养媳虽然多系年幼时就

---

① 南部县档案1-008-00469,光绪七年。
② 南部县档案1-004-00271,道光十二年。
③ 南部县档案1-006-00337,同治六年。
④ 南部县档案1-004-00304,道光三十年。
⑤ 道光二十九年十二月与道光三十年正月,孝和太后与道光帝先后崩逝。参见《清史稿·后妃传》,中华书局1998年版,第8921页。
⑥ 郭松义:《伦理与生活:清代的婚姻关系》,商务印书馆2000年版,第199、297页。

第一章 州县档案中的清代下层女性群体形象

被送去婆家养育,但实际成婚即"圆房"或"完配"的年龄并不一定早。巴县雷万发控告祝告化企图强奸其十二岁的娴媳,在审讯时雷万发表示,"这雷廖氏是小抱娴媳。本月初二日,小的同妻子都往陈月盛家饮酒未家,只留娴媳一人在家看屋,是日挨午时候,吃酒转回,经邻人胡兴发挖取草药在小的屋后竹林内拿获一个告化子,与小的娴媳雷廖氏欺奸";雷廖氏也供称:"这雷万发是小女子婆家公公,自幼抱与雷姓家下为娴媳,尚未完配。"① 可见童养媳十二岁时尚未圆房。巴县刘赞控告姐夫引诱弟媳卖娼,当事人刘荣在供词中说,"小的今年二十岁,父母死得早,刘赞是小的胞兄,自幼聘宋氏过门为娴房媳,成配有三年了";其妻宋氏供,"小妇人今年十七岁,自幼配刘荣为娴房媳,成配有三年了"。② 可见这对夫妻是在男子十七岁、女子十四岁时圆的房。南部县李维刚状告女婿宋绍双逐妻另娶一案中,宋绍双供,"现年二十二岁,自幼凭小的胞伯宋占芳为媒,说配李维刚的女儿李氏为婚,小抱过门,结缡四载,未育子女",其妻李氏供:"现年十九岁,小妇人自幼许配与宋绍双为婚,小抱过门,结缡四载,未育子女"。③ 则这对夫妻是在男子十八岁、女子十五岁时圆的房。巴县女子刘二姑因屡遭未婚夫之祖父王命用神(王君海)的"嫌贱"而控案,她在供词中说:"年十六岁,父亲刘和祥自幼把小女子抱与这王命用神的孙子王猪儿为娴媳,尚未完配。"审讯中,以算命为生的王命用神(王君海)也说:"先年小的凭媒抱这刘和祥的女子刘二姑与孙子王猪儿为娴媳,尚未婚配。"④ 则刘二姑到十六岁时尚未圆房。

尽管并非绝对意义的"早婚",但相对于上层女性而言,下层女性待在父母膝下的时间的确更为短暂,特别是那些被送去做童养媳的

---

① 巴县档案 6-04-04945,咸丰二年。
② 四川省档案馆编:《清代巴县档案汇编》(乾隆卷),档案出版社 1991 年版,第 143 页。
③ 南部县档案 1-005-00155,咸丰元年。
④ 巴县档案 6-04-04970,咸丰二年。

女孩在父母身边更只有短短数年。她们较早离开原生家庭而进入婚姻家庭，在公婆的眼色和规训之下生活，其间的辛苦不难想见，而早婚或较早离开原生家庭也是下层女性的重要群体特征之一。

## 第二节　在贫困与饥馑中挣扎的下层女性

娘家贫困是女性早婚的重要原因之一，但嫁入夫家也往往并不能使她们贫困的生活状态得到改观。两县档案中关于女性生活贫困、没有衣食的表述比比皆是。如蒲廷模在嫁卖儿媳的文约中表示，其子"蒲洪福自幼素不安分，不顾父［母］妻室，流浪在外，多年未归，音信俱无，不知生死存亡。遗妻何氏在家衣食不给"；杨秀万等控诉堂侄杨大福"原配杜氏为妻，结缡以来，逆侄大福不守本分……平昔不给杜氏衣食，面如饥色"；李氏供，"小妇人幼配龚润童为妻，因家贫岁荒，夫主出外佣工，不顾小妇人衣食，叫小妇人各寻生活，奈无度用"。① 由于多数下层妇女依靠丈夫或夫家生活，因此其贫困大致可以归咎为以下几个原因：一是夫家没有产业，使妇女没有可靠的生活来源；二是丈夫懒惰、不务正业，甚至沾染了赌博和抽大烟等恶习，导致家庭陷入经济危机；三是丈夫亡故，女性失去了可依傍的对象，很难独立生存。而如果遇到荒年，以上问题会更加突出。

首先来看夫家没有产业的记载。南部县袁梁氏控诉父亲将她嫁给贫困的丈夫，"氏父托媒黄元仲将氏许袁文斗为妻。奈文斗家贫，寸土俱无，佃房栖居，打铁养母兼兄弟五人"；杜桂亭控诉姐夫嫁卖其姐，他在诉状中说，"胞姐杜氏许与杨大福为妻，结缡以来奈大福田地俱无，蚁姐杜氏平昔帮人务农养活生命"。② 巴县彭成氏在嫁卖女儿的文约中表示，"氏夫彭文发由陕西来川贸易，不幸早故，未遗产业，

---

① 南部县档案 1-004-00259，道光四年；1-004-00290，道光二十一年；1-008-00460，光绪七年。

② 南部县档案 1-009-00250，光绪十一年；1-004-00290，道光二十一年。

仅遗子女数人，日食无度"；蔡永在卖妻文约中说，"情因上年得配赵氏继室为妻。自娶过门，命运不济，无业营生，难以养活。夫妇商议，情愿两相离异"。① 夫家没有基本的田地等产业，对妇女而言意味着婚后生活没有保障，丈夫靠佣工的收入往往无法维持稳定的家庭生活，妇女常不得不和丈夫一同外出佣工，如上文杜桂亭的胞姐。但妇女辛苦佣工还会遭到丈夫的怀疑，如南部县张氏，"发配杨上元为妻"，因婆家贫困，丈夫"不给衣食"，张氏"就回娘家胞叔张国柱家帮工度活"。丈夫杨上元于是控告张国柱嫌其贫困图谋将侄女另嫁。此案经审讯，县官断令张氏"婆家贫难，不应在娘家工作以生［闲］言，当沐掌责，饬杨上元仍将小妇人领回约束，倘若再不听约束，令上元来案具禀，连小妇人娘家胞兄张其文一并惩责"。② 在县官眼中，婆家贫困及丈夫对张氏的"不给衣食"，都不是张氏可以逃回娘家谋求生路的借口，她就应该在婆家安守贫苦的生活。

其次讨论丈夫懒惰、不务正业的情况。南部县帅氏在供词中说，"小妇人幼配文天伦为妻，结缡后生有一子，因小妇人的丈夫不务正业，日每嫖赌，将田地当卖，不顾小妇人的衣食"；陈氏供，"小妇人幼配杨大志为妻，结缡后生育一子，因小妇人丈夫杨大志不务正业，将家道败尽，日食难度"；孀妇邓尹氏控诉女婿不上进，"氏女邓氏幼许谢心德为婚，已经多年，娘家并无嫌贫刁纵，平素看顾银钱不少，街邻共见。可恶心德不务正业，赌输无聊，不顾氏女衣食"；蔡张氏"父母在世曾许蔡亭香足下为婚，自夫妇完配，只说有百年偕老之愿。不意亭香不务正业，滥食洋烟，竟将家业卖尽无存"。③ 在百姓眼中，男子不务正业的主要表现是嫖赌、吸食洋烟等恶劣行为，而这些行为必然导致其将家业卖尽，妻儿无以为生。但是，妇女想要离开不务正

---

① 四川大学历史系、四川省档案馆编：《清代乾嘉道巴县档案选编》（下），第502、491页。
② 南部县档案1-006-00303，同治二年。
③ 南部县档案1-004-00291，道光二十一年；1-004-00294，道光二十五年；1-006-00404，同治十三年；1-009-00249，光绪九年。

业的丈夫并不容易。如南部县王氏，因丈夫杜芝葆（保）不务正业、家庭贫困而对生活绝望，剃发出家。杜芝保却以王氏娘家"嫌贫透离""逼女王氏下发"为由提起诉讼。县官断令杜芝保将王氏领回团聚。王氏之兄王开年上禀状申诉，"芝葆横暴性成，乘断团聚，口称领归，定将教修（即王氏，笔者注）手足折废，职妹闻知对职泣诉，仍归原庵"，希望县官能够重新审断。但县官在其禀状上批道："查杜芝葆与尔妹杜王氏已有十余年夫妇，现在虽因口角涉讼，业已断明领回团聚，何敢扬言折废尔妹手足？况日前杜芝葆到案，本县查看不过不务正业，并无凶恶形状，尔呈未免过虑。着即传谕尔妹赶县遵断，随夫回归结案。"① 可见在县官眼中，"不过不务正业"并不能构成妻子离开丈夫的原因，只要丈夫没有做出违法之事，妇女就得归家与丈夫"团聚"。

没有产业和不务正业导致的"家业卖尽"，让男人很容易走上卖妻之路。"买休卖休"或"嫁卖生妻"的确是两县档案中占比很大的案件类型，上文的引述中已包含一些卖妻的信息，其他未述及者也不乏妻子最终被嫁卖的案例，如"丈夫不务正业，日每嫖赌，将田地当卖"的帅氏，其夫"凭文天泮、彭廷显作媒，将小妇人嫁卖与张松为妻，财礼钱六千，当出有手印婚约"；控诉丈夫杨大志"不务正业，将家道败尽"的陈氏，也被丈夫"改嫁王正坤为妻，杨大志当与王正坤出有手印婚约，得财礼六千文，今年二月已生一子。今二月内，杨大志来向王正坤图索未遂，他就来案告了的"。② 苏成捷指出，妻子和土地是小农最后的财产，当他们贫困到无以维生时，就会将这两者卖掉，而妻子和土地一样，在卖出之后还可以不停地向买主"找价"，这成为下层百姓的一种生存策略。③ 但实际上，在档案中这种"找

---

① 南部县档案1-006-00399，同治十二年。
② 南部县档案1-004-00291，道光二十一年；1-004-00294，道光二十五年。
③ [美]苏成捷：《作为生存策略的清代一妻多夫现象》，载黄东兰主编《身体·心性·权力》，浙江人民出版社2005年版，第236—262页；苏成捷：《清代县衙的卖妻案件审判：以272件巴县、南部与宝坻县案子为例证》，载邱澎生、陈熙远编《明清法律运作中的权力与文化》，第361—374页。

价"被称为"搪索"或"图索",上一案例中的"买娶者"王正坤就是不堪杨大志卖妻之后反复图索而告官的。有关"找价"与"图索"的关系,详见本书第六章的论述。

更有甚者,夫家因贫困而逼迫妇女卖娼。如巴县妇女李禹氏控诉女婿逼女儿卖娼,"李幺姑是女儿,自幼凭媒许配陈开才为妻,殊陈开才不务正业,屡次逼女儿李幺姑卖娼";蒋李氏则被丈夫全家逼迫卖娼养家:"蒋老六即蒋长兴是翁公,小妇人嫁□□[与其]子蒋天云为妻,他家贫苦,没力养活,把小妇人送至合州学习弹唱,小妇人不从,翁姑周氏殴打,又送在陈三喜即陈刘氏家卖娼找钱,每夜向小妇人要钱二千文,被哥子李长发查知,到陈刘氏家与小妇人会遇,小妇人向哥子哭诉,不愿为娼,才把蒋老六告案。"此类案例,因违背法律与公序良俗,县官一般会断令夫妻离异,李幺姑被断令"与陈开才离异","李禹氏把女儿李幺姑领回,另行择配";而李氏被县官判决与丈夫离异,由胞兄李长发领回。但是,李氏的丈夫蒋天云由于"家里贫苦,没有妇人卖娼找钱,就不好过活日子,没得衣食",反复申诉,要求县官重新审理,复审的结果是县官仍旧维持原判,"把蒋老六与周氏掌责""仍断李长发把他妹子李氏领回"。此案中妇女卖娼成为贫困夫家的唯一经济来源,失去她后一家人无法生存,反复兴讼。而对于李氏而言,在夫家生活需要忍受的远不止贫困和羞耻,她在堂审时表示,"倘其断蒋天云领小妇人回家,小妇人性命难保"。①

最后讨论丈夫亡故的情况。对于没有经济收入、缺乏独立生存能力的下层女性而言,丈夫的亡故往往意味着家庭因经济和精神支柱的倒塌而难以存续。上文说丈夫"不务正业,滥食洋烟,竟将家业卖尽无存"的蔡张氏,其夫又于"去冬身染疾病,服药罔效,延至今春四月旬中竟自身亡",张氏"只身无靠,又系女流,乃与族间诸姑、伯父、弟兄、子侄商议,拜请族叔蔡兴发、族兄蔡芝平为媒说合出嫁与

---

① 巴县档案6-04-04984,咸丰二年;6-04-05595,咸丰九年。

蔡丕至足下为妾"。蔡张氏夫妇本就在极度贫困中挣扎，不得不先后将三个儿子抱与他人抚养，"夫妻只说漫觅生路"，而一旦丈夫去世，留她一人无法面对人生的困境，只好将自己嫁卖他人为妾。① 再如曹氏，"幼配程明义为妻，生有二女。不料小妇人丈夫于咸丰元年病故，因遗小妇人家贫无靠，自愿嫁与堂兄程明为妻，以便抚养二女，至今十年，两无嫌怨"。② 对于丈夫没有留下产业的妇女而言，改嫁几乎是她们谋求生存、抚养子女的唯一途径，甚至丈夫下葬的费用也得靠她们改嫁所得财礼支付。如巴县妇女唐氏，"幼配邓吉陞为室，不料于今二月因病身故，遗子乳名长生，奈吉生（陞）家贫孤独，□〔服〕尚未除，唐氏母子衣食两无，实无法开垦，始凭媒谭玉盛带子改醮与王苞櫟为室，苞櫟允备财礼钱十一千文，以作邓吉陞除□包填之用"。③

对于女性而言，嫁给没有足够产业和谋生能力的丈夫，本就意味着挣扎在温饱线上，常常需要共同佣工劳作来支撑家庭，或自己设法谋求生存、抚育子女，而如果丈夫或夫家不贤，她们还随时面临被嫁卖甚至被迫卖娼的危险，饱尝生活的艰辛困顿、颠沛流离。

## 第三节　生活中充满暴力的下层女性

两县档案中，女性遭受暴力的记载亦比比皆是，她们随时可能被丈夫、公婆、儿子、邻里施暴。这些暴力既有语言上的攻击和辱骂，也有肢体上的殴打，还有衣食上的克扣和虐待等。可以说，她们生活在一个周围充满暴力的环境之中。

女性遭受的暴力首先来自家庭，丈夫、公婆都可能成为施暴者。如南部县赵氏在供词中说，"小妇人自幼凭媒许与冯大忠为童婚，结缡后小妇人未有生育，不料丈夫冯大忠嫌小妇人朴拙，不时糟践刻

---

① 南部县档案1-009-00249，光绪九年。
② 南部县档案1-006-00297，同治元年。
③ 巴县档案6-04-04916，咸丰元年。

薄"；邓洪发控告女婿虐待女儿，"民洪发之女邓氏发配赵德佑之子赵贵娃为妻，自过门后无如德佑欺嫌邓氏蠢拙，屡纵贵娃糟践苦刻非礼殴打"。① 巴县妇女李苟氏供，"李世元是丈夫，李长生是小妇人儿子，因丈夫不顾小妇人衣食，又时常打骂小妇人，忧气才逃出在外"；王氏"因扯食地内萝卜，被他丈夫看见斥骂"，王氏"不服顶嘴"，引来丈夫更加不堪的辱骂，王氏"只是哭泣，并说不愿活人的话"；程氏"因拿包书布帕包头出外割菜"，被丈夫陈学才"看见斥骂"，夫妻因此口角，婆母杨氏因见儿媳手中还拿着割菜的刀子，"上前夺取菜刀，致刀尖误划伤媳妇囟门"。② 妻子或儿媳的身份，让妇女在婆家的地位无疑是低微的，丈夫和公婆对其稍有不满即可以暴力的方式进行表达，常因生活中的小事就对其辱骂、殴打、不给衣食。不堪忍受暴力的女性甚至选择结束自己的生命，如上述因扯食地内萝卜而被丈夫斥骂的王氏与因拿包书布帕包头而被丈夫斥骂的程氏，都选择了自杀。巴县赵氏也控诉亲家母虐待女儿致其自杀："氏长女接弟自幼凭彭兴才为媒，许配程双发次子程度七为婚……姑母程申氏不日嫌刻，凌殴磋磨，氏忍难较。殊恶等欺氏孺弱，愈见得势，愈加嫌贱凌磨不堪，氏女接弟被逼无奈，情急莫何，服毒身死。"③ 有关女性自杀问题，详见本书第七章的论述。

除"糟践刻薄"之外，女性还可能面临性暴力。李雍氏供："小妇人幼配李成德小名丑娃子为婚，夫妇和好无嫌。不料光绪九年八月内姑母病故，这翁父李元平见小妇人年幼，暗起不良，常来卧室逼小妇人与他私通，不允，他就忿恨常时糟践。"④ 吴洪才控诉亲家对女儿"不矩"："蚁女三姑，幼许抱与刘子明与伊子刘玉才为娴媳……子明之妻薛氏至刘四家吃酒，歇宿未归，子明将玉才趁至河坝船上歇宿去

---

① 南部县档案1-005-00183，咸丰五年；1-006-00317，同治四年。
② 巴县档案6-04-04916，咸丰元年；6-07-01894，道光十八年；6-07-01886，道光十八年。
③ 巴县档案6-24-02066，同治十三年。
④ 南部县档案1-009-00238，光绪十一年。

讫，诓子明是夜人面兽心，行为不矩，□门进女卧房。次日，蚁女向薛氏理论，薛氏直斥子明。殊子明情亏，持木棒打毁神龛、香炉、水缸、锅碗、大门。蚁女奔逃，不知何往。"①面对翁公的"不矩"行为，妇女在承受身体和精神的压力之外，还要承受伦理的压力，大大增加了她们在夫家生存的困难程度。

在婆家遭受暴力的女性只能回娘家躲避和求助，但有的娘家爱莫能助。如南部县邓洪发在供词中说："小的女儿邓氏发配姨表弟赵德佑的儿子贵娃为妻。自结缡后因嫌小的女儿邓氏蠢拙，不时糟践苦刻。小的女儿常回娘家哭诉，小的痛劝叠送数回。"②爱女心切的娘家可能选择报官，但如此则一方面意味着姻亲关系的决裂，另一方面也未必能取得好的结果。如张奇文控告胞妹张氏的丈夫杨上元与婆母李氏虐待其妹："李氏狠毒，听杨茂金（族人，笔者注）谗唆，屡将张氏糟践凌虐，叠次讲理，茂金出头担干，再不刻薄。去岁李氏又将张氏分居，不分产业，亦不许上元供给衣食，张氏无奈出外佣工。"此案县官判令将杨上元与张氏夫妇都予以掌责，张氏被责的原因是不应私自逃离家庭，令杨上元将妻子"领回约束"。③

除丈夫和公婆之外，娘婆两家的其他亲属也是潜在的施暴者。如南部县杨沈氏丈夫亡故，由于他们夫妻没有子女，夫兄杨建良图谋亡弟的产业而逼沈氏改嫁，沈氏控诉说："无如氏夫胞兄杨建良心生不仁，欺氏孤单，夫故无子，朝日糟践，将氏逼嫁未遂，致使氏无有度用。"由于沈氏丈夫去世前"祖遗之业尚未剖分"，即兄弟还没有分家，家业都由兄长杨建良掌控，对弟媳"朝日糟践"并切断其经济资助，致使沈氏被迫控案。④王氏则被娘家族侄逼嫁、迫害，她在诉状中说：自己"嫁与李其友之子李树儿为妻，生有一子夭亡，不幸树儿

---

① 四川省档案馆编：《清代巴县档案汇编》（乾隆卷），档案出版社1991年版，第153—154页。
② 南部县档案1-006-00317，同治四年。
③ 南部县档案1-006-00305，同治元年。
④ 南部县档案1-004-00286，道光十七年。

于去十月内染病身故，氏翁其友意欲将氏抱子承嗣，氏娘家堂侄王登德、王登甫、王登礼、王登仁等皆非安分之徒，冀图财礼，阻滞不依，辄于去冬月二十四日率领三十多人将氏拉回娘家殴打，逼嫁与氏族兄武生王应发为妾，凭媒官春取财礼钱十八串瓜分"①。档案中一些泼恶族人常将族内孀居妇女视作利益之源，设法逼其再嫁，从中获得钱财，这一过程常常伴随着对妇女的言语胁迫和肢体暴力。

家庭或家族以外的基层社会生活环境中也充斥着暴力。咸丰二年三月，巴县妇女李黄氏的儿子由于踩踏了临近詹二家"路边种的黄豆秧"被其"凶殴受伤"，此事经过团约的集理，让詹二给李黄氏的儿子"调治伤痕"，由于李黄氏的丈夫"在外佣工"，她"往詹二家要药医治，詹二不肯付给"，还将其"捆搏（缚）殴伤"，"拖拉出门"，备受欺侮。② 石第简家的婢女贵女，"在山牧牛"时被主人的"无聊堂侄石润廷欺奸"，"贵女不从，奔回说蚁（石第简，笔者注）得知，理斥，润廷反于本月十九日来蚁家称抢贵女"，后经过各方调解，石润廷表示愿意息和，但数日后又扬言定要抢走贵女，让贵女的贞洁和人身安全都受到威胁。③ 面对来自家庭内外的暴力，多数妇女只能默默忍受，也有女性寻求帮助或反抗，如通过亲族即乡约、保甲等基层社会力量"讲理"，以谋求公平或减轻暴力欺压。关于妇女与基层社会的"讲理"或"凭众理剖"，详见本书第四章论述。

## 第四节 贞洁观念较弱、再嫁频繁的下层女性

相对于上层女性而言，下层女性受儒家思想的影响和束缚程度较轻，她们在出入家门、与异性交往方面享有相对较大的自由度，改嫁的概率也远远大于上层女性，这是下层女性群体的又一突出特征。

---

① 南部县档案 1-005-00228，咸丰四年。
② 巴县档案 6-04-01242，咸丰二年。
③ 巴县档案 6-01-00568，乾隆五十六年。

## 一　下层女性的婚前与婚外性行为

两县档案中记载了不少女性发生婚前或婚外性行为之事。这一方面体现出下层女性的性意识比较薄弱，另一方面也是男女交往较为自由的结果。

南部县程长姑，自幼"许与欧频馥为婚，尚未完配"，由于父亲早故，她和母亲"佃冯泽清房屋居住"，并"寄拜冯泽清为干父"。冯泽清与儿子冯二黑子"时常来家闲耍"，"见面不避"。道光三十年，冯泽清"见程长姑少艾好看"，趁"程宋氏没在家里"，"向长姑说要与他行奸，那时长姑应允，就与他通奸一次，过后遇便奸淫，不计次数，不料长姑身受胎孕"。其间，冯泽清之子冯二黑子也与"程长姑调戏成奸一次"。直到长姑的母亲程宋氏发现"长姑身怀受孕现形"，"长姑隐瞒不住，才说出与冯泽清父子通奸情事"。由于原定的婚期已近，程宋氏"借故向媒证龚心洪说女儿染患病疾，俟病愈再行完娶"。可是长姑与人通奸受孕的事情已然传到未婚夫欧频馥一家耳中，欧频馥遂来县衙控告冯泽清父子与长姑通奸成孕。经审讯，县官断令"将奸夫责惩枷示，并［将］长姑掌责"，"因长姑有失闺闱"，欧频馥表示"情甘离异"，县官断令长姑由母亲"领回另行择户"。①

咸丰四年，巴县郑家湾女子何未姑因邻里妇女传说她与同院居住的张喜童"有不美情事"而自缢身死，其父遂控案。堂审时，张喜童并不承认自己与何未姑有染。但案件经过初审和复审，得出的结论是"未姑不知与何人通奸败露，自缢身死"，未姑的母亲也承认自己"失于防范"，县官断令将未姑的母亲以及传说闲话的两名妇女都处以掌责。②

下层家庭的未婚女孩由于受教育水平低，贞洁观念相对薄弱，再加上年轻无知、自我保护意识弱，以及家庭对女孩缺乏必要的保护措

---

① 巴县档案 6-04-04898，咸丰元年。
② 巴县档案 6-04-01349，咸丰四年。

第一章 州县档案中的清代下层女性群体形象

施等因素，使她们容易受到他人的引诱、蛊惑甚至威逼而发生婚前性行为。一旦事情败露，她们就会陷入非常被动的境地，名誉极大受损，未婚夫往往要求退婚，女孩难以再在当地立足。上文的何未姑自尽之后，未婚夫还向官府上诉状，请求县官助其拿回之前的聘礼；程长姑则被抬到重庆产下一死胎，之后"羞愧寻尽"，幸被发现解救，其所遭受的身体和精神创伤可想而知。

档案中关于已婚女性的婚外性行为记载更多，原因也更为复杂。有的女性由于贫困而与他人发生性关系以获取经济资助，有的则由于夫妻关系不和而在家庭以外寻求情感慰藉，也有的因受他人引诱而走上错误道路。这都是在基层社会男女接触和交往较为自由的前提下才可能发生的事情。如南部县妇女赵氏，因"丈夫敖保林病故"，"儿子敖文富年幼无知，才寄拜何泽贵为干子，不时何泽贵在小妇人家中行走，小妇人的丈夫胞弟敖文林疑小妇人与何泽贵有私通情刑（形）"。① 由于认为干亲，何泽贵就可以在赵氏家中不时行走，以致被赵氏夫弟怀疑二人有私情。亲邻之间往来自由，男女"见面不避"，是档案中常有的记载。再如杨启普控诉其妻与族叔杨光程通奸一案，杨光程在供词中表明："杨启普是无服族侄，小的与启普邻近居住，他妻子何氏素与小的见面不避，意欲奸淫也是有的。"杨启普之妻何氏则供述："年二十二岁，自幼嫁与杨启普为妻，过门四载，平素和好，并没嫌贱。今年二月二十六日夜，有这无服族夫叔杨光程来家闲耍，见丈夫未家，与小妇人调戏成奸，睡熟到三更时，丈夫回家撞见光程在小妇人床上睡卧，就把房门关锁，当投邻居邓酉平杨光福到彼捉奸，捆缚送究。"②

张国朝控诉其妻郭氏与堂兄张国太通奸一案中，郭氏的通奸行为则出于生存目的。张国太供诉：堂弟"张国朝与小的住隔半里，他家里淡泊，出外与人帮工，遗妻郭氏在家没有度用，都是小的顾活就私通

---

① 南部县档案 1-004-00301，道光二十八年。
② 巴县档案 6-04-04953，咸丰二年。

起的。后被张国朝查知不依，经凭家族张国炳们讲理数次，出有断绝往来戒约三张。迨后张郭氏说她丈夫不给衣食，仍来小的家中续旧"。①

以下两个案例则属于女性出于欲望与他人通奸。姚学贤控告夏三、黄饱吃、蒋大伍等村中痞赖诱拐其儿媳蒲氏"至谢三钦等家中奸宿不归"，他将儿媳寻回后，一帮人竟又"撬开宅后篾壁，又将蒲氏引出藏匿"。此案在地方社会引起较大反响，保正与甲长随后呈上禀状证实了姚学贤的说法，并请求县官能够严惩痞赖"以靖地方"。县官将本案定性为"窝匪奸拐"，并对传唤到案的相关人等进行了惩处，但由于当事妇女蒲氏和夏三、黄饱吃等不知逃往何方，未能拿获到案，因此无从审断。② 巴县骆刘氏先后与邻近两名男子通奸并出逃，骆刘氏在供词中说："骆相远是丈夫，自幼说娶小妇人为妻，今年三月间，与这曹相见面商同逃走后，被清获理说息事，迨至九月间小妇人又与曹八见面不避，欺调成奸，跟同逃外住□，骆余氏倩人寻找不获……今蒙审讯，小妇人不应悖夫逃外，与曹相、曹八先后通奸，沐把小妇人械责，发交官媒卖嫁，致丈夫骆相远与小妇人情甘离异，小妇人错了，求施恩。"③ 此案中，无论刘氏婆母的诉状还是刘氏自己的供词，都没有提到家庭贫困或家暴等问题，婆母骆余氏只说儿媳"素常不听小妇人训教"，可见骆刘氏与婆母并不相合，她两次与人通奸并逃走，可能是出于对婆母"训教"的反抗，并寻求情欲方面的慰藉和满足。

## 二 下层女性的频繁再嫁

从档案所反映的情况来看，女性的婚前与婚外性行为虽然存在，但毕竟会受到世人的谴责和官府的处罚，但下层女性再嫁，甚至多次改嫁，则似乎是多数人能接受且官府也不反对的现象。档案中妇女再

---

① 南部县档案1-007-00368，光绪三年。
② 南部县档案1-006-00170，同治十二年。
③ 巴县档案6-04-05743，咸丰十一年。

## 第一章 州县档案中的清代下层女性群体形象

嫁现象十分频繁，有丈夫因各种缘故（往往是出于贫困）而将妻子嫁卖的，有丈夫亡故后妻子改嫁的，也有由于夫妻不合或妻子"不守妇道"（如通奸、逃家）等原因而夫妻情愿离异的。此外，一些夫妻纠纷案件，县官会判决将女性交由娘家领回另嫁或发交官媒嫁卖，事实上也形成了妇女的改嫁。以上现象前文已有所述及，此处不再一一分类论述，只将妇女改嫁问题作为一个社会现象进行总体描述。

档案中关于妇女再嫁的记录可谓俯拾皆是。先来看南部县档案的记载。问据梅氏供，"小妇人自幼凭媒嫁与杜大和为童婚，因大和家贫，将小妇人另嫁与何现明为妾"；杜四姑供，"小妇人幼配张武元为童婚，结缡数载，未有生育，因今二月里武元娘母家贫，托王廷高、赵家甫为媒将小妇人改嫁何文成为妻"；雍氏供，"小妇人自幼许配冉茂荣次子冉仕先为妻，生有二女。道光二年，小妇人的丈夫仕先亡故，遗小妇人母女无靠，才凭雍兴先改嫁杨金芳作妾"；汤杨氏在诉状中说，"氏苍溪籍，发配王在荣病故，再醮治民汤才元"；李氏供，"小妇人前夫病故，后就嫁与邓元盛为继室……今沐审讯，小妇人不应不守妇道，当沐薄责，交官媒嫁卖"。此案需要说明的是，李氏改嫁邓元盛为继室后，由于她对丈夫不满，不断出逃，审断时"李氏夫家、娘家俱不收领"，县官认为其"足见刁狡，发交官媒嫁卖可也"，因而造成李氏的再次改嫁。① 所谓官媒，清人徐珂在《清稗类钞》中说："官媒为妇人之充官役者，旧例，各地方遇发堂择配之妇女，皆交其执行，故称官媒。"② "发交官媒嫁卖"相当于妇女既不归属于夫家，也不归属于娘家，而由官媒作为第三方将其另嫁，以此作为对妇女的一种惩罚。

再来看巴县档案的相关记载。问据何周氏供："小妇人自幼嫁与陈姓为妻，丈夫亡故，再醮何祥泰为室，家里赤贫。今年六月间，有

---

① 南部县档案1-003-00085，嘉庆二十五年；1-004-00260，道光五年；1-004-00258，道光四年；1-004-00292，道光二十二年；1-006-00442，同治八年。

② 徐珂：《清稗类钞》第五册"婚姻类"，中华书局1984年版，第2115页。

罗卢氏同黄维权来家，作成小妇人改嫁与刘春元为妻，哄他说小妇人是寡妇，春元应允，就与小妇人各丢聘礼。迨后刘春元查知小妇人再醮何祥泰，春元不允，退还小妇人花帕，不依，口角，就把小妇人喊控案下。前蒙审讯，小妇人不应背夫改嫁，应责从宽，谕令小妇人出外各退聘礼，具结备案。如今小妇人想起家里贫苦，愿嫁刘春元为妻，本月初十日，小妇人雇轿往刘春元家里，他不依，投鸣车六吉们理论，众斥小妇人不应来家，禀送案下。"本案何周氏因丈夫亡故，再醮何祥泰为妻，由于嫌继夫家贫，打算再嫁刘春元为妻，但刘春元得知她系"生妻"拒绝接娶，并且控诉公堂，县官断令周氏不应"背夫改嫁"。但堂审之后，周氏仍然前往刘春元家中纠缠，导致刘春元不得不再次控诉公堂，可见周氏改嫁心意之坚决。①

再如刘李氏供："小妇人在本城崇因坊住坐，丈夫刘国玉已故，这蔡福源他的父亲常与丈夫交好，咸丰六年小妇人丈夫病故，他就时常在小妇人家里来往，因见小妇人娘婆二家无人，他就甜言套哄，进步笼奸，把丈夫存日所积银两悉行掣去，小妇人日食难度，意欲改嫁，蔡福源反来小妇人家里肆闹，阻不容嫁，小妇人想起忧气，就来案把蔡福源具禀的。今蒙审讯，小妇人不应与蔡福源通奸滋事，沐把小妇人掌责，蔡福源答责枷示一月，断令小妇人与蔡福源断绝往来，另行择户改嫁，小妇人遵断就是。"② 李氏因情夫阻碍其改嫁而控诉公堂，最终获得"另行择户改嫁"的自由。她不惮暴露自己的私情，即便因此被县官"掌责"也要获得再嫁的自由，反映出妇女用法律武器维护自己权利的意识和决心。

除改嫁之外，有资产的女性还可以"招夫养子"。如南部县江李氏在禀状中说："年二十八岁……情氏夫故子幼，乏人料理，乃凭媒杜朝亭招赘梅应斗赘户抚子，族众无异。"③ 李氏利用亡夫留给他的房

---

① 巴县档案6-04-04976，咸丰二年。
② 巴县档案6-04-05642，咸丰十年。
③ 南部县档案1-006-00329，同治五年。

产招赘梅应斗入赘为夫婿，帮她打理家务、养育子女，是一种较为明智的选择。赘婿虽然社会地位较低，但是对于因贫无法娶妻的男性而言，可以由此拥有家室，因此也不失为一种明智的选择。事实上，拥有资财的寡妇甚至还很抢手。如梁正纪等控诉："民等侄女梁氏，幼配敬学尧之子敬福海为妻，已育有后。不幸福海今秋病故，百期未满，梁氏即或不守，理应择户另嫁。可恶附近恶棍任怀珍贪谋财产，贿串敬学禹说合，学尧希图银钱，并不通知娘族，安媒敬腾龙、郭林昌，于八月二十五强与梁氏赘户。"① 当然，"招夫"并不一定是为"养子"，也有解决女性情感需求的作用。如高杨氏供："小妇人是遂宁人，幼配吴光禄为妻，早年来至城内营贸，迨后小妇人夫故，在嘉庆十二年，这高位堂兄高佑妻子死了，无子，才娶小妇人为妻，无出，所抱一女招赘何姓之子更名高大顺。迨后小妇人的丈夫高佑又凭何太和抱高位次子高大观承嗣。去岁小妇人丈夫亡故，今四月内，高大顺不听约束，小妇人拿出钱三十千，令高大顺回宗，亦与高位次子高大观拿出钱二十二千，亦令回家……今小妇人又招陈铜匠成配。"② 杨氏第一任丈夫吴光禄病故，再醮第二任丈夫高佑为妻，两人没有生育，先后抱养一女、一子，并且给女儿招赘了女婿（童养婿）。从杨氏的诉状来看，由于她先后与两任丈夫经营米粮生意，应有一定的积蓄，在第二任丈夫死后，她用钱将女婿与继子都打发归宗，自己则以六十三岁高龄招赘陈铜匠上户做第三任丈夫，活得可谓潇洒。

从上文不难看出，下层女性再嫁不但较为频繁，而且比较容易实现。这一方面是由于基层社会贞洁观念相对淡薄，另一方面是迫于社会现实的选择。所谓的社会现实，从女性角度而言，如本章第二节所述，丈夫家庭贫困无法养活妻子，或者丈夫去世家庭失去了经济支柱，缺乏独立生存能力的女性只能选择再嫁；从男性的角度而言，贫困男性难以通过正常的渠道娶到妻子，而再嫁妇女所要的财礼显然大

---

① 南部县档案1-007-00228，光绪元年。
② 南部县档案1-004-00264，道光九年。

大少于初婚女性,也常常不需举行正式的婚礼,节省了诸多花费,这就是为何不少男性不惜冒买娶"生妻"之险也愿意接受再嫁妇女的原因。进一步而言,不少妇女再嫁是给男性做妾,并非正室,男性在买妾时主要在意的是女性是否年轻、是否具有较强的生育能力等因素,下层家庭的男性对于妾氏是否初婚反而并没有那么在意,这一点也增加了年轻女性再婚的容易程度。而对于略有资产的寡妇,即便不再年轻,也可能成为贫困男性争相聘娶的对象。从官员的角度而言,只要不违背法律,他们也不反对妇女再嫁。如梁正纪等控诉侄女梁氏在丈夫亡故之后,翁公在没有告知娘家的情况下为其招赘任怀珍为夫婿,县官在其诉状上批道:"夫故再醮,例所不禁。任怀珍凭媒接娶已故敬福海之妻梁氏为室,既系氏翁主婚,其事并无不合。"因此将梁正纪等的诉状驳回。① 再如周思朋控诉,女婿病故后,其叔父吴锡保"图谋绝业",逼迫女儿周氏改嫁。县官认为"查周氏夫故,又无子嗣,亦当改嫁。而吴锡保不应私行嫁卖,未通娘家知晓",断令吴锡保拿出一半财礼分给娘家。② 宋元相控告女婿谢堂忠的族人强娶孀居的女儿为妾,县官的审断是"查谢堂忠亡故,遗妻宋氏育有子女,孀守四载,改嫁应听其便……但谢德宇(被告,笔者注)不应当堂狡供,沐将掌责,饬令谢堂高(谢德宇之子,笔者注)悔婚另娶,缴出婚约付案,宋氏不愿孀守,另行择户"。③ 县官不仅支持妇女在丈夫去世后改嫁,即便丈夫在世,县官也可能支持妇女另嫁。如王廷俊控诉未婚妻汪氏由于自己在外多年不归而另嫁他人,审理此案的县官表示"查例载妇女从一而终,男子出外六载不返,女子应宜另嫁","缘王廷俊出外十数余年不归完娶,民汪兴和(汪氏胞兄,笔者注)甫凭媒证与王廷俊胞叔王朝举退还花红钱六千,赎女另嫁,亦属近情",且"汪氏已经另嫁,生育有子","断民汪兴和、刘文先各出钱六千,作

---

① 南部县档案 1-007-00228,光绪元年。
② 南部县档案 1-006-00371,同治十年。
③ 南部县档案 1-008-00463,光绪七年。

为王廷俊另娶之资"。① 可见，在县官的眼中，贞洁固然重要，但也要顾及下层妇女的实际生存需求，男性亡故或失踪多年，妇女理应再嫁，谋求生路。

女性再嫁的容易实现以及社会和官府对之采取的宽容态度，导致一些下层妇女对婚姻观念走向另外一个极端。当她们对现任丈夫不满时，就会选择离开而另嫁他人，甚至不断再嫁，直至找到满意的对象。前述坚持要离开现任丈夫而改嫁给刘春元的何周氏即是如此，即便县官斥责其"不应背夫改嫁"，令其结案归家，她仍旧跑到刘春元家中，坚持要嫁给他。下文再以南部县的两个例子印证以上说法。

先来看陈国宝之妻的两次改嫁。陈国宝"娶任应齐之女任氏为妻，结缡数载无育"，但任氏显然对这桩婚姻并不满意，于道光七年六月从家中逃出，陈国宝找寻无果。后国宝堂兄陈国兴在行医时碰到任氏，询问之下得知任氏已经人做媒另嫁与罗步头（罗洪书）为妻，当陈国宝追踪而至，任氏已不在罗家，因她"嫌洪书家道赤贫"，仍"屡次逃走"，罗洪书便以十千文财礼的价格再将任氏嫁卖与陈水匠（陈大应）为妻。陈国宝随即以"买休卖休"控案，但堂审时，"陈大应供称，蚁妻任氏在伊家逃走，沐恩断令陈大应回家将蚁妻任氏找获送案"，即任氏再次逃跑无踪，县官只得令"陈大应查找任氏，务获送案究结"。不久，陈大应表示"不知任氏逃往何方，一时难以找获"。再过几个月，陈国宝申请销案，原因是"蚁想任氏乃不正之妇，今又逃走，杳无音信，害蚁久受拖累，情难静候，为此禀恳作主，蚁情愿具结免累，倘陈大应日后将任氏找获、不获，蚁均无异说，以省久累"，本案就此了结。② 此案中，当事人陈国宝在诉状中表明他只有二十岁，妻子任氏也应当很年轻。由于对婚姻不满，任氏多次出逃，靠"嫁给"不同的男性生存。虽然陈国宝没有提及自己娶任氏时花费了多少财礼，但罗步头交代自己买娶任氏时付财礼六千四百文，而他

---

① 南部县档案 1-008-00837，光绪九年。
② 南部县档案 1-004-00263，道光八年。

将任氏转卖给陈水匠时要财礼十千文,净赚三千六百文。当县官责令陈水匠将任氏交出由陈国宝"领回约束"时,任氏显然不愿意回到原来的生活,因而再次出逃。从任氏的出逃经历中,我们也可以看出,下层社会贫困无妻的男性较多(如罗步头是寄居在主人家的雇工),加之一些男性因无子而急于娶妾(任氏嫁给陈水匠即是为妾),女性再嫁的确比较容易实现。买娶任氏的男性并不深究其出身来历、是否"生妻",冀图侥幸以廉价的方式获得一房妻妾,这也是任氏敢于一再出逃的重要社会背景。

再来看帅氏的四次改嫁。帅氏在供词中说:"小妇人自幼发配萧家,迨后才改嫁与严喜为妻的。这严喜说他家贫,又才把小妇人嫁卖与阆民胡兴为妾。因小妇人娘家的胞弟帅文志不依才具控的。前任朱主审讯之下,将小妇人断回娘家择户另嫁,凭徐学为媒把小妇(人)改嫁与唐先贵为妻。至去年四月内,这严喜又勾诱小妇人逃走,又才嫁卖与苍溪民任天荣为妾的。唐先贵查实不依,来案告状,才把小妇人放在词内的。"由于帅氏的供词表述很简单,我们可以结合案卷中其他人的诉状和供词等材料,还原帅氏五次婚姻的过程。帅氏初嫁萧家,为何离异她本人没有说明;但其第四任丈夫唐先贵的诉状中说,第二任丈夫严喜"将伊所娶生妻帅氏嫁卖与阆民胡兴为妾",可见她是被第一任丈夫嫁卖给严喜的。而第二任丈夫严喜买娶帅氏之后,又因贫将帅氏嫁卖给阆中县人胡兴(第三任)为妾,但由于帅氏娘家胞弟控诉严喜"嫁卖生妻",县官断令帅氏被娘家领回另嫁。此后,第四任丈夫唐先贵凭媒说娶了帅氏。由于帅氏之前的婚姻已被县官断离,因此唐先贵说娶帅氏是合法的。但帅氏却与第二任丈夫严喜保持往来,被其"勾诱"逃走。从帅氏同意与严喜出逃来看,她应是对与唐先贵的婚姻不大满意。严喜再将帅氏嫁卖与苍溪县民任天荣(第五任)为妾,从唐先贵的诉状来看,严喜通过这次嫁卖"获财礼钱十六串",而从唐先贵的供词来看,他之所以能够找到帅氏,是由于帅氏"与任天荣的大妻子不和,他才回保宁府来的",即帅氏因与第五任丈夫的嫡妻不和，再次出逃，被唐先贵找到并前来控案。案件初审时，帅氏由于"生产"，"不能上堂对质，沐将严喜锁押，候帅氏满月再行来案复讯"。一个多月后的复审中，帅氏表示自己"实系是严喜嫁卖与苍溪任天荣的"，严喜当即受到责惩，"帅氏仍令唐先贵领回管束"，即县官将帅氏判给了第四任丈夫。至于帅氏所生孩子属于哪一任丈夫、如何归属，案卷中并没有提及。①

本章希望从普遍的早婚、贫困的生活状况、容易遭受暴力的生存环境，以及相对淡薄的贞洁观念等层面，大致勾勒出下层女性的群体形象，初步呈现她们的生活状态和生存环境、她们的生存理念和伦理观念。相较于上层女性，她们几乎没有受过什么教育，在艰难困苦中挣扎谋生，不时需要面临来自家庭内外的暴力，父亲和丈夫等男性都很难成为其终身依靠。但艰苦的生活锻炼了她们的生存能力，不少女性可以靠劳作养活自己，或者通过改嫁让自己及子女得以维生。由于受儒家思想的束缚较少，她们在一定程度而言较上层女性享有更多的自由，可以随意出入家门，与男性交往"见面不避"，遇到不公也可以亲自赴县衙控诉，等等。当然，本章并不能全面呈现下层女性生活的方方面面，在后续的章节中，笔者将逐步从不同角度探讨下层女性的人际关系和社会能力、心理状态和自我认知，以及她们的家庭、社会和法律地位。

---

① 南部县档案1-005-00164，咸丰三年。

# 第二章　下层女性的夫妻关系

由于下层女性普遍早婚，甚至在幼年时就被童养，她们人生中多数时间是在夫家度过的——虽然相当一部分下层女性并非只嫁一任丈夫，但夫妻关系仍是决定她们生活质量、家庭地位及其与婆家其他成员关系的重要因素。本章尝试通过两县档案中一些零星散碎的记载来还原下层女性的夫妻关系，从这一层面呈现她们的生活和生存状况。

## 第一节　"素好无嫌"

"素好无嫌"是档案中常被用来形容夫妻关系的一个词语，表示夫妻一向和睦、没有嫌隙。如南部县张俸金供："小的女儿张氏自幼许陈万春的儿子为妻，不幸万春之子亡故，小的女儿孀守无靠，在咸丰元年又凭媒嫁与伏起兴的胞侄伏得高为妻，素好无嫌。"漆洪瑞供："小的系蓬州民，自幼发配蔡仕铨的胞妹蔡氏为妻，结缡后育有二子，素好无嫌。"王理全在诉状中说："情民幼配文元举、元顺、元俊侄女文氏为妻，素好无嫌。"① 当然，"素好无嫌"非固定用语，档案中还有其他类似的表达，如王顺供："这王仕德是小的家门叔子。他的儿子王帝用自幼凭媒说合于李昌崇的胞妹李氏为婚，完配多年，夫妇素行和睦，并无嫌隙。"曹氏供："小妇人幼配程明义为妻，生有二女。

---

① 南部县档案1-005-00179，咸丰五年；1-005-00188，咸丰四年；1-006-00374，同治十年。

不料小妇人丈夫于咸丰元年病故，因遗小妇人家贫无靠，自愿嫁与堂兄程明为妻，以便抚养二女，至今十年，两无嫌怨。"何仕碧供："小的是刘天文的女婿。这刘天文的三女刘氏幼许王光春之子王永贵为婚。结缡数载夫妇和好，并无嫌怨。"①

然而，即便和睦的夫妻在日常生活中也难免有磕磕碰碰的时候，何况本书利用的是州县司法档案中的婚姻家庭类纠纷来研究下层女性，因此能够进入档案记载的，都是家庭产生矛盾纠纷并且诉讼公堂的案例，"素好无嫌"类的表述，往往旨在表明矛盾或变故与夫妻关系无关，或者是指矛盾产生之前的夫妻关系。因此，"素好无嫌"并不能表示夫妻关系就很稳固。如南部县漆洪瑞供："小的系蓬州民，自幼发配蔡仕铨的胞妹蔡氏为妻，结缡后育有二子，素好无嫌。因小的家贫，在今二月起意来往治属挨傍小的胞弟漆洪光营贸生理。行至翠峰山得染寒病又乏度用，当有蔡国保来劝小的将蔡氏嫁卖与王老六，议财礼钱五千文。"②漆洪瑞说与妻子关系和睦，但由于他贫困又感染疾病，只得将妻子嫁卖，得钱医病和维生，和睦的夫妻由此陌路。因此，对于下层百姓而言，"素好无嫌"的夫妻可能由于各种原因而关系破裂。

档案中一些家庭矛盾经过县官的审理或"调解"得以解决，夫妻关系仍可持续如初。如南部县张俸金之女嫁与伏得高为妻，张俸金表示女儿女婿"先前和谐"，后被伏得高的堂叔"唆蚁婿夫妇反目"。伏得高则在供词中表示，自己"在咸丰元年凭媒说娶陈万春的寡媳、张俸金之女张氏为妻，结缡后未育子女，咸丰二年小的家中积有谷子四十七石，张俸金叫小的将谷子碾米出卖，不知获钱多寡，未算账目。迨后小的得染瘸疾不愈，这张氏不守妇道，时常偷盗米粮出卖与人"，由于他"父母双亡，无有弟兄，孤独一人"，由堂叔代他去岳父

---

① 南部县档案 1-003-00076，嘉庆十四年；1-006-00297，同治元年；1-007-00227，光绪二年。
② 南部县档案 1-005-00188，咸丰四年。

家讲理，因而引发两家纠纷。县官断令张俸金将所卖谷子与伏得高叔父"清算明确"，张氏也令伏得高"领回管教"。① 由几石谷子引发的翁婿矛盾在县官的调解之下得以解决。

再如巴县胡万和供："这丁胡氏是女儿，先年嫁配丁瑞齐为妻，过门数载，生育二子二女，并无嫌隙，突今四月女婿在他胞兄丁三家饮酒归回，撞遇邻壁住居的陈酉与女儿隔墙谈话，丁瑞齐乘其酒醉，妄疑女儿胡氏与陈酉有通奸的事，彼时闹嚷并把女儿右手殴伤，逼勒胡氏回家另行改嫁，小的不依才来具控案下。今蒙审讯，女婿丁瑞齐酒醉归回，撞遇陈酉与胡氏交语私谈，妄疑他们有私通的事，陈酉不应与陈酉（胡氏）谈笑，沐把陈酉掌责，谕令丁瑞齐把女儿当堂领回管束。"此案中，胡氏与丈夫丁瑞齐结婚多年（岳父胡万和在诉状中说"蚁女胡氏嫁夫丁瑞齐十余载"），生有四个子女，"素好无嫌"，但丁瑞齐因酒醉后看到妻子与邻居谈笑，疑其不忠，将妻子打伤并要休妻，导致岳父胡万和控案。经审断，丁瑞齐怀疑妻子与人通奸并无实据，属于酒后闹事，县官令他将妻子"领回管束"，夫妻和好。另一当事人丁酉则被判"不应与胡氏笑谈，沐将掌责，断令伊回家修好墙缺，日后断绝陈酉与胡氏往来交言"。此类案件生动体现出知县作为"父母官"角色对百姓家庭矛盾进行的调解。② 经过县官的"调解式"审断，丁瑞齐与胡氏的夫妻矛盾得以解决，丁瑞齐在结状中保证将妻子"甘愿当堂领回管束，中间不虚，所结是实"。③

调解夫妻或家庭矛盾的并非只有县官，基层社会组织在更多层面上承担了家庭矛盾的调解功能，详见本书第四章的论述。不过，并非所有的夫妻矛盾都可以经过调解后和好如初，不少矛盾的根源无法解决，导致夫妻分道扬镳。

---

① 南部县档案1-005-00179，咸丰五年。
② 关于父母官的角色研究，参见里赞《晚清州县诉讼中的审断问题研究》，法律出版社2010年版，第五章第一节。
③ 巴县档案6-04-05009，咸丰十一年。

## 第二节 "贫贱夫妻"的困境

贫困常常是导致下层夫妻之间产生矛盾、关系难以维系的根本原因。档案中，常有丈夫由于贫困无法养活妻子而将其嫁卖、妻子及其娘家嫌弃丈夫贫穷而图谋另嫁的案例，夫妻关系也因此走向终结。

首先讨论丈夫因贫卖妻的案例。南部县梅思万供："张氏是小的侄媳，梅氏是他女儿，自幼凭媒嫁与杜大和为妻，生有子女，因杜大和家贫，日时（食）无度，屡次夫妻不睦，凭何绍成为媒，财礼钱五千，嫁与何现明为妾，未通小的们知道，故后来案具控的。"从梅思万的角度而言，因杜大和卖妻的原因是家贫以及由此引发的夫妻不睦，二者综合导致其将妻子嫁卖他人为妾。再看当事妇女梅氏的供词："小妇人自幼凭媒嫁与杜大和为童婚，因大和家贫，将小妇人另嫁与何现明为妾。"即作为妻子，她表示自己被嫁卖的原因就是丈夫"家贫"，并没有提及夫妻矛盾。而丈夫杜大和在结状中也表示，"蚁幼配梅氏为妻，生有子女，因蚁家道赤贫，难以顾养，凭何绍成为媒改嫁与何现明为妾，得伊财礼钱五千文，未通梅姓知晓，故滋控案"，进一步证明贫困是杜大和卖妻的唯一原因。①

再如刘继尧因贫卖妻案，此案的有趣之处在于，刘继尧卖妻之前先到官府呈递了一份"存状"，希望在官府预先备案，以免日后有"嫁卖生妻"的纠纷。②刘继尧在存状中表示："蚁自幼凭媒说娶张氏为妻，数年来未育子女，不意去今年岁饥荒，蚁不但恒业俱无，栖身莫所，且身染残疾，父母早亡，并无叔伯弟兄顾伴，欲贸无本，辗转无路，蚁不忍张氏青年与蚁困毙，蚁思难已，夫妇商议自行请凭家族及张氏娘族等相商，将张氏放一生路。奈人言生妻不敢说娶，是以赴案禀明存案，伺获觅得张氏生活之路，不致后患。"存状中生动地描

---

① 南部县档案1-003-00085，嘉庆二十五年。
② 有关"嫁卖生妻"问题的论述，详见本书第四章。

述了刘继尧的贫困状态：没有产业，没有栖身之所，没有父母和伯叔兄弟照应，自己身染重病，只能"困毙"，因此希望通过将妻子嫁卖的方式为彼此"放一生路"。尽管县官没有接受刘继尧的存状，他仍随即将妻子嫁卖，因为从存状中即可看出，除了嫁卖妻子，他已无可选择。①

在因贫卖妻类案件中，还存在一个较为突出的特点，即男性卖妻时，除说明自己的贫困之外，往往还要强调妻子不守妇道。如南部县蒲洪福卖妻一案，蒲洪福父子先后出立了两份嫁卖文约，在其父蒲廷模所立的文约中，儿媳改嫁的原因是儿子"不顾父〔母〕妻室，流浪在外，多年未归，音信俱无，不知生死存亡。遗妻何氏在家衣食不给，兼今岁天旱无措，甘心改嫁"，即儿子蒲洪福多年不归，家中贫困，无法给儿媳何氏提供衣食，因此让其改嫁。但蒲洪福自己主立的卖妻文约中，则将原因表述为："立书出妻印约人蒲洪福，因娶妻何氏屡不守妇道，不孝公婆，不敬夫主，昔年夫妇不合，替系在外营求生理，已经三载，不料此妇在家更不受育束，东走西去，有乖风化。公婆与娘家商议放与蒲昌银名下为妻。"即嫁卖妻子的原因是何氏不守妇道、不孝公婆、有乖风化。②再如文天伦因贫卖妻一案，文天伦在堂审时交代："小的幼配帅元第的女儿帅氏为妻，结缡后生有一子。因小的家贫，难顾妻室，今九月间凭文天泮、彭廷显为媒将小的妻子帅氏嫁卖与张松为妻，财礼钱六千。"但在他先前呈递的诉状中却完全是另外一种说法："蚁发配帅元第之女帅氏为妻，结缡以来蚁岳元第同妻帅氏嫌蚁家贫，屡次走东去西，毫不听蚁约束。蚁妻帅氏平昔无辜与蚁行凶，口称不愿与蚁夫妇，蚁出无奈，今四月十八日，凭帅氏娘父帅元第并帅元志、帅元顺、帅维璠、帅元中等集理，既蚁妻帅氏不守妇道，听蚁自便，蚁复经家族文中全、文中美及彭廷显等嘱蚁

---

① 南部县档案1-004-00289，道光二十年。
② 南部县档案1-004-00259，道光四年。

另醮。"① 虽然文天伦在诉状中也提到岳父同妻子嫌自己"家贫",但仍将卖妻的主要缘由归结为妻子各种不守妇道的"恶行"。

此类案例还有很多,如魏正唐在审讯中供述:"小的发配杨氏为妻,生有一子,年幼。在今正月间得染寒病,家贫无度,小的就托谢明与李国品为媒,将小的妻子杨氏嫁卖江天德为妾,取财礼钱十千,甘愿书立婚约。"但在之前的诉状中,魏正唐却将卖妻原因描述为妻子的失德:"配妻杨氏,过门十五载,并无生育,无如杨氏嫌民家贫,与民不和,抗听教约,时常走东去西,翻说闲言,日每寻事生非,总想另嫁,不愿跟民活人。"再如漆洪瑞供述:"自幼发配蔡仕铨的胞妹蔡氏为妻,结缡后育有二子,素好无嫌。因小的家贫……得染寒病又乏度用,当有蔡国保来劝小的将蔡氏嫁卖与王老六,议财礼钱五千文。"而在漆洪瑞诉状中,素好无嫌的妻子却变为"屡听伊族侄蔡国保引诱刁唆,嫌蚁家贫,不服管教,迭次逃走"。② 男性在诉状和供词中对卖妻原因的表述显然是矛盾的。

这种矛盾的原因在张崇品控诉儿子受他人逼哄而卖妻一案中表现得较为清楚。张崇品在诉状中表示"民子张朝春发配何仕兴之女何氏为妻,结缡两载,无如何氏多言悍泼,不孝姑嫜,且嫌民子贫难,日每生事,总称不跟民子活人"。虽然张崇品表面上意在控诉族人张玉勤乘其"佣工未归","押逼"儿子将儿媳嫁卖,希望通过诉讼将儿媳讨回,但诉状中却首先对儿媳何氏的"不守妇道"进行了充分的描述,让人感到他似乎并不想真的讨回儿媳。而他的表述和态度也被县官捕捉到,并很可能成为其做出最终裁断的依据之一。此案县官断令"何氏不应嫌贫另嫁,沐将何氏掌责",即部分地肯定了张崇品对儿媳品行的描述,指责她本人在"嫁卖"行为中也有主动参与,系属"嫌贫另嫁",予以"掌责"的惩罚。但是,县官却将何氏判给了后夫张玉勤,依据是既然"张朝春出有休离字样",即前夫已经出具文约将

---

① 南部县档案1-004-00291,道光二十一年。
② 南部县档案1-006-00368,同治十年;1-005-00188,咸丰四年。

妻子嫁卖，财礼也已经过付，"何氏仍令玉勤领回团聚"，但张玉勤须帮张朝春父子出"讼费钱二十千文"。① 从县官的这一判决，我们可以推断张崇品父子的确贫困，县官也看出其诉讼的目的并非追回何氏，对于经验丰富的县官而言，他们明白即便将何氏判回给前夫张朝春，她也很可能因贫再次被嫁卖。因此县官令后夫张玉勤将何氏领回并资助前夫父子钱文，这是对双方都有利的判决。

男性之所以在卖妻时强调妻子不守妇道，究其原因，"因贫卖妻"虽然是显而易见的事实，但丈夫不能养活妻子还将其嫁卖换取钱财，也的确是羞耻的事，如前述刘继尧因贫卖妻恳请在官府存案时，县官批驳说："例无因贫准其卖妻之条，且尔年已及壮，若果勤苦自恃，何致不能养赡，乃不思奋勉，辄欲嫁卖尔妻，犹复控词妄请立案，实属无耻，不准。"② 而若将卖妻的理由从因贫困转变为因妻子的不守妇道，即丈夫是因妻子的"失德"而将其"休离"，只不过对于下层家庭而言，休妻不是将妻子休退回娘家，而是将其嫁卖。档案中不少男子称卖妻为"离异"或"出妻"即可表明这种观点。如张国喜供述："小的幼配夏氏为妻，未有生育，因小的家贫，难以度日，甘愿离异，凭邓应生为媒将妻子夏氏改嫁与杨老七为妻。"蒲洪福因"流浪在外，多年未归"，"遗妻何氏在家衣食不给"，洪福父亲将何氏嫁卖，洪福为父亲的行为辩解："蚁妻何氏原系不守妇道、不听翁姑教育、罔听丈夫约束，例应该出。"③ 因而，在"失德"借口的遮掩之下，"卖妻"行为就变得相对顺理成章。

其次，从某种角度而言，丈夫的贫困与妻子的"不守妇道"的确存在一定的关联。当男性不能承担起养家糊口的责任时，女性常常不得不设法自求生存之道，她们可能回归娘家并且久住以寻求娘家的养赡，或出外四处寻找佣工的机会以赚钱养活自己甚至养活丈夫，再加

---

① 南部县档案 1-008-00451，光绪七年。
② 南部县档案 1-004-00289，道光二十年。
③ 南部县档案 1-004-00266，道光九年；1-004-00259，道光四年。

第二章　下层女性的夫妻关系

上生活中会对丈夫发表一些抱怨的言论，这些恰恰都映衬了男性对其"走东去西""多言悍泼"等"不守妇道"行为的指责。而对于夫家而言，年轻女性"不守妇道"的行为，主要是受到娘家的"刁唆"所致，即女性娘家往往在夫妻关系上起到破坏作用。第一章提到的南部县陈国宝寻妻一案，国宝发起诉讼的理由就是"为嫌贫择嫁叩止风化事"，状告岳父任应齐和岳母李氏嫌弃自己贫穷，"素言蚁家非伊女终身之所，屡屡刁唆久住娘家、背逃数次"。① 清代，随着社会经济的快速发展，家庭贫富分化日趋严重，儿女婚约往往自幼订立，到成婚时一方家庭可能发生变故，或另一方家庭日渐富裕，从而导致双方家庭的经济条件不再匹配，这是导致不少婚姻类案件以"嫌贫择嫁"作为控诉理由的原因之一。此外，即便双方家庭的经济条件没有发生大的变化，在"婚姻论财"的社会风气和男女比例失衡、女性再嫁容易的社会背景之下，女方家庭也往往希望女儿能够拥有更好的生活，因此案件中妻子及娘家嫌夫家贫困的例子很常见。如李其友控诉，"情蚁独子李树儿发配王官氏之女王氏为妻，王官氏嫌蚁贫穷，又加伊侄王占雄等从朋护短，屡次生非，央媒官春苦劝蚁子将其嫁卖，蚁子不允"，是岳母嫌弃女婿家贫而屡劝其将女儿嫁卖；前述文天伦的诉状中也说"结缡以来，蚁岳元第同妻帅氏嫌蚁家贫"，是岳父嫌弃女婿家贫。② 由于女性与娘家关系密切，使娘家的不满常常直接影响到夫妻关系，这一点详见第三章论述。

　　因贫困而引发的夫妻矛盾和分离，是基层社会夫妻关系的重要特点之一。一方面是客观上丈夫无法养活妻子而不得不将其嫁卖，也将此视为放妻子"一条生路"，而他们常常又同时编造一些妻子不守妇道的言论，以使"嫁卖生妻"在道德上显得更为合理；另一方面，由于夫妻之间的确很容易因贫困而产生矛盾争执和离心力，女性及其娘家也会因嫌弃男性贫困而图谋另嫁，毕竟不能提供衣食的丈夫对下层

---

① 南部县档案1-004-00263，道光八年。
② 南部县档案1-005-00228，咸丰四年；1-004-00291，道光二十一年。

女性而言是无法依靠终身的。

## 第三节 性格与体貌不匹配的矛盾

除贫困外,下层夫妻之间也有由于性格、年龄、外貌、疾病等原因导致的矛盾。既有夫妻之间的相互不满,也有娘婆两家亲属促发的矛盾。与上层女性不同的是,下层女性勇于将对丈夫的不满甚至嫌弃表达出来①,让我们得以一窥她们内心对配偶的感受和要求。而当丈夫对妻子不满时,女性就会处于较为被动的境地,常常面临丈夫或公婆的暴力以及被嫁卖的危险。

先来看女性对丈夫的不满和嫌弃。在程大富控告儿媳逃走另嫁一案中,程大富供:"小的儿子程芝受自幼凭媒姚思禹说娶赵仕学的女儿赵氏为婚,结缡后这赵氏嫌小的儿子年幼,夫妇不睦。"儿媳赵氏的供词则更明确地指出自己与丈夫不合的原因:"小妇人自幼凭姚思禹为媒许与程大富的次子为婚,成配后才知是程大富的第四子为婚,小妇人心中不喜,去蜡(腊)月初九日逃出在外。"程大富所谓的儿媳嫌儿子年幼,是由于两人年龄差距较大,虽然案卷中没有说明程芝受与赵氏各自的年龄②,但从县官最终判决"赵氏仍令赵仕学领回约束,俟程大富的儿子程芝受长大成人将赵氏再行团聚",可见程芝受的确未到成婚的年龄,赵氏不愿守着幼稚的丈夫度日,县官对此也表示理解,让娘家父亲将她领回,待程芝受"长大成人"之后再"团

---

① 日本学者野村鲇子在《明清散文中的妇女与家庭暴力书写》一文中,利用明清时期已嫁为人妇却死于非命的妇女为主题的散文资料,论述了士大夫阶层妇女所受的家暴,她指出面对这些来自家庭的暴力,士大夫阶层的妇女由于受礼教影响较深,往往选择忍耐和沉默。[日]野村鲇子:《明清散文中的妇女与家庭暴力书写》,台湾"中研院"《近代中国妇女史研究》第16期(2008年12月)。

② 南部县彭大宝卖妻案中反映的夫妻年龄差,可作为该案的参照。彭大宝在诉状中说,"蚁幼凭媒说合王氏为婚,于道光四年结婚,王氏年已二十岁,蚁止十二岁",夫妻之间相差八岁,丈夫还是幼稚孩童,妻子已是成熟女性,其间的差距还是相当大的,二人也因此夫妻不合,导致彭大宝最终将妻子嫁卖。南部县档案1-004-00267,道光十年。

聚"。① 明清社会，一些地方有为幼子娶长媳的习俗，俗称"等郎媳"②，一方面可以帮助翁姑照顾儿子，另一方面也增添一个家庭劳动力。程大富为儿子聘娶年长的赵氏，可能就是出于此类想法。但这样的婚姻对于女性而言，的确是一种煎熬。赵氏不愿忍受这种煎熬，选择出逃另嫁，虽被翁公寻获而未能改变命运，但起码暂时无须回婆家面对别扭的夫妻关系。

类似的案例还有，邓元田控诉年长的儿媳嫌恶儿子："民子邓春喜幼患黄肿病，说娶敬明保之女敬氏为婚，敬氏年长，欺嫌民子残废矮小，□□〔不肯〕同宿，不服管教，常住娘家，生心嫌离。"赵泰福控诉儿媳刁蛮："民子年幼矮小，而王氏年长体大，不听翁姑管束，不服丈夫教约。"王举控诉侄孙王德星由于"幼朴"，被岳父和妻子嫌弃欺侮："缘王德星乃蚁故胞侄之子，孤独无倚，幼配郭李寿之女郭氏为妻，遭被李寿嫌弃德星幼朴，刁拨伊女不务女工，常时居住娘家，自去自来，肆行无忌，德星莫奈伊何。"陈开奇控诉弟媳因胞弟"幼朴"而逃婚另嫁："民父母早故，遗民胞弟陈开顺年小，系民抚养成立，配妻赵氏，不守妇道，于今四月二十七日卷拿衣物逃外，害民同弟查找数日，始于七月初八日在隔民六十里远之蒲建家寻获赵氏……民弟幼朴，民不得已，赴辕告乞。"③ 因年龄差异而导致夫妻矛盾的案例，多系女性嫌丈夫年幼，这可能与四川地区娶"长妇"之风尤为盛行有关。④

也有女性因性格不相投而表现出对婚姻的强烈厌恶。如徐武在控诉妻子严氏与其不和时说，"严氏与蚁不睦，用药堕胎，蚁母李氏斥

---

① 南部县档案1-004-00298，道光二十七年。
② 相关研究参见郭松义《伦理与生活：清代的婚姻关系》，第五章第七节"幼男娶长妇的习俗"，商务印书馆2000年版，第232—242页。
③ 南部县档案1-007-00617，光绪四年；1-006-00299，同治二年；1-004-00275，道光十三年；1-007-00834，光绪五年。
④ 根据郭松义先生的研究，四川是其所做夫妻年龄差统计中唯一一个丈夫年龄大于妻子的比例未超过50%的地区。

说，伊反挑拨伊严先朋（娘家胞弟，笔者注）率人将蚁母锥伤"。虽然徐武并未说明夫妻二人因何"不睦"，但其妻服药堕胎，并与婆母发生严重冲突的举动（此案从严氏之弟被县官下令责惩来看，徐武的控诉应为实情），可见两人的关系的确到了非常恶劣的程度。① 再如宋正刚控告儿媳翠姑屡次逃走一案，他在先后所上的两份诉状中陈明："道光五年蚁凭媒谢宗鳌说和（合），小抱王家谦之女翠姑与蚁子宋狗儿为童婚。自抱之后，屡被家谦夫妇刁唆伊女翠姑逃走，毫不听蚁夫妇约束，复后此女胆大，不时偷蚁家衣物食粮鸡鸭以及外人猪只，种种恶迹难以枚举"，"去七月二十九日，翠姑逃至范姓家，被范姓成配为妾。成配后伊又逃至杨姓，与杨姓为妻"。翠姑每次逃走，娘家父亲王家谦就率领亲族前来婆家要人，婆家只得托人四处找寻。为此，宋正刚与王家谦先后立有两份调解文约，调解中翠姑都坚决表示自己"生死不愿宋姓为人"，但王家谦仍不同意女儿与女婿离异，因此激起讼案。大概是翠姑坚决不愿在宋家生活的态度打动了县官，他判令翁公宋正刚"再回王家谦钱三千文"（之前为了退婚，宋正刚已先后给了王家谦八千八百文），翠姑判由娘家父亲王家谦领回。② 档案中女性因对丈夫和婚姻不满而逃家的现象不少，但像翠姑这样"生死不愿宋姓为人"的激烈表达并不多见，案卷中娘家和翠姑本人都没有提到婆家对其有虐待行为，但她就是无法忍受继续在夫家生活，应属于与丈夫情感上的不相投。

女性对丈夫嫌弃的另一主要原因是后者的生病或残疾。如陈文星状告儿媳与人私通并逃跑："蚁分居长子陈玉建，幼配杨朝顺之女杨氏为妻，生有子女，可恨陈玉俸（族人，笔者注）刁唆杨氏，欺蚁子陈玉建残疾矮小，而玉俸暗与杨氏私通，透漏家财运回娘家生利。"而杨氏娘家父亲杨朝顺则表示："蚁女杨氏发配陈文星之长子陈玉建即陈玉发为妻，结缡十二年久，生有子女各一。陈玉建家贫身矮又病

---

① 南部县档案1-005-00212，咸丰十一年。
② 南部县档案1-004-00271，道光十二年。

黄肿，蚁隔六十里远，时常送给柴米，又义给钱二十三千六百文，令伊玉建当人土地，现在耕种，并未生嫌。"①翁公和父亲的表述立场虽截然不同，但对陈玉建身体残疾的描述是一致的。陈玉建矮小残疾又有黄肿病，"难顾杨氏衣食"，岳父杨朝顺所述其与女儿对女婿毫无嫌怨，恐怕并不客观，否则两家就不会产生纠纷。

邓猪儿卖妻案中，妻子小赵氏对患病丈夫的嫌弃和希望离开邓家的态度表现得更为决绝。邓猪儿与母亲在供词中说："小的邓猪儿是小妇人赵氏儿子。小妇人娘家胞弟赵崇正之女赵氏发配小的邓猪儿为妻，自结缡后夫妇先前合好，迨后小的得有疾病在身，这赵氏意存嫌怨，抗教，不顺小妇人约束，时常寻非滋事角口。请赵崇正讲理数次，赔礼，与小妇人出有生不认人合约。小妇人畏祸，在今三月间就将赵氏嫁卖张姓。"从供词可以看出，邓猪儿与妻子还是姑舅表亲，是明清时代非常流行的婚姻形式，婆媳也是姑侄关系，都为赵姓，因此儿媳被称为"小赵氏"。邓猪儿夫妇成婚之初关系和睦，但后来邓猪儿染病，小赵氏就开始嫌弃丈夫，最终被公婆嫁卖。根据其他证人的供述，小赵氏不仅"忤逆"丈夫和公婆，"在去腊月间，小赵氏将所生幼子丢入池塘……今三月间，小赵氏来城烧香，暗买毒药回家谋害小的邓朗万（邓猪儿父亲，笔者注）儿子"。②小赵氏不仅把亲生儿子丢入池塘，得他人救助而未淹死，又买毒药欲谋害丈夫，可见她对这段婚姻深恶痛绝。

因残疾患病而遭妻子嫌弃的案例并不少见，再如张祥成供："小的母故父老，并无弟兄。小的发妻李氏生育一子二女，这李氏欺嫌小的目瞽残废，在光绪六年卷拿衣物逃走无踪。"谢心德控诉："民发配监生邓大福胞妹邓氏为妻。自结缡后，大福同母邓尹氏嫌民家贫、左脚残废，总欲嫌离另嫁。"③下层女性谋生能力有限，主要靠丈夫养家

---

① 南部县档案 1-005-00154，咸丰元年。
② 南部县档案 1-006-00352，同治八年。
③ 南部县档案 1-008-00669，光绪八年；1-004-00404，同治十三年。

糊口，一旦丈夫残疾、生病，生活自然大受影响，因此而产生的嫌怨在很大程度上是受生存支配下的行为选择。

反之，如果妻子身有残疾，也会遭到丈夫的嫌弃。如梁希点与女婿袁文斗的经济纠纷就起于梁女的残疾。梁希点控诉："小的梁希点即希鼎，家屋淡泊，膝下已有二子七女。长女自幼手足残废，现年三十余岁未许人户。忽今五月内黄元仲说小的袁文斗说娶长女为婚，小的希鼎当言残废不能行动，推辞不允。这元仲云称小的文斗甘愿无异，就许为婚。"但女婿袁文斗则表示："小的袁文斗艺习铁匠生理，凭媒说娶梁氏为妻。因梁氏残废，梁希鼎经凭二比家族赔送钱一百串，又许谷子三十挑之田地以作梁氏衣食，哄小的文斗接娶。过后梁氏向要，小的希鼎听梁芝瑞阻挡不给，钱田两悬。奈梁氏衣食无度，来案具控。"① 此案中，梁氏由于"手足残废"，年过三十无法出嫁，父亲梁希点许诺"赔送钱一百串，又许谷子三十挑之田地"，铁匠袁文斗才因"家贫，现有老母栖食无靠"而同意迎娶梁氏。但婚后梁希点"顿悔前言，钱田两悬"，袁文斗自然"挟忿"告状。袁文斗对妻子残疾的忍受，是建立在岳父许诺财物的基础上，一旦岳父食言，他自然无法接受这样的婚姻。

类似的案例还有岳仕庆控诉岳父食言不给嫁妆。根据岳仕庆的供词："小的岳仕庆父母俱存，弟兄四人均各分居，务农为业，卖干粉生理。因光绪二年凭小妇人岳李氏作媒说娶文友仁次女文氏为婚。这文氏手代（带）残疾，文友仁自愿赔送嫁奁手（首）饰半堂、衣物四十件，外钱六十千作为文氏养活之资，于光绪三年九月二十三日过酒，嫁奁只有衣饰钱文。文友仁云称措办不及，以待丰年过交。"但岳父文友仁并不承认自己许诺过额外的嫁妆，是女婿嫌弃女儿残疾而借故索钱："仕庆欺嫌文氏生代（带）残疾，格外向小的索要钱文未遂，常将文氏糟践不休。"② 不论文友仁是否事先许诺给予女婿额外的

---

① 南部县档案1-009-00250，光绪十一年。
② 南部县档案1-008-00207，光绪六年。

嫁妆，岳仕庆显然对文氏的残疾十分嫌恶，如果岳父不给予一些经济补偿，婚姻恐怕难以维系。

王时中控诉亲家许诺嫁妆后又翻悔一案中，县官的判决也体现出经济补偿在维持残疾女性婚姻中所起到的均衡作用。王时中控诉："小的儿子王贵才凭媒谢良建发配邹绍泮之女邹氏为妻，未配之先，邹绍泮自言邹氏蠢拙，说过愿陪送钱三十串的话，始接邹氏过门，于今三载，夫妇不和。小的儿子称说邹氏身有残疾，不能生育。小的就投家族职员王全中向邹绍泮叙说前情。这邹绍泮不允就来案告状的。"即邹绍泮以女儿邹氏"蠢拙"为由，许诺陪嫁三十串钱，但婚后夫家不但没有得到陪嫁钱，且发现邹氏"身有残疾，不能生育"，自然不满要求退婚。当堂审讯时，邹氏也表示自己的确"身有残疾，不能生育，夫妇不和"。县官断令，邹绍泮出钱与王时中之子另娶，以全后嗣，但"邹氏仍令小的（王时中，笔者注）儿子领回团聚"，并勒令其书立合约，保证日后"不得刻嫌邹氏"。通过判令娘家给予婆家经济补偿的方式，平息了丈夫对妻子残疾的不满，使婚姻得以维系，邹氏也表示县官的判决使"小妇人日后也有依靠"。①

相对于残疾，档案中更多的是男性嫌弃妻子"拙朴"或"蠢拙"，从某种程度而言，这种嫌弃也可以看作二人在品性方面的不相投，但这种不相投之下往往伴随着对女性的虐待。如赵玉华控诉："缘蚁女赵氏幼配冯大忠童养为婚，过门数年，无如大忠欺嫌蚁女朴拙，屡常糟践刻薄非礼凌虐。"赵玉华因此曾凭中"集理"，让女婿"出有再不刻薄合约"。但"迨后大忠欺嫌更甚"，赵氏无奈出逃。她在审讯时表示："小妇人自幼凭媒许与冯大忠为童婚，结缡后小妇人未有生育。不料丈夫冯大忠嫌小妇人朴拙，不时糟践刻薄。小妇人忧气不过，才逃走在外。"② 再如程子忠控诉："小的子忠胞姐程氏前夫亡故，再醮袁宗贵为三房继室，过门三载。这宗贵嫌怨程氏朴拙，盘

---

① 南部县档案1-006-00318，同治四年。
② 南部县档案1-005-00183，咸丰五年。

居新镇坝开贸生理，不给程氏衣食，久不归家省视，程氏逃外出家，宗贵已在新坝镇分主具呈离异，小的们闻知不依就来案告状的。"县官认为袁宗贵"娶接程氏已有三年，并无不法实据，何得离异？纵有蠢拙，饬子忠常往教劝自守妇道，仍断小的（袁宗贵，笔者注）具结领回，同店居贸，得便俸亲携幼"。① 在县官看来，"蠢拙"不是可以离异的原因，特别是妇女的"蠢拙"，只要男性领回"教劝"和"约束"即可。

不过，并非所有此类案例县官都可以令丈夫将妻子"领回约束"而结案。如刘天文控诉女儿被婆家嫌弃"蠢拙"，刘天文表示："小的女儿刘氏自幼凭媒许与王光春的儿子王永贵为婚，自幼小抱过门，在光绪元年夫妇完配，并无嫌怨。无如光春之妻王任氏夫妇欺嫌小的女儿刘氏蠢拙，时常糟刻，非理打骂，小的闻知均各哑忍。去岁这任氏暗串傅乔氏将小的女儿刘氏引出藏匿，这王永贵反转与小的要人，小的无奈就在前罗主案下把他们告了。"而王光春、王永贵父子也反控"刘天文欺嫌小的王光春贫穷，支使他女儿刘氏不与小的王永贵同宿，夫妇不和，刘氏私行逃走，藏匿刘天文家中"。本案县官初审断令刘氏由"王光春父子严责管束，不应离异"，但复审时，"王永贵当堂坚称夫妇不和，永愿离异，当堂投具休离结状在卷"，县官遂断令王永贵为"刘氏缴出钱十二千文，刘氏自寻生活"，"日后小妇人刘氏另嫁，小的王永贵再娶，两无异言"。② 本案县官本遵循女性"蠢拙"由夫家领回管教的惯例判决，但丈夫王永贵当堂表明"夫妇不和，永愿离异"，让县官最终判离，但令夫家给予女性一定的经济补偿。此案从男性的角度体现出夫妇性格不相投导致的婚姻无法维系。

多数案例中，嫌弃女性"蠢拙"的往往不只是丈夫，还有公婆对于年轻不谙世事的儿媳的嫌怨，其中往往也掺杂着虐待，加剧了女性在婆家生活的不易。如张奇才控诉胞妹张氏遭到妹夫母子的共同虐

---

① 南部县档案 1-008-00472，光绪七年。
② 南部县档案 1-007-00227，光绪二年。

待,他在诉状中说:"民胞妹张氏发配杨李氏之子杨上元为妻。自结缡后,可恶李氏欺嫌民妹本朴,屡常糟践,非礼凌虐,民均忍待。讵料李氏心实狠毒,刻下立将民妹分出,不许上元供给衣食。民妹无奈,佣工度日,上元尤复生事,日每喝同伊弟杨春元殴打凌磨。"张氏也在供词中表示:"小妇人发配杨上元为妻,自结缡后育有一女,在婆家夭亡属实。因杨上元嫌怨小妇人,不给衣食,就回娘家胞叔张国柱家帮工度活。"但李氏由于丈夫与婆母"不给衣食"而自谋生路的做法,并没有得到县官的支持,判令其"婆家贫难,不应在娘家工作以生□[闲]言,当沐掌责",让丈夫将其"领回约束"。① 再如邓洪发控诉亲家赵德佑嫌弃女儿,他在供词中表示:"小的女儿邓氏发配姨表弟赵德佑的儿子贵娃为妻。自结缡后因嫌小的女儿邓氏蠢拙,不时糟践苦刻。小的女儿常回娘家哭诉,小的痛劝叠送数回。"后邓氏不堪忍受虐待而出逃,两家因此构讼。县官断令"邓氏愚蠢,仍饬赵德佑的儿子贵娃领回,管教和好",并饬邓洪发"不得纵容刁逃,赵德佑亦不得嫌践刻薄",具结备案。② 对于无论从性别还是辈分上都处于弱势的年轻女性而言,对丈夫和公婆的压迫表示反抗是很难的事情,即便娘家告官,县官也往往断令女性由丈夫"领回管束",能够饬令婆家"不得嫌践刻薄"已是县官对妇女的法外施仁。

丈夫对妻子的不满,还可能来自以上所列之外的其他原因。如陈氏供:"小妇人前夫亡故,遗有四子一女,青年无靠,今三月间马国文为媒,将小妇人嫁与王万成为妻……过门未久,王万成见小妇人母子三人日费度用,心生嫌恶。"王万成先愿娶陈氏为妻,婚前说好陈氏随带一子一女共同生活,但婚后王万成嫌母子三人花费不少,夫妻关系开始不睦。③ 这是再婚家庭因经济问题而引发的矛盾。再如柴李氏供:"小妇人发配柴作林为妻,自同治六年婚配后,这柴作林嫌小

---

① 南部县档案1-006-00303,同治二年。
② 南部县档案1-006-00317,同治四年。
③ 南部县档案1-006-00301,同治二年。

妇人貌丑，时常刻薄，不给衣食。"① 这是丈夫觉得妻子与自己外貌不匹配而引发的不睦。

"清官难断家务事"，档案中常常有夫妻双方或娘婆两家各执一词的现象，如敬明保控诉："民女敬氏幼许邓元田之子邓春喜，小抱过门，完配八载。元田因嫌民女蠢拙，时常糟践，刻薄衣食，惨民本朴，忍恨以待。"亲家邓元田却表示："民子邓春喜幼患黄肿病，说娶敬明保之女敬氏为婚，敬氏年长，欺嫌民子残废矮小，□□（不肯）同宿，不服管教，常住娘家，生心嫌离。"② 县官在婚姻家庭纠纷的案件中往往很难判定孰是孰非，堂审时一般对生活中的矛盾采取调处的态度。如前述令娘家不得再纵容刁逃，婆家亦不得嫌践刻薄，丈夫将妻子"领回约束"，尽量保持夫妻关系的延续。除非的确存在"嫁卖生妻"等违法事件，县官才不得不做出实质性判决。

## 第四节　娶妾引发的夫妻矛盾

档案中也有一些中下层家庭娶妾的案例，从当事人的表述来看，男性娶妾的主要原因是"图后"，其次是妻子的能力不足以支撑家务，但愿意为妾的基本是下层女性。前述已涉及一些夫妻因对彼此不满，如女性不甘于婚姻中的贫困，或男性认为妻子不守妇道，就会另嫁他人为妾的例子，而娶妾的家庭同样会引发诸多不睦，这是档案中夫妻产生矛盾的另一主要原因。

妻妾的名分与地位之别，即便没有受过教育的下层百姓也应当非常明了。如南部县吴王氏供："小妇人幼配吴永珍为童婚，已生一子。不意去年小妇人丈夫病故，彼时小妇人居心孀守。在今二月十一日，适有江现金向小妇人云称改嫁张廷选，说娶为室，已交聘定。过后小

---

① 南部县档案1-006-00361，同治八年。
② 南部县档案1-007-00617，光绪四年。

妇人查，廷选家有前妻，是小妇人不允作妾，当将聘定退还。"① 可见普通女性对妻与妾身份的差异也了然于胸。但是，档案中下层百姓在表述时却常有妻妾不分的情况。如本章第二节提到的蒲洪福卖妻一案，蒲洪福父子分别出立的两份卖妻文约中，都说何氏嫁卖与"蒲昌银名下为妻"，但蒲洪福又在随后的诉状中表示：妻子被嫁卖与"能元年甫二十、有妻之子蒲花儿乃蚁堂弟为妾"。何氏娘家父亲何崇元在诉状中也说蒲家父子将"蚁女何氏嫁与蒲能元子蒲花儿为妾"。而何氏娘家叔父何崇龙则在诉状中说："将蚁侄女何氏改嫁与同姓不宗蒲能元子蒲花儿为妻。"买娶何氏的蒲昌银（蒲花儿）之父蒲能元也说："缘蚁子花儿无子，于今六月十五有蒲茂春为媒，云称蒲廷谟子蒲洪福出外三载，遗妻何氏在家无靠，甘愿改嫁蚁子花儿为妻。"从上述蒲洪福说蒲花儿有妻，以及何氏娘家族人何崇伸等所上诉状中也说"花儿现有生妻雍氏，夫妇均未满二十"来看，何氏的确是嫁给蒲昌银做妾而非妻。② 但以上说法显然表明，案中一干人等，无论原告被告，对何氏改嫁后究竟是妻还是妾并不在意，除非意在说明嫁卖的不合理之处时，才会特意指出何氏是给蒲昌银为妾的事实。

这样妻妾混称的记载还有不少，如刘继尧嫁卖生妻一案。刘继尧在卖妻文约中写明："将张氏寻一生路，均皆欢悦。请媒任怀奇觅配张基为室。"其妻张氏在供词中说："小妇（人）幼配刘狗儿（即刘继尧，笔者注）为妻，因他家道赤贫，日食无度……小妇人才改嫁与张基为妻。"买主张基也表示"小的前妻病故"，目前并无妻室，那么他买娶张氏应是为妻。但刘继尧的叔父们却控告几个"痞棍""将蚁侄媳刘张氏蓦卖与楠木寺客总张基为妾"。③ 可能在刘家叔父们眼中，通过非法渠道买娶的即不应是妻，只能是妾。再看曾许氏控诉女婿虐待女儿一案，孀妇曾许氏供："这举人林澍聘小妇人女儿曾氏为妻。"

---

① 南部县档案 1 - 006 - 00287，同治元年。
② 南部县档案 1 - 004 - 00259，道光四年。
③ 南部县档案 1 - 004 - 00289，道光二十年。

而林澍的父亲则在诉状中表示:"民子林澍乏后,娶曾许氏之女曾氏做三妾,并无婚约。"林澍本人也在供词中说:"治晚聘娶曾许氏女儿曾氏为三妾已经十载,无育。"① 即曾氏已是林澍第三妾,但其母仍称林澍聘其女为"妻",这一方面固然体现出底层百姓嫡庶观念的相对淡薄,但另一方面曾许氏控告林澍与婢女私通、虐待自己女儿,因此不能排除她在诉状中故意将女儿说成"妻",那么林澍与婢女联合欺侮正妻,会让其控诉看起来更有张力,以此引起县官的重视。

关于娶妾的原因,"乏嗣"在当事人的表述中明显排在首位。如杨蒲氏供:"小妇人的儿子杨先贵乏嗣,后娶阳氏为妾,亦未生育。"张杜氏供:"小妇人丈夫张朝银长妻张大杜氏与次妾张氏均未生子,就说娶小妇人为三妾,生有一子幼稚。"吴敬氏供:"小妇人故夫无子,始娶贾氏作妾,已生一子吴林童,年甫三岁。"赵朝华供:"小的年已三十九岁,膝下无子,今冬月间有赵应喜、胥德兴对小的说这张黄氏的儿子病故,遗媳汪氏无靠,劝小的说娶为妾。"李廷武在诉状中表示:"蚁原配无子,在今五月初九日有职员马兆龙向蚁叙说马明善子故,遗媳张氏寡居无靠,碍难守志,伊愿为媒,劝蚁说娶为妾,蚁彼依允。"谢虹玉表示:"缘蚁乏嗣,深虑无后为大,今十月二十四,有范思文为媒,称说李昌崇之胞妹李氏嫁与王蒂用为妻,因蒂用家贫,不顾妻室,日食莫度,甘愿改嫁。"② 男性在娶妾时之所以强调"乏嗣",是由于档案中当事人所买娶之妾,多半系属"生妻",从某种角度而言,"乏嗣"的迫切性有助于解释他们买娶"生妻"的不得已行为。

"持家"是"承嗣"之外娶妾的又一原因。如文生王文樟在诉状中表示:"生前妻多病,独子无后,乏人持家,七月初旬,生凭汪海

---

① 南部县档案 1-007-00093,同治十三年至光绪元年。
② 南部县档案 1-004-00276,道光十四年;1-006-00409,同治十三年;1-007-0436,光绪三年;1-004-00236,道光三十年;1-006-00388,同治十一年;1-003-00076,嘉庆十四年。

春为媒说娶文生朱焕文赎回寡妹李朱氏为妾，意图生育。"即由于原配妻子多病且无子，因此娶妾的目的既在于"持家"，也在于"意图生育"。① 再如雍李氏在诉状中说，"氏夫早故，苦氏孀居抚提独子雍昭孝朴成孤双。前妻高氏愚拙，难持家务，兼氏老迈难以料理，故而与子昭孝说娶黄正泰女黄氏为妾，祇（只）与持家侍姑"，雍李氏表明为儿子娶妾的目的是"持家侍姑"，应是儿子"前妻高氏"已生有子女。② 再如王钊供："小的发妻李氏虽生子女，李氏多病，就娶涂永继室彭氏前夫之女张氏作妾，亦生子王毛狗。"王钊说明原配妻子生有子女，娶妾的目的就是帮助或代替"多病"的妻子操持家务。但是，对于普通百姓而言，"持家"作为娶妾的理由显然不如"乏嗣"充分，本案中县官就批评王钊"前妻李氏既生子女，不应说娶张氏作妾"。③

男子娶妾，有时还需征得妻子娘家的同意。如南部县宋绍双就因娶妾时未告知妻子娘家，而被岳父李维刚以"停妻另娶"控案。李维刚在诉状中表示："蚁女李氏发配宋绍双为妻，结缡四载，李氏并没妄为，孝敬姑嫜……兹因绍双贿串媒人向珍，另娶向姓之女为妾，择期九月十八完配，顿起毒心，不知何时将李氏殴逐出外，生死无着。"县官接到诉状后，在批词中首先耐心地给李维刚解释了"停妻另娶"与"出妻"概念之不同："查停妻另娶系指有妻更娶者而言，今尔婿宋绍双既娶向氏之女为妾，不得并耦匹嫡，于妻之正义无乖，即不得谓停妻。至于出妻，须犯七出之条及有义绝之状，无故擅出有干例禁。宋绍双是否娶妾出妻，抑系尔女李氏有犯应出，姑候唤案查讯。"即县官认为如果宋绍双并没有"出妻"而只是娶妾，就于"正义无乖"，给李维刚的控诉先定了一个基调。后来的审讯果然证明，宋绍双并非"停妻另娶"，也未"出妻"，其妻李氏在供词中表示自己是被人诱拐："这冯有受、冯时来勾引小妇人，他们说是小妇人的丈夫

---

① 南部县档案 1-006-00388，同治十一年。
② 南部县档案 1-004-00296，道光二十六年。
③ 南部县档案 1-006-00446，同治九年。

要讨亲娶妾,他们叫小妇人跟他们出外寻个好人户……到仪陇东观场把小妇人卖与袁永发为媳,取财礼钱十三千六百文。"虽然宋绍双在诉状和供词中一再表示,自己与妻子"结缡四载,未育子女",娶妾意在生育后嗣,并说"在道光二十九年,跟同李维刚家族说明,许令小的再娶,出有合约为凭",他仍被县官斥责,"饬小的不应不通小的胞伯占奎、占芳并小的岳父李维刚知晓,私行另娶,至向珍亦不应为媒坚供,当沐掌责"。① 本案尽管县官认为娶妾于"妻之正义无乖",但仍从官府的角度支持了女性娘家拥有对女婿娶妾的知情权。毕竟因娶妾而引起的家庭纠纷不在少数,妾的加入的确容易给夫妻关系带来张力,县官虽然不能禁止百姓娶妾,但支持娘家拥有知情权,一方面是对普通百姓娶妾行为的一种限制,另一方面也是希望通过此举减少娶妾之后可能产生的家庭纠纷。

不过,并非每个对娶妾不满的娘家都能得到县官的支持。如敬维周控诉姐夫在娶妾后虐待其姐:"情民胞姐敬氏发配王仕章为妻,结缡多载,夫妇和好。嗣因仕章娶妾张氏,始与民姐反目,仅将民姐分居,平素糟践,民均未言。今五月二十六日,民姐因劝仕章买猪喂养,仕章生忿,纵妾张氏抓扭民姐行凶。"但姐夫王仕章却在诉状中表示:"民发配敬绍训之女敬氏为妻。敬氏抗教无育,民乃娶妾图后,并以侍奉姑嫜。讵料敬氏益加嫉憾,民均忍待。今五月二十五日,敬氏赶场,民父王国元阻止,敬氏抗教,仍往赶场,回归更忿民母言责,潜回娘家,搬伊胞弟敬维周、维武、维文率领男妇多人于五月二十九日前来民家,打毁门格锅碗,拿去农器,尤支妇女坐痞,叠经邱俸观、王仕通苦劝不散。"即妻子敬氏不但不守妇道,而且"无育",自己娶妾有"图后"与"侍奉姑嫜"双重目的,却引起妻子"嫉憾",更加不听翁姑教训,还率领娘家人到夫家闹事。后经审讯,证实的确是敬氏因丈夫娶妾而"累生嫌怨",县官认为其不但"入门以

---

① 南部县档案 1-005-00155,咸丰元年。

后不得翁姑、丈夫之欢心,现据其翁王国元、夫仕章亲告,即应坐不孝不顺之罪",又"搬令"娘家兄弟到婆家滋闹,"殊属不合",责令将"王敬氏掌责四十","交本夫王仕章领回,如再争闹,提案重责"。敬氏的兄弟敬维周、敬维武也被"各笞一百"。此案由敬氏不满丈夫娶妾而起,由于敬氏及其娘家的激烈行为有悖伦常,县官将敬氏及其娘家严惩——"笞一百"的严厉惩罚在婚姻家庭类纠纷中是较为少见的,意在理顺公婆与儿媳、丈夫与妻子之间的纲纪。不过,对于妻妾应有之义,县官也没有疏忽,明令"王张氏系王仕章之妾,应顺事其嫡妻,不该恃宠欺嫡"。① 从这一角度而言,家庭纠纷的调解,也是县官为百姓理顺伦常的过程。

再如王元相控诉女婿"宠妾嫌妻",他在供词中说:"陈万生是女婿,陈王氏是女儿,道光三十年过门完配,平素和好,并没嫌贱的事,因女婿父故,心嫌女儿没得生育,至咸丰四年又娶陈氏为妾,女婿宠爱陈氏,屡次嫌逐凶殴,女儿在家住扎不安,被贼行窃女儿衣物,女儿连年俱傍小的居住,到今年女儿回女婿家里,陈氏声称女婿不许女儿进屋,支他内侄陈伦把女儿殴伤。"女婿陈万生则表示其妻懒惰嫉妒:"王氏是妻子,道光三十年过门后,生育一子,业已夭亡,自此没得生育,妻子素性贪懒,不服管教,时常到娘家住坐,小的因家中没人料理才娶陈氏为妾,王氏心生嫉妒,屡次寻小的吵闹不休,支他父亲王元相把小的具控案下。"此案县官断令夫妇各有责任,命陈万生"随即把妻子引回,日后不得嫌贱",而妻子王氏"实属管家不正,应责从宽",即是说王氏作为正妻,不能管好小妾、理顺妻妾关系,她也是有错的。实际上是从侧面帮助王氏重新树立了正妻的身份。②

恃宠而骄之妾固然存在,但妾在礼法中的身份毕竟低微,其受正妻欺压之事也时有发生。如黄正泰控告女儿受女婿嫡妻欺凌一案,他

---

① 南部县档案 1-008-00204,光绪六年。
② 巴县档案 6-04-04872,咸丰十一年。

71

在诉状中表示："道光二十三年，有雍昭孝恃财，贿媒萧周氏、赵李氏、雍文元等六人，套哄说合蚁女黄氏与伊昭孝为妾，彼时言伊无子、嫡妻贤淑，蚁就应允。讵伊不但有子横豪，且嫡妻高氏悍妒非常，过门即将蚁女糟践苦刻。去年蚁女产生一女，又被高氏溺毙，更将蚁女赶至冷静庄房，临产受风，染患疾痛，延至今正[月]，逐赶回来，支伊雇工雍三晃并孙崇德说伊昭孝情愿出银一百两，劝蚁领女另嫁。"女婿雍昭孝上诉状反驳："蚁凭媒于道光二十四年说娶黄正泰之女黄氏为妾，未有生育，并没刻苦。无如黄氏赋性悍泼，多言妒忌，并不孝蚁母亲。但蚁训教，伊则寅夜逃走数次……居心不在蚁家活人。"经审讯，黄氏因与"雍昭孝夫妇口角"而"叠次私逃"，县官断"黄氏令雍昭孝归家各自约束"，娘家父亲"日后再不得纵育黄氏私逃"。① 从黄氏屡次与丈夫和嫡妻"口角"并"私逃"，可见他们关系的确紧张，尽管娘家父亲在诉状中一再表示"嫡妻高氏悍妒非常"、虐待女儿，但由于其妾的身份，审讯中没有人关注黄氏是否受到虐待，县官只断令她被丈夫领回约束、不得再逃。

　　对于不止娶有一妾却又"治家无方"的男性而言，家庭秩序可能更为混乱。如王张氏控诉女婿与其妾虐待女儿，她在诉状中说："前岁四月有棍监夏仲理串刘大贵陈万顺为媒，套娶氏女王氏为继室，过门两载，和睦无异。突去（年）九月仲理娶周氏少艾，嫌贱氏女难堪，氏请文夏氏帮雇，前月十七，氏女育生一女，尚未满月，仲理宠妾嫌妻，胆与周氏逐日朋殴，氏女受伤命危，饮食难进。"即张氏之女王氏嫁给监生夏仲理为"继室"，后夏仲理又娶妾周氏，"宠妾嫌妻"，虐待王氏。但女婿夏仲理的供词却是另外一番表述："因妻子龚氏久病无出，生前年凭媒说娶王张氏女王氏为妾，当给他财礼银二十两正（整），断绝往来。去年二月妻故，王氏亦无出，生复娶周氏为继室，这王氏与他不睦，每日吵闹，生屡戒不听约束。"夏仲理说自

---

① 南部县档案1-004-00296，道光二十六年。

己在娶王氏时正妻龚氏尚在，王氏的身份是妾，并非继室，而正妻去世后，他又娶周氏为继室，王氏的身份始终是妾，与王氏母亲的表述恰好相反。本案县官没有纠结于王氏与周氏孰为继室孰为妾，只断令夏仲理"将王氏领回，仍前和好，不许嫌贱"。但夏仲理表示，"生与王氏素性不睦，情甘离异"，县官只得断令"将夏王氏同伊女退回，交王张氏具领，听其择户另配，已（以）后不得向王张氏等藉生事端，张氏母子亦不得复向生（夏仲理，笔者注）诬索滋事"。[①] 可见夏仲理的确对王氏心存不满，或是无力调和妻妾之间的矛盾，干脆将王氏及其所生的女儿一并退回娘家。

举人林澍的妻妾矛盾就更为突出。此案非常复杂，在同治十三年和光绪元年先后两次诉讼公堂，从南部县上告到保宁府，前后持续三年时间。案情的大致脉络是，南部县举人林澍，"因妻何氏、妾李氏无子乏嗣，于同治初年娶曾氏为次妾"。到同治十四年，曾氏之母曾许氏控告林澍与婢女郭何氏私通，虐待其女曾氏，并"将次妻李氏谋毙"。林澍则在诉状和供词中表示，自己"乏嗣，年近五旬"，因此"聘娶曾许氏女儿曾氏为三妾，已经十载，无育"，但"曾氏不孝翁姑，任意悍泼"，"前已（以）石击治晚眉棱破皮"，"上年春闱"林澍带曾氏进京赶考，曾氏"一路滋闹"，"及至京城将近入场，曾氏更敢执刀凶为，俟场毕，朋友劝归，免误性命"，"去因年终治晚备办香蜡回家祭祖，曾氏阻滞，治晚理斥，他即掀倒神龛，损坏蜡具，诬控喊街，牵告父名，实属名义断绝"。林澍还指责曾氏"吸食洋烟"以及将财物不断"透运"到娘家等行为。而对于另外一妾李氏的死，林澍解释为是由于曾氏的"日夜糟闹"，"次妻李氏离城亦被糟辱，气忿服烟身死"。身为举人的林澍用悲切的语调陈述了其妾曾氏的种种恶行，最后表示自己"甘愿离异，免遭大害"。县官批准了他的请求，断令"曾氏亦不应不听教约、叠控翁姑，依例断离，应令曾许氏将曾

---

① 巴县档案6-04-04969，咸丰二年。

氏领回娘家抚养,听其自便",并责令曾许氏将女儿"透运"回娘家的财物交还给林澍。但曾许氏对此判决并不满意,她随后上诉至保宁府,指控"林澍虎踞县城,揽当局首,挟制官长,遇事讹诈,先控黄主,复控庆主,又告胡主,叠次搕官有案可查……后任县令畏威拱服,所以积案屡屡,莫敢直断"。保宁府行文南部县,要求重查此案,南部县不得不一面将有关人等押解到府,一面汇报案情并申诉本县的审断并无枉纵,而林澍也不得不再次接受府级官员的审讯。①虽然由于案卷不全,未知最终保宁府的审断结果。但林澍由于娶有一妻两妾(他称曾氏为"三妾",是将妻妾按婚娶先后所做的排序),无法理顺妻妾关系,导致一妾自杀(案卷最终并未明了"次妻李氏"的自杀是否与曾氏直接相关,南部县给保宁府的禀文中只说"林澍之妾李氏以口角细故自服洋烟身死"),一妾与他反目成仇、控诉不休,他想将其休离都并非易事。娶妾引发的夫妻和家庭矛盾由此可见一斑。

　　本章用不同案例讨论了下层女性的夫妻关系,由于本研究以州县司法档案为基础,只有夫妻或家庭产生矛盾纠纷并闹上公堂,才得以让今人看到,因此"素好无嫌"的记载明显少于彼此"嫌怨"和冲突的夫妻。从客观角度讲,夫妻之间即使大体和睦也很难始终没有任何"嫌怨",州县档案中的下层女性,勇于将自己对丈夫和家庭的不满表达和表现出来,甚至逃离或者控告自己的丈夫。这些行为在县官看来无疑不合礼法,只要丈夫或夫家没有做出违犯法律之事,往往会令其将妇女"领回约束"。虽然档案中娶妾的男性多来自拥有一定财产的家庭,其中一些还具有生员、举人等功名,但所娶之妾仍系下层女性,夫、妻、妾及其各自背后家庭之间复杂的纠纷,也为我们生动呈现了儒家所宣扬的纲常伦理与现实生活的一地鸡毛之间的差距。

---

① 南部县档案 1-007-00093、1-007-00416,同治十三年至光绪三年。

# 第三章 泼出之水：清代下层妇女与娘家的关系

中国许多地方至今仍保留有嫁女时泼水的习俗，"嫁女如泼水"也成为出嫁女与娘家关系的普遍比喻。① 这一习俗本身，以及用"泼出之水"比喻出嫁女的缘起，至今已很难考证，至少在清代已经流行，《红楼梦》第八十一回写到宝玉为迎春婚后的遭遇难过，母亲王夫人便说："俗语说的，'嫁出去的女孩儿泼出去的水'。叫我能怎样呢？"② 至民国年间，嫁女泼水则成为被批判的陋俗。③ "泼出之水"一方面喻指女性在出嫁后备受娘家冷落，孤立地在婆家苦熬岁月，这一点与女性出嫁前不受父母重视甚至一出生就被溺杀一样，④ 长期以

---

① 根据民俗学者的研究，湖南湘阴、湖北武当山、台湾地区、山东临朐、广东潮阳、江苏省以及东北地区的汉族百姓均有此俗，表示女儿出嫁后与娘家再无瓜葛。参见李佩英《湘阴民间婚俗探析》，《岳阳职业技术学院学报》2006年第5期；李征康《武当山古婚俗研究》，《郧阳师范高等专科学校学报》2004年第1期；马鸣九《台湾民间婚俗》，《民俗研究》1993年第2期；吴存浩《中国民俗通志·婚嫁志》，山东教育出版社2005年版，第298—299页；马之骕《中国的婚俗》，岳麓书社1988年版，第261、309页；Margery Wolf在二十世纪五六十年代亦观察到中国台湾嫁女泼水的风俗，参见Margery Wolf, *Women and the Family in Rural Taiwan*, Stanford: Stanford University Press, 1972, p.34。

② 曹雪芹：《红楼梦》，中华书局2012年版，第970页。

③ 1924年2月出版的《妇女周报》第26期曾刊登一篇题为《嫁出女儿泼出水》的社评，批判父母在包办婚姻之后便对女儿不闻不问的传统行为方式。《妇女周报》（上海：民国日报社，1923—1926）1924年2月20日第1版。

④ 根据李中清、王丰的研究，将五分之一到四分之一的女孩在出生时即被家庭溺杀。参见［美］李中清、王丰《人类的四分之一：马尔萨斯的神话与中国的现实（1700—2000）》，陈卫、姚远译，生活·读书·新知三联书店2000年版，第74页。

来一直被视作中国传统女性在父系家庭中地位低下的有力证明。另一方面,"泼出之水"也喻指出嫁女对娘家的关注和贡献很少。根据礼法规定,女性出嫁后即以夫家为大宗,本家为小宗,① 对婆家的责任远远大于娘家,婚后不与娘家亲戚密切往来甚至被视作美德。② 如此,"泼出之水"作为对于既嫁之女的比喻似乎十分贴切。

随着妇女史研究不断深入,出嫁女与娘家的关系也日益受到学界关注,而研究所得出的结论与人们的先期印象并不相同。陈弱水通过对隋唐五代妇女与娘家关系较为全面的考察得出,无论从儒家规范还是从实际生活的角度而言,都无法切断妇女与娘家稳固的联系。③ 柏文莉(Beverly Bossler)在《一日为女终身为女:宋代以降的姻亲关系及女性人际网络》一文中指出,从宋至清,出嫁女始终与娘家保持紧密联系,并形成以女性为纽带的姻亲之间相互扶持与帮助的网络。卢苇菁的《掌上明珠:一个被遗忘的父女关系象征》则揭示了清代士人家庭中,女儿出嫁后仍会通过书信、诗歌及实际往来与父亲(娘家)保持紧密关系。④ 以上研究体现出一个基本共识:女性在婚后仍然在精神和物质两个层面与娘家保持着相当密切的联系,这不仅是女性自身的需求,男性也需要利用妻子的娘家关系网络来提升自己的社会地位和经济利益。这样的结论似乎完全可以推翻出嫁女与"泼出之水"之间的必然联系。然而,需要指出的是,以上研究多建立在文集、笔记、墓志、年谱等数据的基础上,从文献记录者及被记录者的社会阶层来看,大都反映的是中上层妇女的生活,很难确切反映那些

---

① 参见崔高维点校《仪礼·丧服》,辽宁教育出版社1997年版,第67页。
② 参见陈弱水《隐蔽的光景:唐代的妇女文化与家庭生活》,广西师范大学出版社2009年版,第49—50页。
③ 参见陈弱水《隐蔽的光景:唐代的妇女文化与家庭生活》卷上"隋唐五代的妇女与本家",广西师范大学出版社2009年版。
④ Beverly Bossler, "'A Daughter is a Daughter All Her Life': Affinal Relations and Women's Networks in Song and Late Imperial China", *Late Imperial China*, 21: 1 (June 2000), pp. 77 – 106; Weijing Lu, "A Pearl in the Palm: A Forgotten Symbol of the Father-Daughter Bond", *Late Imperial China*, 31: 1 (June 2010), pp. 62 – 97.

## 第三章　泼出之水：清代下层妇女与娘家的关系

尤其缺乏"话语权"的下层妇女与娘家的关系。

而州县档案的挖掘和整理则为我们研究下层妇女与娘家的真实关系提供了宝贵的史料。关于案件当事人所处的社会阶层，除通过本书前两章所述贫困和缺乏产业等因素来判断之外，还可以从其职业构成中判定。本章利用了南部县档案中 124 件有关出嫁女与娘家关系的案例，其中共包含 93 人的职业信息，详见表 3 - 1。

表 3 - 1　　　　　124 件南部县档案中当事人的职业信息

| 职业 | 务农 | 佣工 | 贸易 | 工匠 | 驾船 | 捡炭 | 裁缝 | 磨豆腐 | 乞讨 | 无业 | 其他 |
|---|---|---|---|---|---|---|---|---|---|---|---|
| 人数 | 31 | 20 | 16 | 8 | 4 | 1 | 1 | 1 | 4 | 5 | 2 |

注："工匠"包括石匠 1 人、铜匠 1 人、木匠 2 人、铁匠 1 人、水匠 1 人、染匠 2 人；"其他"指档案中出现的一人表示自己以"赌盗为业"，另一人表示"贩卖妇女为业"，此两例似不能算作正常职业，因此笔者将其列入"其他"类。

需要说明的是，下层百姓的职业常常并不固定或单一，这给统计工作带来一定困难。如务农者有时也需同时从事其他职业补贴家用，例如杨建武与兄长杨建良将父亲所留祖业"弟兄两股分耕"，但建武"以其业不敷食，乃于河下驾船拨载客货度日"。[①] 针对这种情况，表 3 - 1 中笔者只采纳其主要职业或涉案时所从事的职业。另外，许多务农者并未拥有自己的土地，而租佃他人土地耕种（佃户），或者只是临时帮人耕种土地并获得工钱（佣工），笔者在统计时将前者归入"务农"类，后者归入"佣工"类。案例中的贸易职业者多为小商小贩，有卖酒的、卖竹子的、挑盐贩卖的、开小店铺的等，皆非富商大贾。不少当事人正是由于家贫无业才不得不以贩卖为生，如漆蔡氏"自幼发配漆洪瑞为妻，育有二子，因洪瑞家贫，在今三月夫妇起意来往治属挨傍夫弟漆洪光营贸生业"。[②]

---

[①] 南部县档案 1 - 004 - 00286，道光十七年。
[②] 南部县档案 1 - 005 - 00188，咸丰四年。

与中上层家庭不同,下层家庭在与出嫁女的关系方面常常体现出一定的矛盾性。一方面,亲情使得娘家与出嫁女仍保持密切往来,稍有余力的娘家会对生活贫困的女儿女婿予以照顾和接济;反之,若娘家贫困,女儿亦千方百计进行救助。以女性为纽带的姻亲关系亦为下层家庭的主要社会关系之一。另一方面,下层社会姻亲之间的彼此救助往往很有限,岳父或妻兄不但无法为女婿或妹夫带来上升的经济地位和光明的政治前途,许多娘家本身尚且挣扎在温饱的边缘,很难有余力照顾已经出嫁的女儿,反而使婆家时刻担心微薄的家产遭到"透漏"。① 华如璧(Rubie Watson)通过对广东宗族的研究得出,宗族富裕成员比贫困成员更愿意保持紧密的姻亲关系;Bernard Gallin 和 Rita Gallin 也提出,当一个家庭的经济利益超出其所在村庄的范围时,姻亲联系才变得非常重要。② 对于下层家庭而言,维持近密的姻亲关系有时是一种难以负担的奢侈和并不必要的选择。特别是贫困的婆家常常阻止和限制儿媳与娘家频繁往来,以免其受到娘家"刁唆"而对现有婚姻不满,这是出于维护家庭稳固的做法。姻亲间的疏远必然导致出嫁女与娘家的疏离。如此,"泼出之水"的比喻似乎部分地符合下层妇女与娘家的关系。但事实果真如此吗?本章将通过对南部县档案124件案例的具体分析,揭示清代下层妇女与娘家关系的真实面貌,及其与上层社会的不同。

此外,陈弱水先生在其研究中用"本家"来指代妇女的原生家庭,"所谓的'本家',与今天一般所说的'娘家'范围差不多",但由于"中国中古(汉末至唐末五代)史料里没有这个说法,也看不到

---

① Ellen Judd 通过对中国北方村落的研究指出,农民家庭总是很担心家庭财产遭到"透漏"(leakage),而"透漏"的原因之一就是妻子的娘家。Ellen Judd, *Gender and Power in Rural North China*, Stanford: Stanford University Press, 1994, pp. 186 – 187.

② Rubie Watson, "Class Differences and Affinal Relations in South China", *Man*, 16: 4 (December 1981), pp. 593 – 615; Bernard Gallin and Rita Gallin, "Matrilateral and Affinal Relationships in Changing Chinese Society", In Jih-chang Hsieh and Ying-chang Chuang, ed., *The Chinese Family and its Ritual Behavior*, Taiwan: Institute of Ethnology, Academia Sinica, 1985, pp. 101 – 116.

任何用以专指妇女之本生家庭的词语",因此"以'本家'来指称'娘家'"。① 此后学者多沿用其提法。笔者认为,首先,至少在明清时代,"娘家"已成为女性称呼自己原生家庭的普遍说法,以明清社会为背景的小说《醒世姻缘传》中共有 60 余处提到"娘家",都指妇女的原生家庭。② 这一点也直接反映在州县档案之中,不仅女性称自己的原生家庭为"娘家",亲属为"娘家父亲""娘家兄弟""娘家叔伯",用以区别夫家亲属;男性也称妻子的原生家庭为其"娘家"或"娘屋"。其次,"本家"除可指代妇女娘家外,也指代同族或同姓之人,而"娘家"的提法则仅适用于女性指代其原生家庭。③ "娘家"与"婆家"的说法,体现出女性以婚姻为界而形成的主要家庭关系。事实上,"娘婆两家"几乎囊括了中国传统女性一生的主要亲属网络和生活范围,因而使用"娘""婆"的女性称谓来指代两个家庭,更能体现"内闱"之中的主要家庭关系。④ 顺便在此一提的是,两县档案中妇女对丈夫父母的称呼方式,除"公婆"(包括"翁公"和"婆母""婆婆"等)之外,还有"舅姑"以及"翁姑"——这是表亲婚盛行而导致的称呼形式,前文已有述及。童养媳和童养婿还常将公婆和岳父母称为"父母",因其在圆房之前在家庭中是以养子和养女的身份存在的。

---

① 陈弱水:《隐蔽的光景:唐代的妇女文化与家庭生活》,广西师范大学出版社 2009 年版,第 3 页。
② 西周生:《醒世姻缘传》,中华书局 2005 年版。散见于第九回、十二回、十三回、二十回、二十一回、三十六回、四十二回、六十一回、七十四回、九十八回等处。
③ Beverly Bossler 在其论文中提到,有趣的是汉语白话中传统指代妇女原生家庭的说法是"娘家"(mother's family),而没有使用父家庭的称呼方式。Beverly Bossler,"'A Daughter is a Daughter All Her Life':Affinal Relations and Women's Networks in Song and Late Imperial China", *Late Imperial China*, 21:1 (June 2000), p. 96;Ellen Judd 也指出,娘家和婆家都是对女性与另一女性的重要联结关系的表达,后者通常是家庭中的长者。Ellen Judd, "Niangjia: Chinese Women and Their Natal Families", *The Journal of Asian Studies*, 48:3 (August 1989), p. 527。
④ 档案中的卖妻等文约中常有"娘婆二家"商议或同意的说法,用以代表女性所有重要亲属的意见。

## 第一节　出嫁女与娘家的日常往来

古时将已婚女子回娘家称为"归宁"。《朱熹集传》对"归宁"的解释为："宁，安也。谓问安也。"① 出嫁女回娘家向父母问安，不仅合乎人情，也符合儒家"孝"的思想。因此，不论士庶家庭，妇女正常回娘家皆无可非议。从前述学者的研究可知，中上层妇女婚后与娘家往来密切，从档案的记载来看，下层妇女亦然。她们不仅岁时节日回娘家，平时也经常往来于娘婆两家，不论其为新婚不久，或已生育子女。例如，宋氏发配黄洪寿为妻，"并没生育"，黄洪寿控诉妻子宋氏"嫌蚁家贫难，久住娘屋"；李氏"现年十九岁"，"自幼许配宋绍双为婚，小抱过门，结缡四载，未育子女"，因丈夫宋绍双常将其"糟践刻薄，非礼凌虐"，李氏便时常跑回娘家"哭诉"；吴氏幼配陈国珍为童婚，"结缡数载，已育一女"，因丈夫出外贸易谋生，吴氏"就将衣服首饰拿回娘家住扎"；另一位李氏"年四十岁"，丈夫病故，她带着年甫三岁的儿子在婆家守节十载，嘉庆九年冬月间，因与夫弟罗智先发生矛盾，李氏"即从后门跑回娘屋，与父李思翠哭诉"；等等。② 可见，娘家总是已婚妇女出访亲友、寻求情感慰藉以及人身庇护的首选。

娘家不仅是下层妇女的精神依托，条件稍好的家庭还是女儿婚后生活的经济后盾。如杨朝顺之女杨氏"发配陈文星之长子陈玉建为妻，结缡十二年久，生有子女各一。陈玉建家贫身矮又病黄肿，蚁（杨朝顺，笔者注）隔六十里远，时常送给柴米，又乂（蚁）给钱二十三千六百文，令伊玉建当人土地，现在耕种，并未生嫌"。③ 再如蔡

---

① 朱熹：《诗集传·诗卷第一》，收入《四部丛刊三编》，上海书店1985年版，第6页。
② 南部县档案1-005-00165，咸丰三年；1-005-00155，咸丰元年；1-005-00193，咸丰七年；1-003-00071，嘉庆九年。
③ 南部县档案1-005-00154，咸丰元年。

仕铨表示，胞妹蔡氏"出嫁漆洪瑞为妻，漆洪瑞嫖赌胡为，不顾家室，蚁常以钱米济急，并无嫌怨"。① 以上两件案例中，经济条件相对较好的娘家都强调并未因女婿贫困而"生嫌"，且不时予以资助。还有因女性"拙朴"导致丈夫不满，娘家以经济资助的方式缓解女儿夫妻矛盾的案例：赵玉华之女"幼配冯大忠童养为婚，过门数年，无如大忠欺嫌蚁女朴拙，屡常糟践刻薄、非礼凌虐，蚁于去冬凭陈国瑞、冯登盛与伊讲理书约，注明伊不刻待、蚁不惯唆。蚁又帮给伊钱四串以全和美"。② 娘家甚至将贫困的女儿夫妇一同接回、长期居住：陈一年胞姐陈氏"发配杨大志为妻，生有一子"，"大志将业败尽，系伊一年同伊胞叔陈义芳将大治夫妇接至伊家同居共食"；雍怀举胞姐雍氏"幼配冉茂荣次子冉仕先为妻，后因仕先家贫如洗，母任氏念系不忍，已将姐丈同蚁（雍怀举，笔者注）姐雍氏往接归宁，傍住多载"。③ 从档案具体内容来看，这种夫妇长期在娘家居住的行为与"入赘婚"并无任何关系，仅是在经济上依托娘家，属于娘家对女儿夫妇的资助。与上层家庭相比，下层娘家对出嫁女的资助相对微小，多限于生活物资方面的临时性救助，很难从根本上改变后者的生活困境，但仍可充分体现娘家对出嫁之女的关爱及两者之间的密切关系。

下层女性能够与娘家保持近密关系，首先由于其缔结婚姻的地域圈远远小于中上层家庭，④ 南部县档案所反映的绝大多数女性（外来移民除外）都在本县境内缔结婚姻，其中约三分之二妇女的娘婆两家居于同一乡内。⑤ 距离的近密很容易导致关系的近密。下层妇女常常

---

① 南部县档案1-005-00188，咸丰四年。
② 南部县档案1-005-00183，咸丰五年。
③ 南部县档案1-004-00294，道光二十五年；1-004-00258，道光四年。
④ 郭松义通过对清代不同阶层家庭婚姻地域圈的考察得出，家庭所处的社会阶层与其婚姻圈成正比，即社会阶层越高的家庭其婚姻地域圈也越大，反之则越小，绝大多数下层百姓在本县境内缔结婚姻。参见郭松义《伦理与生活：清代的婚姻关系》，商务印书馆2000年版，第142—179页。
⑤ 124件档案中只有46件完整反映出妇女娘婆两家的详细居住地（再嫁妇女除外），其中32件两家处于同一乡内，约占70%。

可以徒步走回娘家叙述自己生活的欢乐与苦闷，娘家也可以通过观察、拜访、听取周围人述说等方式，随时了解女儿的生活状态。这是导致下层妇女与娘家关系密切的空间因素。

其次，在从夫居的主流婚姻中，女儿要离开从小生长的娘家到婆家生活，并且要在新的家庭中处理好夫妻、婆媳、妯娌等一系列关系，对年轻女性而言本身就是一项艰巨的任务。为帮助女儿顺利过渡，在新婚初期，女性归宁或"回门"的次数会比较频繁，有些地方还有新婚第一年（或第一个孩子出生之前）妇女长住娘家的风俗。① 况且，如本书第一章所述下层女性出嫁尤早，对于尚未成年即离家的幼女，与娘家彼此不舍，频繁往来，更属常情。从档案所反映的情况来看，多数娘家对女儿"归宁"采取积极的态度，不仅随时欢迎女儿回归，还经常遣人将其接回暂住。有六件案例专门提到女性的父兄"无故"将其接回娘家小住；另有五件案例具体说明了娘家接回女儿的原因，如张氏，父亲去世、母亲改嫁，叔父作为娘家最主要的亲属常以"接回做鞋"等由将其"接回久住"；另一位张氏因丈夫疑其"偷盗"米粮，欲进行"教戒"，张父闻之，"是夜率领多人"将女儿强行接回娘家进行庇护等。②

但是，出嫁女与娘家的频繁往来往往引起丈夫及婆家的不满甚至反对。黄宗智在对宝坻县婚姻案件的研究中注意到，丈夫因妻子回娘家长住而控告她们"出逃"，目的是让她们的行为在县官面前显得有罪。③ 南部县档案中亦有不少案例是因妇女常回娘家而引发矛盾。如王举在诉状中提到，他的侄孙王德星"幼配郭李寿之女郭氏为妻，遭被李寿嫌弃德星幼朴，刁拨伊女不务女工，常时居住娘家，自去自来，肆行无忌，德星莫奈伊何"，对于郭氏自由频繁往来娘家感到十

---

① 参见 Ellen Judd 对山东昌邑县和安丘县的研究，Ellen Judd, "Niangjia: Chinese Women and Their Natal Families", *The Journal of Asian Studies*, 48: 3 (August 1989), pp. 528-532.
② 南部县档案 1-004-00302，道光二十八年；1-005-00179，咸丰五年。
③ ［美］黄宗智：《民事审判与民间调解：清代的表达与实践》，中国社会科学出版社 1998 年版，第 30 页。

第三章　泼出之水：清代下层妇女与娘家的关系

分不满；再如宋正刚"小抱王家谌之女翠姑与子宋狗儿为童婚"，"因宋正刚欲嫌王家谌之女翠姑不时未通伊知归回娘屋，勒令家谌与伊出立再不许翠姑回归约据"，则是翁公企图通过写立文约的方式阻止儿媳常回娘家。① 州县档案中，婆家常用"瓜恋"一词来形容娘家与出嫁女的联系。该词源于"世上只有瓜恋籽，哪有籽恋瓜"的俗语，形容父母对子女的依依不舍。但档案中"瓜恋"一词常为负面含义，表示娘家对既嫁之女不应有的干涉。如邓维成控诉其亲家何芳举夫妇"屡次瓜恋伊女何氏背逃"；任应齐在女婿陈国宝控诉妻子"久住娘家"时，辩护说自己对女儿"从无瓜恋"。②

婆家反对妇女经常归宁及娘家"瓜恋"女儿的原因，首要的是其有违妇道。《列女传》载："妇人之义，非有大故，不出夫家。"③ 根据儒家伦理，妇女出嫁后即要"移天"，从"以父为天"转移为"以夫为天"，与娘家过从甚密而忽略对婆家的责任，有违妇人之义。④ 妇女婚后全心全意奉献婆家历来被视作重要美德。陈弱水在其研究中提到，唐代将妇女很少回娘家、不与娘家亲戚密切往来视作已婚妇女的美德；⑤ 柏文莉亦指出，明清时代的文人更愿意赞美为夫家（而非娘家）作出贡献的女性。⑥ 除妇德的因素之外，下层家庭反对妇女与娘家频繁往来的原因还在于担心家庭财产遭到"透漏"。如杨大福控诉说，在他外出谋生期间，妻子同娘家亲戚将"家具器物等件以及当价钱六千透漏一空"；夏文吉控告妻子祝氏在娘家兄长的教唆下"透漏蚁家衣物首饰"；陈文星控诉儿媳杨氏"透漏家财运回娘家生

---

① 南部县档案1-004-00275，道光十三年；1-004-00271，道光十二年。
② 南部县档案1-004-00257，道光二年；1-004-00263，道光八年。
③ （汉）刘向：《列女传·母仪传·鲁之母师》，辽宁教育出版社1998年版，第11页。
④ 有关"移天"的论述，参见陈弱水《隐蔽的光景：唐代的妇女文化与家庭生活》，第20—23页。
⑤ 陈弱水：《隐蔽的光景：唐代的妇女文化与家庭生活》，广西师范大学出版社2009年版，第49—50页。
⑥ Beverly Bossler, "'A Daughter is a Daughter All Her Life': Affinal Relations and Women's Networks in Song and Late Imperial China", *Late Imperial China*, 21: 1 (June 2000), p.90.

利";等等。①"透漏"一词生动表述出下层家庭对其有限的财产在不知不觉中外流之担忧。一些诉状还附有妇女"透漏"财物的清单,如张应瑞所列举妻子透漏的清单为"蓝麻布罩子一床、蓝布夹被一床并蓝绸䌷腰带一条、青布女单衫一件、蓝布女单衫一件、银圈一只、铜盆一个、锡茶壶一把";陈天眷说儿媳吴氏回娘家时带走"银匾(扁)手圈一对、银挖耳一枝(只)、银耳坠一对、银戒指一对、银簪一根、银花一对、绿大呢女夹衫一件、照月布女衫一件"等。② 尽管笔者收集到的案例中只有婆家单方面对"透漏"的控诉,未见有娘家在诉状或供词中承认收到女儿取自婆家的财物,但我们不难想象在娘家生活困难的情况下,女性于娘婆两家之间所做的经济上的平衡。由于下层妇女很难有独立的经济收入也无法像上层妇女那样利用丰厚的嫁妆为家庭排忧解难,她们对娘家的资助自然很大程度上取自婆家,并受到亦不宽裕的婆家之反对。女性将财产从婆家输送至娘家(清单中有些物品应为女性自身使用穿戴之物),固然与偷窃存在本质区别,但婆家在诉状中所表达的对此类行为的强烈反对,以及对透漏物品的详细罗列,充分表明其希望女性在经济上于娘婆两家之间划分出明确的界限。如果这样的界限因妇女与娘家关系密切而很难划分清楚,婆家则会通过反对或尽可能减少妇女回娘家的方式来避免财产外流。

最后,婆家还担心妇女经常回归娘家会威胁到婚姻的稳固。档案中不少婆家控诉娘家"刁唆"其女,导致女性与丈夫或婆家关系不和。如前述宋正刚禁止儿媳翠姑回娘家一案,原因即是"屡被家谦夫妇刁唆伊女翠姑逃走,毫不听蚁夫妇约束";冯大忠控告妻子赵氏"嫌蚁家贫,抗蚁教管,且听伊母赵敬氏刁唆,屡常背逃"。③ 除娘家

---

① 南部县档案1-004-00294,道光二十五年;1-004-00303,道光二十九年;1-005-00154,咸丰元年。
② 南部县档案1-005-00163,咸丰三年;1-005-00193,咸丰七年。
③ 南部县档案1-004-00271,道光十二年;1-005-00183,咸丰五年。

父母之外，妇女还可能受到娘家其他亲戚的"刁唆"，甚至并不近密的亲戚，如漆洪瑞控诉妻子蔡氏"屡听伊族侄蔡国保引诱刁唆，嫌蚁家贫，不服管教"。① 无论"刁唆"者与妇女关系如何，从婆家的控诉来看，刁唆的结果大致相同——使妇女对婆家的生活状况不满、不守妇道、不服丈夫及公婆"管教"或"约束"。显然，婆家将女性对现有生活的不满和反抗都归咎于娘家的"刁唆"，这一观点从某种程度而言不无道理。原因是对于成婚较早又多未受过教育的下层妇女，婆家认定其本身并没有太多的决断和行为能力，其思想和言行多来自娘家成员的影响和引导，即"刁唆"。对于婆家而言，娘家"刁唆"不仅影响家庭关系，最恶劣后果就是妇女在娘家的支持下逃婚或被娘家拐逃另嫁。档案中确有不少案例是妇女借回归娘家之机而出逃或改嫁的，详见下文论述。无论娘家的"刁唆"是出于对女儿的眷恋和保护，抑或确为对婆家现状不满，这种"刁唆"在客观上阻碍了妇女尽快融入婆家生活，甚至会影响到生育后代的问题。② 为避免妇女屡受"刁唆"而维护婚姻家庭稳定，婆家简单而直接的做法就是反对妇女频繁归宁。

## 第二节　下层女性的婚姻问题与娘婆两家的调解

除私下"刁唆"外，娘家还常通过公开"集理"的方式对女儿婚姻生活进行调解与干预。集理是基层社会调解矛盾与纠纷的重要形式，一般为产生纠纷的双方及调解人聚集一处裁定是非，并提出解决方案。关于集理所形成的女性与基层社会的联结，详见本书第四章论述，本章只讨论娘家通过集理对女儿生活的介入。以下通过三个案例对集理本身及娘家在其中的作用进行具体分析。

---

① 南部县档案1-005-00188，咸丰四年。
② 道光二年的一件档案中，邓维成控诉儿媳屡次受娘家刁唆而离家出走，导致儿子婚后"足有十载无育"。南部县档案1-004-00257，道光二年。

**案例1. 王家谂与宋正刚出具的两份集理文约**

　　立出字文约人王家谂，情因所生一女名昭娃，自幼凭媒证谢宗鳌说和（合）与宋正刚次子宋狗儿为婚。未及大典，不听公婆教育，屡次偷窃，父母戒饬，逃走在外。找寻归家，女言于口，生死不愿姓宋。有媒证与王氏同乡约理论，劝说与宋姓回奉王姓钱四千，设散酒礼钱二千文。有范思端、王大银过复（付）领明出字。自今出字之后，女或逃走出外，有王姓亲自找寻埋，不得与宋姓相涉。恐口（后）无凭，立字为据。

　　在中人：宋为梁、范思端、谢国弼、王大银、冯登科（笔）、王氏。

　　道光十一年冬月二十五日。立约是实。

　　立写赎女还乡另行改嫁人王家谂，膝下所生一女更名昭娃，自幼凭媒谢宗鳌之故父家柱说和（合）与宋正刚之次子狗儿为妻，年近一十三岁，小抱过门，未存婚配。自抱过之后屡受刁唆，不听鞠育，率常偷窃，逃走在外，二比角口，凭约中等言明二家系属姻眷，何故生伤，劝宋姓出钱四千文，王姓领明，许令宋姓父母训教。谁知又受刁唆，私自逃走，有王姓迭次又生祸非，宋姓无奈，在于李家砑请凭乡约、场头以及客总等理论，问其从来，谁知昭娃言说生死不愿宋姓为人，故而约中劝宋姓迭次又出钱四千八百文，以回王姓合族酒礼之资二千四百文，设散酒礼钱二千四百文。自今言明王姓领回王姓之女，许令另嫁，宋姓不得称说。宋姓之子许令另娶，王姓不得称说。倘日后王姓生其别故，有杨怀旺一面承担，宋姓有异事生非，有范思端一面承担。恐后无凭，故书赎女还乡另行改嫁文约为据。

　　乡约：范思端、杨怀旺、王大银。

　　在中人：罗富先、冯登科、邹国城、宋为梁、谢宗华、宋正纪、范思虞。

代书人：邹廷槐。

道光十二年二月初六日。立字。①

以上为王氏娘家父亲王家谌与翁公宋正刚写立的两份集理文约。王家谌之女翠姑"小抱"与宋正刚之子为童养媳（之后更名昭娃），因宋正刚对儿媳"屡被伊娘家刁唆，惯于偷窃蚁家食粮鸡鸭钱文"，且屡次从婆家出逃之行为深为不满，决定通过集理解决问题。从文约中可见，第一次集理的结果是，在调解人"二家系属姻眷，何故生伤"的劝说下，娘家"领明"钱四千文，"许令宋姓父母训教"，并保证此女若再逃走与婆家无干。通过这次集理，厘清了娘婆两家对翠姑的各项"责任"和"权利"。首先，承认翠姑的"训教"权在"宋姓父母"手中，娘家拿钱之后不得再对女儿进行"刁唆"；其次，婆家对翠姑的人身安全不再负责，她若再逃走婆家不负责找寻，娘家也不得向婆家要人。实质上，就是婆家通过付钱给娘家，企图削弱娘家与女儿之间的关联。

由于第一次集理之后王氏仍旧出逃，婆家只得再邀集第二次理剖。第二次集理文约表面上仍由翠姑娘家父亲王家谌主立，但从文约行文始终站在婆家立场，历数翠姑婚后的失德、娘家的"刁唆"，以及婆家面对娘家"迭次又生祸非"，只得"迭次又出钱"了事的无奈，显然本文约系在婆家主持的集理之下，由站在婆家立场上的代笔人所写。本次集理的结果是，由婆家再次出钱，娘家得钱后将女儿领回另嫁，同时准许宋姓之子"另娶"。因此，集理文约名为娘家"赎女"，实为婆家"退婚"。在书写文约时特将娘家父亲作为主立人的目的，就是避免娘家事后反悔。尽管两次集理皆由婆家召集，却都以娘家父亲出名主立文约，体现出娘家在女儿婚姻中的决定性地位。在婆家看来，还不到十三岁的少女翠姑，敢于一再逃婚，必定是在娘家的

---

① 南部县档案1-004-00271，道光十二年。

鼓励和支持之下进行。而翠姑出逃后娘家即来婆家要人，给婆家造成进一步的麻烦和压力。但是，对于娘家对女儿的"刁唆"，婆家却除了提出抗议并无他法，即便书立文约也不能割断女儿与娘家的联系，最终只能"迭次"出钱、退婚了事。

赖惠敏通过对清代离婚案件的分析指出，"七出"之条中以不事舅姑为由而离婚最没有争议，至于"多言、盗窃、妒嫉"等则很难构成离婚的理由，还容易导致妇女娘家告上公堂，因此丈夫投鼠忌器，不能随便将妻子离异。[1] 本案中，婆家指责王氏不孝舅姑、偷窃、出逃等多项罪名，但慑于娘家的威力，仍不敢轻言休弃，两次集理先后花去十多千文，基本相当于下层社会一份财礼的数额，才将翠姑退回娘家。即便如此，娘家父亲王家谦仍然不满，在写立第二份文书之后立即反悔，以"佔退童婚"的罪名将宋正刚家族控诉在案。县官判定宋正刚"再回王家谦三千文"，才将官司和此桩婚姻了结。[2] 体现出娘家在婚姻（即便是尚未圆房的童养婚）中的威力。

**案例2. 宋梁氏诉状**

诉状孀妇宋梁氏……抱告子宋绍双……配伊维刚之女李氏为妻，祗（只）望孝贤，讵料李氏忤逆横悍，不听约束，在于道光二十八年十月间，邀伊维刚同弟维保，并伊切戚乡约陈玉林，凭中宋仕龙、宋仕相、城约郑永定等讲理。李维刚与氏书有截角文约审呈，注明许令氏子娶妾图后，不得糟践李氏，李维刚亦不得纵女逞刁，妄滋事非。过后氏乃央媒向珍与氏子另聘向姓之女为妾，尚未完娶，岂伊维刚即生异心，串唆伊女于前八月二十夜卷拿氏家男女衣服九件、铺盖一床，并带首饰，走回娘家藏匿。是夜微雨，次早氏投宋仕龙等跟捕脚迹，正直走在李维刚家。伊恃

---

[1] 赖惠敏：《从档案看性别：清代法律中的妇女》，载李贞德主编《中国史新论：性别史分册》，台北：联经出版公司2009年版，第389—390页。

[2] 南部县档案1-004-00271，道光十二年。

第三章　泼出之水：清代下层妇女与娘家的关系

刁恶，抗不还人，反先捏控，希图骗赖，不许氏子娶妾。氏想伊女忤逆不孝，氏子孤独，急应娶妾，以图后嗣，何得伊捏词妄告，希图阻挡，激氏难已，为此具呈。

咸丰元年闰八月初九日具。①

通过对本案完整案卷的解读（包括李氏娘家父亲李维刚的诉状、亲邻的旁证及县官的审讯记录等）可知，本案源于李氏娘家反对女婿宋绍双纳妾，理由为女儿李氏"发配宋绍双为妻，结缡四载，李氏并没妄为，孝敬姑嫜"，而宋绍双年仅十九岁，"停妻另娶，有伤天和，万难容已"。而婆家则认为李氏"忤逆横悍，不听约束"，并且无后，因而宋绍双"急应娶妾，以图后嗣"。从宋梁氏诉状可知，娘婆两家曾因纳妾问题进行集理。本次集理的结果是，宋绍双"不得糟践李氏"，而李氏娘家"不得纵女逞刁，妄滋事非"，且"许令"女婿"娶妾图后"，并形成书面文约。李氏娘家出于对女儿的保护阻止女婿纳妾，尽管这一举动最终并未受到调解人及县官的支持，② 但男子娶妾受到妻子娘家先是集理继而告官的强大阻力，可见娘家对女儿婚后生活的关注和干预之强烈。尽管县官在审判中并未支持李维刚不许女婿娶妾的做法，同时亦斥责宋绍双"不应不通岳父李维刚知晓，私行另娶"，充分肯定了娘家在女儿婚姻中享有的重要地位。

**案例3. 赵玉华诉状**

诉状人赵玉华……缘蚁女赵氏幼配冯大忠童养为婚，过门数年，无如大忠欺嫌蚁女朴拙，屡常糟践刻薄、非礼凌虐。蚁于去冬凭陈国瑞、冯登盛与伊讲理书约，注明伊不刻待、蚁不惯唆，蚁又帮给伊钱四串以全和美，过后蚁即未通往来。至蚁女在去腊

---

① 南部县档案1-005-00155，咸丰元年。
② 县官对李维刚诉状的批词为："今尔婿宋绍双既娶向氏之女为妾，不得并耦匹嫡，于妻之正义无乖。"南部县档案1-005-00155，咸丰元年。

月曾否被人拐嫁苏玉福为室,蚁隔玉福百余里远,风影未闻。兹伊大忠因告玉福串买,反诬骗蚁妻敬氏通情,连蚁牵控,殊属刁诈。况伊今冬另娶妻室,更见知情卖休,为此诉察并究。

咸丰五年十二月十三日具。①

与以上两例婆家发起集理不同,本案集理由赵氏娘家父亲赵玉华召集,以期解决女儿屡受丈夫虐待的问题。虽然诉状中对集理过程记载不详,本案卷中亦未收录集理文约,但从诉状可知集理结果非常明确——女婿冯大忠不得再"刻待"妻子,娘家也保证不再"惯唆"女儿。面对女儿婚后的夫妇不和,赵玉华以召集两家及中间人进行集理的方式寻求解决,表现出娘家在介入女儿婚后生活方面的主动性。但显然,本次集理并未达到预期效果,娘家也并未如诉状中所说过后与女儿"未通往来",此案后来的审讯证明,赵氏逃婚另嫁都系在娘家母亲支持和陪同下进行。

通过以上案例可见,当女性婚姻出现问题时,娘家作为其利益代言人及行为负责人,在解决婚姻矛盾中占有主导位置。参与集理并同意忍让的娘家一般对女儿的婚姻仍抱有希望,冀图通过家族和中人的调解来改善女儿在婚姻中的处境,是娘家谋求解决女儿婚姻问题的积极手段。当集理未能解决问题,或未达到预期效果时(如案例3),娘家就会采取进一步的方式解除女儿在婚姻中的痛苦,如支持女儿逃婚另嫁或者选择告官。

## 第三节 娘家与女性婚姻的瓦解

在文化层次低、生计艰难的环境中,下层娘家较上层家庭更需时刻保持警惕,以防女儿在婆家遭受虐待、挨饿受冻或者被贫困的丈夫

---

① 南部县档案 1-005-00183,咸丰五年。

第三章 泼出之水：清代下层妇女与娘家的关系

嫁卖。本书第一章已述，"衣食不给"和家庭暴力的确是下层妇女常需面对的无奈现实，也是导致下层家庭婚姻瓦解的重要因素。针对女儿在婚姻中遭遇的暴力和贫困，娘家除通过集理调解或予以一定的经济资助之外，也会主动谋求离异，以帮助女儿寻求生路并掌握女儿再婚的控制权。而当丈夫或婆家为生活所迫私自将妇女嫁卖时，娘家则会提起诉讼将女儿讨回。

## 一 娘家与婆家协商离异

娘婆两家协商离异一般发生在婆家生活困难的情况下。面对生计无着的女儿，娘家自然希望出手相助，但多数娘家自身尚且生计窘迫，无力再顾及女儿，因此通过两家协商，离异另嫁，以谋求各自的出路。如蒲洪福与妻何氏离异一案，何氏因丈夫蒲洪福不给衣食而无法生存，娘家父亲何崇元也表示："惨蚁家贫，日食难度，领女回家难以顾持。"经过与何氏翁公商议，娘婆两家决定将何氏改嫁。以下为何氏改嫁之婚书：

> 出立婚书主婚文约人蒲廷模，情因为所生第三子更名蒲洪福，娶妻何从（崇）元之女何氏。有蒲洪福自幼素不安分，不顾父［母］妻室，流浪在外，多年未归，音信俱无，不知生死存亡。遗妻何氏在家衣食不给，兼今岁天旱无措，甘心改嫁。有蒲廷模托媒蒲茂椿踩探人户，说合与蒲能元之子蒲昌银名下为妻。已曾凭媒蒲茂椿到娘屋何从（崇）元、何三超家中酒礼受拜，俱系心欢无异，凭媒公议，蒲能元出备铜钱陆千文整，交与蒲廷模领明。蒲廷模对众所言，□钱肆千，日后蒲洪福归来将钱另娶妻室，不得与蒲能元父子致滋事端。下余钱贰仟以作蒲廷模夫妇老衣之贽。是日言订立婚约，嗣后覆水难收，若何姓蒲姓娘婆二家凡亲疏内外人等滋事生非，有蒲廷模一面承当，概不与蒲能元父子相涉。今恐人心难栓（拴），特凭媒人立婚书壹纸，永远为据。

91

>娘屋：何从原（崇元）、何三超。
>媒证：蒲茂椿、蒲廷佐、蒲廷柱、蒲廷奇、蒲廷相。
>见明人：蒲德洪、蒲德福、蒲廷玉、蒲国宗、蒲国海。
>依口代书：蒲中元。
>道光四年六月十四日立婚书人蒲廷模立约是实。①

尽管该婚书由何氏翁公蒲廷模主立，但行文中三次提及娘家，第一次说明改嫁已经征得娘家同意，第二次表明娘婆两家日后均不得滋事生非，最后的签名则表明娘家与婆家成员一起签订了该婚书。后两次将娘家置于婆家之前的做法，进一步表明娘家在改嫁过程中的重要性。何氏改嫁所得财礼一部分作为丈夫回归后的另娶之资，另一部分作为公婆养老丧葬费用，娘家似乎并无所得。可见，娘家同意女儿再嫁只是希望解决女儿的生计问题。

再如以下李氏改嫁文约，详细而生动地叙述了李氏改嫁时娘家由不同意到同意的转变过程，再次证明娘家态度对妇女改嫁的重要性。

>立出包管日后不得牵连拖累合同人王仕德同子王蒂元、王蒂林等，情因四子王蒂用四岁小抱李昌崇胞妹梅姑为婚，抚养完配，惟愿夫妇和好，百年偕老。谁料命薄家贫，蒂用在外佣工赌钱，不顾父母妻子，李氏在家日食难度，思想无路，自缢数次，显（险）系吊毙，背夫逃走，合族共知。诚恐死后李姓来家糟扰受害，以致父母日夜防守不安，托敖老五哀求李昌崇施一线之恩，择户另嫁。昌崇弟兄硬不依允，死而无悔。蒂用夫妇亲至昌崇家中磕头苦哀。李昌崇念同胞姊妹之情，恁（任）意听其去留，本族叔侄人等俱各悦服。诚恐日后本族以伙卖生妻大题控告拖累，奈无媒证，父子商议甘愿出立包管文约一纸，交付汪仁

---

① 南部县档案1-004-00259，道光四年。

湖、宋学达、张绍宗、范述尧、曹仕吉等执掌。哀托妹弟范斯文作合，将李氏出嫁与谢虹玉足下为妾。彼即三面议定财礼钱二十千文，仕德父子亲手领明，自今出约之后，日后王姓人等有异言称说，有仕德父子一面承耽（担），不与媒证讨亲之人相染。今恐人心难测，书立包管文约为据。

见盟人：李文朝、范斯文（笔）。

嘉庆十四年十一月十一日。立字人王仕德同子王蒂元、王蒂林、王蒂用。①

从文约可知，李氏从小到婆家做童养媳，婆家贫困，丈夫不肖，李氏用自缢和逃走的方式对命运进行反抗。她的反抗给婆家带来的压力主要来自李氏的死亡或失踪都会导致婆家无法对娘家交代。而婆家将李氏改嫁的想法并未受到娘家的支持，文约中描述的从婆家托人代为哀求到李氏夫妇亲自"磕头苦哀"，最终打动娘家兄弟及本族叔侄的过程，证明娘家意见在妇女改嫁时的决定性作用。由于本案例中并未包含任何来自娘家及妇女本人的诉状和供词，文约中对娘家态度叙述的真实性不得而知。从其他案例的总体情况来看，无论娘家是否知情，妇女改嫁文约中都会声称已经得到娘家首肯；② 否则改嫁很难进行——由于"嫁卖生妻"本就违法，而娘家的不首肯显然进一步增强了买娶者卷入官司的风险。因此李氏改嫁文约中如此详细描述娘家的参与过程，意在向买婚者表明此婚姻的"可行性"。

除允许婆家另嫁之外，娘家也会以"赎女"的方式将女儿从婆家赎回后另嫁，以改变她在前一段婚姻中的不利处境。当然，"赎女"也在娘婆两家协商（常常也是经过集理）的前提下进行。如雍氏丈夫

---

① 南部县档案1-003-00076，嘉庆十四年。
② 如祝先举控告其妹祝氏被婆家嫁卖一案，祝氏改嫁文约中明确表示娘家同意改嫁，并有三位娘家亲戚签押见证，但审理证明，娘家对此毫不知情。南部县档案1-004-00303，道光二十九年。

亡故，娘家母、兄念她"青年无子，只有二女尚幼"，且婆家"家贫如洗"，经与婆家族人协商，由娘家"出钱四十串"给婆家，"以作赎女并看照二外甥女之资"。婆家出有"收清杜约"，文约明确娘家可将"雍氏领回另醮"，婆家需"将钱掌放，日后以作二幼女（雍氏之女，笔者注）遣嫁之费"。① 娘家花费一些金钱改变了女儿在贫困的婆家寡居的生活状态，同时为两个外孙女做好经济方面的安排。此案中，从雍氏丈夫去世之前夫妇就常依傍娘家度日来看，娘家具有一定的经济能力，但其实力仍不足以供养雍氏及其两女终生，于是采取资助外孙女嫁资并赎女另嫁他人为妾的方式。

对于那些家境不佳的娘家而言，赎女亦非并无可能。如杜遐林之女"自幼凭媒说合与罗仕才第二子开亲，以（已）抱过门，未曾完娶。迄今道光十五年蜡（腊）月，不料罗仕才之子亡故，其家贫寒，日食无度，故诸亲邻以及亲家甘愿将女赎退回家，恁（任）其杜姓改嫁"。道光十六年三月，经两家议定，杜遐林"出钱四千文"，罗仕才同意娘家"赎女"并书立退婚文约。本年"五月旬中"，杜遐林将女儿另嫁任荣贵为妻，得财礼钱六千文。② 娘家不仅通过"赎女"帮助女儿跳脱贫困的婚姻状态，一赎一嫁，在经济上尚且得到两千文的盈余。本案从娘家赎女到另嫁只隔两个月的时间，娘家完全有可能事先找到婚娶对象并商定财礼金额，再与婆家协商"赎女"事宜及费用，从而掌握了女儿再嫁的主动性。

值得一提的是，并非所有的"赎女"都由娘家出钱，笔者所搜集的档案中有两件婆家出钱由娘家将女性"赎回"的案例。一例为前文所述宋正刚与王家谌两次集理一案，因王家谌之女王氏屡次出逃，宋姓为避免麻烦，"迭次出钱"，由"王姓领回王姓之女"，并"书赎女还乡另行改嫁文约为据"。③ 另一例为文天伦称妻子不守妇道，而自己

---

① 南部县档案1-004-00258，道光四年。
② 南部县档案1-004-00280，道光十六年。
③ 南部县档案1-004-00271，道光十二年。

第三章 泼出之水：清代下层妇女与娘家的关系

畏惧妻子娘家，"不敢将蚁妻帅氏择户另配"，只得"出钱十千，经凭中等将蚁妻帅氏以及钱文交伊娘父元第领回"。① 尽管此两例并非典型的"赎女"行为，离异的原因也并非贫困，而是夫妻不和，却从另一角度反映出在丈夫或婆家希图离异而未得到娘家许可的情况下，离异很难成功，不得不采取"人财两失"的下策以摆脱不美满的婚姻。

需要说明的是，娘婆两家顺利协议离婚的情况并不普遍，未能达成协议的两家常常走上单方将妇女嫁卖的道路，此种做法一旦被对方发觉即很容易引发官司。

**二　娘家"拐逃另嫁"**

对于那些对女儿现有婚姻不满，又无法达成离婚协议的娘家而言，支持并帮助女儿逃婚另嫁是一种比较现实的选择。本章所选取的124件档案中有43件为丈夫或婆家控告娘家"支逃""拐嫁"。如陈国宝控诉，"岳母李氏素言蚁家非伊女终身之所，屡屡刁唆久住娘家"，后来其妻出逃并另嫁与"罗步头为妻"，经审讯证实是在娘家的支持之下进行的；王举控诉其侄孙媳被娘家父亲郭李寿"刁藏隐匿"，"蓦卖与大周坝张仕敬为妻"；等等。② 尽管经过审讯，并非夫家所控皆实，少数娘家对女儿从婆家逃走另嫁确实不知情，但审讯证明多数娘家与女性的出逃有直接或间接关系，至少属于"知情纵逃"。如上述陈国宝控告妻子娘家拐嫁一案，岳父任应齐在诉状中辩解说自己与买婚者"均不认识"，并对女儿再嫁之事"梦不风闻"。审理此案的县官卫赓扬对此并不相信："尔女外逃再嫁，尔若果不知情，岂有不问尔婿要人之理，毋庸饰诉。"③ 县官在案件未审理之先即断定娘家对女儿出逃必然知情，而接下来的审讯果然证实了此种猜疑。显然这位

---

① 南部县档案1-004-00291，道光二十一年。
② 南部县档案1-004-00263，道光八年；1-004-00275，道光十三年。
③ 南部县档案1-004-00263，道光八年。

籍隶山西、到任仅仅半年的县官对南部县地方风俗已经颇为熟悉①（亦或此为普遍情理）：女性失踪，娘家必然会向婆家"要人"，甚至"滋事"，许多丈夫同陈国宝一样由此踏上漫漫寻妻之路，皆在娘家压力之下使然。即使娘家暗地里将女儿"拐逃另嫁"，往往也会至婆家要人。如罗俊控告岳父王大用趁其妻王氏"归回蚁岳王大用家拜年，被叔岳王大银唆摆，暗将蚁妻王氏拐引出外，蓦嫁赵万朋为妻"，之后"王大银反同王大用至蚁家中，估向蚁要人讹索"；再如冯大忠控诉说，其妻赵氏被岳母敬氏"拐出嫁卖与苏玉福为室"，之后赵氏娘家叔祖赵第朝"假问蚁要人，糟索难堪"。② 以上皆为娘家在"拐嫁"之后仍至婆家虚张声势，企图掩盖事实。县官卫赓扬正是由任应齐女儿逃走后甚至不向女婿要人一点推定其必知女儿下落，反映出县官对女儿与娘家之间密切关系的认知。本案最终的审讯果然证实任应齐夫妇不但对女儿任氏逃婚始终知情，且任氏逃跑另嫁系在母亲陪同之下进行。

有趣的是，在娘家拐逃另嫁类案件中，婆家总将缘由归结为"嫌贫拐嫁"，而娘家总是强调女儿在婆家受到虐待。仍以陈国宝案为例，陈国宝诉状的题名即"为嫌贫择嫁叩止风化事"，并于诉状中叙述了由于自己家贫，"岳母李氏素言蚁家非伊女终身之所"，认定贫困是娘家拐嫁的根本原因。而其妻任氏再嫁时则对媒人讲述了她在婚姻中遭受的暴力："伊夫陈国宝不贤，难受刻薄，无奈逃外，国宝随控，前任邸主（前任县官）断饬领归，愈受苦楚，将伊殴逐多日。"③ 任氏在遭受家庭暴力后选择出逃进行自我保护，但县官与法律并不保护逃婚的女性，任氏被判由丈夫领回，而家暴也在逃跑与领回之中逐步升级。为此，任氏娘家凭乡约与陈国宝进行过集理，显然没有达到好的效果。在此背景之下，娘家支持女儿逃婚另嫁也在情理之中。同样，冯大忠具告岳母赵敬

---

① 档案中的县官批词只显示县官的姓，据《道光南部县志》卷十一《职官》，可查知本案卫姓县官为卫赓扬，道光七年十一月任职南部县。本案卷宗始于道光八年四月。参见《道光南部县志》，巴蜀书社1992年版，第467页。
② 南部县档案1-004-00293，道光二十三年；1-005-00183，咸丰五年。
③ 南部县档案1-004-00263，道光八年。

氏嫌贫拐嫁一案，冯大忠认为妻子赵氏"嫌蚁家贫"，但赵氏娘家父亲在诉状中指出，女婿冯大忠"欺嫌蚁女朴拙，屡常糟践刻薄非礼凌虐"。为此，赵氏娘家也曾召集集理，要求大忠不再"刻待"妻子，与陈国宝案如出一辙。① 同样的情况亦见于罗俊控告岳父王大用拐嫁其妻一案。②

我们可以推测，贫困和家庭暴力可能是共同构成娘家"拐嫁"女儿的因素。娘婆两家不同的视角基于其代表各自不同的利益，娘家总以女儿的福祉及自己家庭的利益为着眼点，而婆家也只关注儿子与自家之得失。从这一点而言，娘家"拐嫁"行为直接导致婆家人财两失——婆家不仅失去媳妇，当初娶妇的费用亦付诸东流，对于下层家庭而言，很难筹集再次娶妇的费用；而娘家则不仅为女儿谋得新的生活，同时得到再嫁的财礼，在拐逃另嫁中属于赢家。有婆家甚至指出，娘家平昔"刁唆"其女的目的，只是"计图另嫁得财"，与女儿的幸福全无关系。③

当然，娘家"支逃""拐嫁"也需承担相当的风险，婆家一旦将女性寻获，或者得到拐嫁的证据，娘家就会转为被动，甚至惹上官司。④ 从县官的判决来看，此类案例的处理一般是娘家家长受到惩罚，女性则判给原夫"领回约束"。如陈国宝案的判决为，岳父任应齐因"通情嫁卖"受到"掌责"，任氏由于再次出逃，由买娶者"找获送案"，交陈国宝"领回约束"。⑤ 但由于"买休卖休"类案件属于民间"细事"，由县官自行审断裁决，无须上报，因而判决存在很大的弹性空间，不少当事人被县官"姑念乡愚，从宽免究"。因此，对于娘家而言，"拐嫁"女儿收益往往大于风险，最恶劣的结果莫过于女儿回

---

① 南部县档案1-005-00183，咸丰五年。
② 南部县档案1-004-00293，道光二十三年。
③ 南部县档案1-004-00302，道光二十八年。
④ 根据赖惠敏、朱庆薇的研究，由于清律规定拐逃案件必有确据方可报案，多数拐逃案件是家属查明拐逃下落才能报官。参见赖惠敏、朱庆薇《妇女、家庭与社会：雍乾时期拐逃案的分析》，台湾"中研院"《近代中国妇女史研究》第8期（2000年8月），第33—34页。李清瑞对乾隆年间巴县拐逃妇女案件的研究也证明了这一点。参见李清瑞《乾隆年间四川拐卖妇人案件的社会分析——以巴县档案为中心的研究（1752—1795）》，山西教育出版社2011年版，第59页。
⑤ 南部县档案1-004-00263，道光八年。

到原来的生活状态,而娘家受到"薄责"。

### 三 娘家与"卖妻案"

苏成捷通过对清代卖妻案的研究指出,"卖妻"是下层家庭因"贫困所引发的一种普遍的生存策略"。尽管并未对卖妻案件中娘家的具体态度及娘家与出嫁女的内在联系进行深入探讨,但苏成捷从审判的角度指出,有32%的案件系因妻子及娘家的反对而控诉公堂,且县官在审判时会将妻子及娘家的意见放到主体位置。① 由此,娘家成为这项生存策略受阻的主要因素之一。

本章所利用的124件南部县档案中,有51件属卖妻案,在所有案件类型中所占比例最大,其中34件系娘家控诉丈夫及婆家嫁卖其女。

本书第一章论述了男性在因贫卖妻时往往强调卖妻的原因是妻子不守妇道,而前文论述了婆家认为妇女的不守妇道又常常与娘家的"刁唆"有关,因此男性在嫁卖妻子时历数其失德行为,也是为日后向娘家交代寻找理由或借口,暗示娘家应当承担婚姻解体的部分责任。对此,娘家在控诉丈夫及婆家嫁卖女儿时,常常先表明自己并未过多干预女儿的婚后生活。如郭李寿状告女婿王德星嫁卖妻子后向岳父图索,他在诉状中反复表明对女儿的情况并不了解,"蚁与王德星个(各)住一方,所以不知""蚁因出嫁之女故未深追";前述陈国宝寻妻一案,岳父任应齐也表示,"任氏否因何故背逃""蚁彼以出嫁之女并未干预其事"。② 以上表述说明娘家对女儿为"泼出之水"的社会观念及妇女"既嫁从夫"的儒家伦理非常明了,在诉状中有意回避自己与女儿的密切关系,并借此反驳婆家有关"刁唆"的指控。但是,娘家对于女儿遭受虐待和贫困或许尚可容忍,对于"卖妻"行为却绝不能坐视。帅元第对女

---

① 苏成捷将妻子与娘家的意见归为一类,原因是妻子的意见往往与娘家相一致。参见[美]苏成捷《清代县衙的卖妻案件审判:以272件巴县、南部与宝坻县案子为例证》,载邱澎生、陈熙远编《明清法律运作中的权力与文化》,第358—361页。

② 南部县档案1-004-00275,道光十三年;1-004-00263,道光八年。

婿文天伦"在外嫖赌，将田地当卖，不给小的女儿衣食"的贫困状态，及其将女儿"糟践殴辱，非止一次"并"逐出在外，不许归家"的暴力行为，都表示"哑忍未言"。但是，当女婿瞒他不知"将小的女儿嫁卖与张松为妻，不知得受财礼若干"时，即刻"来案把他告了"。①

娘家在状告丈夫及婆家嫁卖生妻时，往往侧重两个方面的表述：第一，卖妻行为于情于礼于法皆不合；第二，丈夫及婆家不可在娘家不知晓的情况下私自卖妻。道光五年二月，杜四姑被丈夫及夫兄嫁卖，二月二十八日其娘家"查知""大骇"，立即"投经原媒王廷高等知证"，并于三月二日将诉状呈至县衙。杜氏娘家在诉状中说："切思婚姻人伦首重，一女两嫁大玷家族，遭被伊等将人作货，伙卖瓜分，生等难甘，为此叩祈作主，赏准唤究，以正风化。"② 诉状中将婚姻在儒家伦理中的重要意义、妇女再嫁给家族声誉带来的负面影响、将妇女作为货物出卖获利的非法行为，以及此行为给社会风气带来的不良导向等，统统作为娘家控诉"卖妻"的有利论据，代表性地体现出娘家的观点和立场。

娘家反对"卖妻"，除去在情理上占据主动外，从法律角度而言，清律规定，"买休卖休"类案件买卖双方都应受到惩处，财礼必须充公，女性必须归宗（归回娘家）。③ 因而，此类案件娘家胜诉概率极大。本章所用34件因卖妻导致娘家控官的案件中，22件判由娘家将妇女领回另嫁；6件判将女性"交保嫁卖"；4件判给后夫（买娶者）；2件判给原夫（卖妻者）。④ 关于州县官的民事审判问题，滋贺秀三认为是基于情、理、法基础上的教谕式的调停，而黄宗智则认为

---

① 南部县档案1-004-00291，道光二十一年。
② 南部县档案1-004-00260，道光五年。
③ 《大清律例》卷十《户律·婚姻》，参见马建石、杨育棠编《大清律例通考校注》，中国政法大学出版社1992年版，第453页。
④ 六件"交保嫁卖"的案例中有两件在结状中说明县官原本将女性判给娘家，但娘家不愿承领，因而改为"交保嫁卖"；四件判给后夫的案例中有三件皆为妇女在后一家庭中已经生育子女（其中一件案例中的妇女已在后夫家庭中生活十余年），县官判定"免离"；一件判回给原夫的案例为翁公在儿子外出期间嫁卖儿媳，儿子本人并不同意卖妻。"交保嫁卖"是指将妇女交亲属保领听候官府嫁卖。相关研究参见陈兆肆《清代官媒的法律功能及其流弊——兼论晚清有关"治法"与"治人"关系的思考》，《内蒙古师范大学学报》2013年第2期。

县官是"依法办事",两者形成一场国际性的争论。① 就卖妻案的审断来看,县官的确并未严格依法办事:买卖双方及妇女本人常以"乡愚无知"或"妇愚无知"为由,免于身体责罚;男性卖妻所得往往在审判时已消耗殆尽,因此财礼也常常免于按律充公;妇女显然也并未一律归宗,而因实际情况的不同判归娘家、前夫或后夫,甚至"交保嫁卖"。不过,娘家的意见往往在判决中起到决定性作用。当娘家明确反对卖妻并要求得回女儿时,县官通常会做出妇女归宗的判决。有关县官的审断依据和结果,详见本书第五章的论述。

除"情理难容"的控诉之外,几乎所有的娘家还将愤怒集中在嫁卖行为"未通娘家知晓"这一点上。如周氏丈夫病故,丈夫胞叔吴锡保将她"私行嫁卖,未通娘家知晓",导致娘家控诉;再如祝氏丈夫病故,丈夫族亲将其另嫁,"未通小妇人娘家哥子祝先举知晓,过后小妇人哥子查知,就来案告了"。② 如前文所述,多数卖妻文约中都注明嫁卖行为得到了娘婆两家许可,因而娘家"未通知晓"的表述首先在于澄清自己、驳斥谎言。其次,既然娘家对卖妻行为毫不知情,卖妻所得"财礼"都由丈夫及婆家占有,这无疑损害到娘家的利益。尽管在娘婆两家协商离异的案例中,笔者没能发现再嫁财礼在两家之间分配的案例,但不难揣测,两家协议的达成很可能建立在彼此利益协调的基础上。娘家的利益包括:一是女儿得到更好的出路;二是直接从嫁卖中得钱获益。娘家勇于冒险将女儿"拐逃另嫁",也是基于这两方面的利益。因此,利益问题同样是娘家控告卖妻案中的潜台词。如祝氏被亡夫族人嫁卖案例中,娘家表示对嫁卖毫不知情,而婆家则声称再嫁所得财礼十千文全部交与祝氏娘家兄弟"祝先举、祝闻元收领支销",婆家"并未得见分文"。双方的利益纠葛在堂审中得到澄

---

① 相关研究参见王亚新、梁治平主编《明清时期的民事审判与民间契约》,法律出版社1998年版,第19—53页;[美]黄宗智《民事审判与民间调解:清代的表达与实践》,中国社会科学出版社1998年版。

② 南部县档案1-006-00371,同治十年;1-004-00303,道光二十九年。

## 第三章 泼出之水：清代下层妇女与娘家的关系

清，婆家被"饬令所得财礼钱十千缴出充公"，而娘家则将祝氏"领回择户另嫁"，显然意味着娘家可以得到妇女再嫁的全部财礼。① 从利益角度而言，在"买休卖休"双方都人财两失的情况下，娘家作为卖妻案件的第三方成为最大的获益者。因而，利益的判定亦为县官判决卖妻案件的重要内容。② 以下杜大和卖妻案即可看出县官在三者利益平衡之间所做的努力。梅氏被丈夫杜大和以"财礼钱五千""嫁与何现明为妾"，"未通梅姓知晓"，娘家随即控案。县官判决娘家将梅氏"领回择户另嫁"，但需"与何现明缴出钱二千五百文"。审理本案的县官显然充满人情味③，他并未依法将五千文财礼判决充公，这大概是出于梅氏本夫杜大和"家贫，日时（食）无度"之缘故，也未使买婚者何现明彻底空手而归，而是令娘家作为利益的获得者赔付何现明原先财礼的一半。娘家对此并未提出任何异议，而何现明更表示"蚁心悦服"。④

同上层女性一样，下层女性婚后亦与娘家保持紧密联系。由于下层百姓婚姻圈较小，兼之婚龄偏早及童养媳的大量存在，"自幼"出嫁的女儿与娘家之间难免相互"瓜恋"，彼此往来可能较上层女性更为密切。娘家不仅是下层女性寻求精神慰藉和人身庇护之所，也是其在婆家行为的责任人和利益的代言人。与中上层家庭不同的是，下层家庭姻亲关系往往体现出一定的矛盾性：一方面像上层社会姻亲之间结成网络在仕途和经济方面相互提携一样，下层姻亲也需要彼此的帮助提携、共渡难关；另一方面下层家庭为保护极其有限的家庭财产而严防"透漏"到娘家，也为防止娘家"嫌贫拐嫁"，而反对妇女频繁回娘家。婆家的阻挠虽然并未彻底隔断出嫁女与娘家的联系，但使得

---

① 南部县档案1-004-00303，道光二十九年。
② 官员对卖妻案件中财礼的处置及女性归属的判决，参见［日］岸本美绪《妻可卖否？——明清时代的卖妻、典妻习俗》，载陈秋坤、洪丽完编《契约文书与社会生活（1600—1900）》，台湾"中研院"台湾史研究所2001年版，第240—255页。
③ 本案原档残缺，未能体现县官姓名，据《道光南部县志》卷十一《职官》第467页，可查知审理本案县官应为李文德，嘉庆二十四年十月就任南部县。
④ 南部县档案1-003-00085，嘉庆二十五年。

以女性为纽带的下层姻亲之间存在一定的张力。

"集理"是娘家介入女儿婚后生活、解决其婚姻家庭矛盾的积极方式。娘家在集理中的关注点,一般为女性在婆家遭受的暴力虐待及生计问题,这也是下层女性相较于中上层女性更常需面对的无奈现实。因娘家代表着女儿的利益,从某种意义上讲,集理实质上也是调解娘家与婆家之间的关系。当娘家对女儿婚姻感到绝望时,可能会选择离异。与士人休妻不同,下层百姓的离异常通过三种方式实现:娘婆两家协商离异、娘家"支逃拐嫁"、丈夫或婆家"卖妻"。对于多数下层女性而言,三种离异的结果是相同的,她们最终都被"嫁卖",不同的是娘婆两家谁得到了再嫁的决定权及财礼。尽管女性的福祉是娘家在离异时所要考虑的重要因素,但娘家自身的利益也是此类案件中不可忽略的潜台词。苏成捷认为妻子与土地一样属于小农的基本财产,却忽略了与土地不同,妻子除归属丈夫及婆家外,还属于娘家,这使得买休卖休案件较土地纠纷更为复杂。在审理此类案件时,法律、情理和利益分配都是县官需要考虑的因素。由于民事类案件在身体刑罚方面一般仅对"无知乡愚"进行"薄责"或直接予以宽免,因此利益分配成为当事人关注的焦点。娘家在"买休卖休"类案件中处于较为有利的地位:"拐嫁"女儿的最坏结果是女儿退回到婆家及原先的生活状态;而丈夫及婆家"卖妻"案件一旦被娘家告上法庭,娘家通常会得回女性再婚的决定权及财礼。

"嫁女如泼水"这句俗谚在民国新女性作品和思想解放刊物中频繁出现,一度成为中国传统社会女性出嫁状态的代名词。但这种语汇建构似乎并不符合历史实景,这一点在清代上层女性的研究中已经得到印证。就本研究所讨论的下层妇女而言,她们亦非"泼出之水",其婚后生活在很大程度上继续保持与娘家的密切联系。这些联系既来自娘家对女儿的关爱,也来自娘家仍将出嫁女视作潜在的利益资源。通过对两县档案中出嫁女与娘家关系的考察,我们对这种联系的复杂应当明了洞悉。

# 第四章 女性与基层社会

由于下层女性具有相对的出入自由,她们的活动范围就不像上层女性那样仅仅限于家庭之内,势必与其所生活的基层社会产生各种联系。那么,州县档案中呈现的女性社会交往是怎样的?她们如何借助基层社会的力量达到自己的目的?当她们在家庭以外谋求生存时,基层社会提供了怎样的资源?以上正是本章所要讨论的问题。

## 第一节 下层女性日常生活的场域

限于简陋的生活条件,下层女性很难深居闺阁之中,她们常常需要和男性一样出门劳作,生活虽然艰辛,但从活动范围和生存能力上而言,的确优于上层女性。

首先,下层女性常常参与农业劳动。如徐严氏因与丈夫发生矛盾而控诉公堂,经县官审断和好,她表示"断令氏夫领氏回家好和,据氏遵断归家,奉亲敬夫,勤苦务农";何英则控诉妻子因下雨而不肯下地干活,"蚁幼配李作明之女李氏为妻,过门后作明嫌蚁贫朴护短……今五月二十八日下雨,李氏贪懒不栽红苕";孀妇阳谢氏在供词中说,儿媳"王氏出坝翻红苕,小妇人与他送早饭去吃"。① 以上记载都反映出女性对农活的参与,其中提到的红苕即红薯,清代不少

---

① 南部县档案 1-005-00212,咸丰十一年;1-006-00292,同治元年;1-008-00458,光绪七年。

地区都有种植,案例显示出女性在栽种和翻红苕等方面付出的劳动。由于不少家庭只拥有少量的土地,不足以养活全家人口。为了生存,家庭分工常常是壮年男性外出佣工,留妇女和老幼在家耕种微薄的田产。如南部县张氏,"幼配刘狗儿为妻,因他家道赤贫,日食无度,出外帮人佣工","遗妻张氏在家务农";张应兴供:"小的幼配杨氏为妻,已有子女。小的自幼驾船生理,以钱三十千押佃罗消坝宋姓地土,遗留杨氏母子在家耕种,以糊口食。"① 而对于孀居妇女来说,家境不充裕者也只能自己务农为生,如孀妇罗李氏"幼配罗睿先为妻,得生一子,年甫三岁,氏夫亡故,苦氏守节十载,抚携独儿,自行务农度日,齿积血汗"。②

其次,对于没有产业的下层百姓而言,出卖劳动力即"佣工",是他们最主要的谋生方式。档案中常有夫妻二人皆以佣工为生的记载,如杜正富供,"小的父母均亡,自幼在外佣工,遗妻谢氏在家乏费,小的就叫谢氏在继父何万义家帮工度日";杜氏"幼配杨大福为童婚","结缡以来,奈大福田地俱无","出外帮人佣工","杜氏平昔帮人务农养活生命";李氏供,"小妇人发配王金富为妻,过门后夫妇和好。家道贫寒,丈夫出外帮人生理,小妇人在家佣工度日"。③ 佣工收入低微,需夫妻各自劳作,才能维持家庭开销。也有夫妻同在一处劳作的,如邓应生供,"在去蜡(腊)月内,有张国喜同他妻子夏氏来小的井上捡炭生理";再如罗壬姑自幼许配与张大万做童养媳,但张大万父亲早故,"母梁氏再醮,大万无靠",只得"同妻罗氏帮伊胞叔张学龙佣工",而张大万并不安分佣工,总是逃离无踪,"一年后小妇人的丈夫逃走,止有小妇人一人在张学朋(龙)家帮工。(嘉庆)十九年,小妇人的丈夫与张学龙佣工复行逃走,不知去向"。罗壬姑本是与丈夫一同佣工,但

---

① 南部县档案1-004-00289,道光二十年;1-008-00674,光绪八年。
② 南部县档案1-003-00071,嘉庆九年。
③ 南部县档案1-008-00682,光绪九年;1-004-00290,道光二十一年;1-009-00245,光绪十一年。

由于丈夫不安于工作，不时逃走，基本上是她独自佣工养活自己。①

一些男子外出谋生，常常数年不归，也没有钱财送回家中，女性就只能依靠自己的劳动生存。如税朝兴供："这刘税氏是小的胞妹，因妹夫刘天余出外小贸五载未归，四处找寻无踪，不知住落，妹子生有儿女一双，衣食无靠。前年腊月间，妹子携带他儿女来渝……帮江北寸滩住的刘万全家煮饭，每月认给工钱五百文，外甥一双傍住衣食。"陈鲜氏控诉："氏配夫谯大国，未育子女，大国父母均故，房产早卖，出外今十一载，并无音信，遗氏在家佣工度日。"② 还有一些女性因遭到夫家虐待，不给其提供衣食，也不得不独立谋求生存。如吴氏"自幼许与陈天眷的儿子陈国珍为童婚，结缡数载，育有一女"，她在供词中表示："小妇人丈夫在去冬月出外贸易未归，小妇人翁姑陈天眷就将小妇人锅碗打毁，把小妇人逐出在外乞食。至今六月内，小妇人来在杨兴建家佣工住扎。"③ 再如张氏"发配杨李氏之子杨上元为妻"，但婆母对她"屡常糟践"，"不许上元供给衣食"，张氏只得前往娘家叔父家中"佣工度日"。④

女性特有的生理条件为她们提供了一个独特的佣工类型，即做乳母。如巴县妇女丁氏供："小妇人家寒贫苦，平素帮人抚乳度活日食，今年正月间，有李婆婆作成小妇人帮骆海帆家抚乳。"⑤ 乳母的工作只有处在哺乳期的妇女可以担任，并非所有妇女都可以此谋生，但在生育基本处于无控制状态的中国传统社会，女性处在生育之后哺乳期的时间相对较多⑥，使得"雇乳"成为她们可以以此谋生的一个特殊工

---

① 南部县档案1-004-00266，道光九年；1-003-00081，嘉庆二十一年。
② 巴县档案6-04-05012，咸丰三年；南部县档案1-007-00423，光绪三年。
③ 南部县档案1-005-00193，咸丰七年。
④ 南部县档案1-006-00305，同治元年。
⑤ 巴县档案6-04-05395，咸丰八年。
⑥ 虽然由于经济水平所限，下层百姓的家庭规模和子女数量也是有限的，但这在很大程度上与婴儿的高死亡率有关，女性怀孕和生育的次数远远多于她们存活的子女数量。这一点在州县档案中也有所体现，县官提审妇女时常因其即将或刚刚分娩而不能到堂，百姓在交代自己的家庭成员时也常常提到孩子夭折的情况。

种。再如陈梁氏供："陈兴和是丈夫，小妇人前年再醮丈夫为室，至去年六月内已有身孕，丈夫佣苦难度，再三与小妇人商量送往门户寄寓……到十月间小的临娩归家，生一女孩，过后叠（迭）向丈夫说明，誓不为那无羞耻的事情，愿帮人雇乳亦好，丈夫不允……不料女孩接患痘症夭折，小妇人忧气转往温姓家中雇乳。"陈梁氏的丈夫出于贫困而逼她遁入娼门，她深以为耻，待生育之后便有了"帮人雇乳"的条件，就到温姓家中去做乳母，以此暂时逃离丈夫和娼门的魔爪。①

再次，做媒也是档案中女性常做的工作。《诗经》中说："伐柯如何，匪斧不克；娶妻如何，匪媒不得。"表明媒人在婚姻缔结过程中的重要作用。两县档案中的媒人男女皆有，但媒婆作为中国传统的"三姑六婆"之一，向来就是女性的一种职业。② 如孙有荣供，"小的儿子孙润元自幼凭媒萧杨氏说合陈文即陈应文之女为婚，插香作揖，未开庚帖"；文友仁供，"小的次女文氏，凭媒岳李氏幼许岳仕庆为婚，过门数载"。③ 只不过在司法档案中，媒人往往要承担"不应做媒蓦嫁"的风险。如李昭银控诉姨夫张文章趁其"出外帮工未归"将其妻刘氏嫁卖他人，审讯中，媒人张熊氏供认："李树正（李昭银之父，笔者注）书立请字，托张文章同小妇人张熊氏为媒，将刘氏嫁卖与郑清润为妻，议财礼十八千文。"张熊氏的供词从媒人的角度证明了李昭银父子系"卖休捏控"，但她也被县官斥责"张熊氏亦不应作媒蓦嫁"，"均沐掌责"。④ 而妇女之所以甘愿冒着被责罚的危险在"嫁卖生妻"行为中做媒，主要还是出于利益的诱惑。做媒成功，媒人照例获取"谢媒钱"。虽然笔者在档案中没有看到妇女做媒的具体收入记载，但有男性做媒的收入记录可以作为参考。苏玉福在诉状中

---

① 巴县档案6-04-05496，咸丰九年。
② 相关研究参见衣若兰《三姑六婆：明代妇女与社会的探索》，中西书局2019年版。
③ 南部县档案1-007-00840，光绪五年；1-008-00207，光绪六年。
④ 南部县档案1-006-00291，同治元年。

说"蚁前妻亡故,子女年小,乏人抚养,于今正月有谢成德、周起才来家,说伊成德表弟崔永富之弟崔永贵家贫,有妻赵氏两愿离异,劝蚁娶为继室,财礼钱十二串,谢媒钱三千";敬朝成供,"去六月间这任氏同他母亲逃在小的家中,对小的说他前夫亡故,叫小的与他择户,小的才作(做)媒改嫁与罗洪书的,小的媒钱三千";梁芝林供,"小的与易二喜同街居住,因他无妻,有周朝谋云称他侄子周芝桂的儿子周永兴病故,遗妻杨氏并无子女,难以孀守,托小的为媒嫁与易二喜为室,议财礼钱二十四千文……沐将小的掌责,饬小的所得媒钱二千文,如数缴案"。① 从前述刘税氏为雇主一家煮饭的收入是每月五百文来参照,做成一桩婚姻就有两三千文的收入,可谓不菲,难怪媒人们愿意铤而走险。

媒人的作用,除了作为缔结姻亲的联系人外,在司法档案中,他们也被作为婚姻纠纷的重要人证,除前述张熊氏帮助县官证实了李昭银父子系"卖休捏控"之外,有的媒人还更深地卷入诉讼之中。如姚秉焕与张宗玺互控一案,姚秉焕控告张宗玺"骗民女许伊为婚,既无庚帖媒证,一味混骗",张宗玺则说姚秉焕"托媒曹叶氏将女姚福香许民为婚,亲开年庚审呈",而后又"昧良悔口不认"。此案中,作为媒人的曹叶氏专门呈上禀状,向官府说明了事情的原委,其禀状如下:

> 禀状孀妇曹叶氏,年六十一岁,住城内正街,抱告子曹书贵,年十六岁,为下情申明,恳免赴质事。情氏与姚秉焕、张宗喜(玺)住居同街,素相认识。惟南邑土俗,凡托作媒联姻,必须两愿均允,始行约期会诸亲友,开写庚帖,方为凭信,合邑皆然。去腊宗喜欲娶秉焕之女为婚,托氏往说,秉焕夫妇当不允悦,氏即回信。刻下数月,伊等另为分伙评讼,宗喜具词,突连

---

① 南部县档案1-005-00183,咸丰五年;1-004-00263,道光八年;1-006-00406,同治十三年。

氏名，妄骗凭氏说成。氏闻骇异，但氏年迈，守节多年未赴公庭，特将此情申明，祈赏免氏赴质，以重节操。伏乞。

大老爷台前施行。

光绪三年八月初九日具。①

禀状中，曹叶氏首先交代了自己的身份信息及其与诉讼双方之间的关系，然后说明南部县地方"作媒联姻"的程序和习惯做法，再在此基础之上说明自己为双方做媒的过程，系张宗玺"欲娶秉焕之女为婚，托氏往说，秉焕夫妇当不允悦，氏即回信"，即姚秉焕夫妇当即拒绝了张宗玺的提亲，而曹叶氏也将这一结果明确告知了张宗玺。如今张姚二人因其他事情发生纠纷，张宗玺将结亲一事也牵扯进来。曹叶氏从第三者的角度讲述了事情的经过，增加了县官对案情的了解。在禀状的最后，曹叶氏表示自己"守节多年未赴公庭，特将此情申明，祈赏免氏赴质，以重节操"。即她是守节孀妇的身份，虽然年迈仍不希望曝露公庭，用此禀状将事情说明之后，请求县官能够免于让她对质公堂，以保全其节操。整篇诉状逻辑清晰、表述简洁明了、立场和诉求明确，体现出曹叶氏作为媒人较高的职业素质。只可惜，她还是被传唤到堂并出具了供词，应由于她是此案不可或缺的重要人证。曹叶氏的堂审供词很简单，坚持了自己在禀状中的说法，但其供词成为县官审断的重要依据，此案县官的判决是"据曹叶氏供称，虽有婚姻之说，姚秉焕并未应允，兼查合婚字样纸同一色，殊难凭信。至张宗喜（玺）不应强狡骗赖，当沐掌责，饬令具结备案"。②

清代，下层女性自谋生路度日，无疑是非常辛苦而颠沛的，但是当她们工作时，无论是外出务农、佣工，还是做媒，其生活和交往圈就已然跨越到家庭以外，不可避免地与更多的人产生交集，在锻炼了工作和生存能力的同时，也扩大了她们的人际关系和生活圈。有能力

---

① 南部县档案1-007-00420，光绪五年。
② 南部县档案1-007-00420，光绪五年。

的女性还能与人合作做一点小生意。如孀妇汤杨氏"寡居无靠",道光十九年将家具与田地变卖,与"近邻"董正贤"往建昌溪龙街佃王姓铺卖盐卖烟",合伙做生意,且起初"生意顺遂"。① 这是女性主动与邻里男性谋求到外地合伙做生意。再如杨氏"幼配遂宁民吴光禄为妻,早年氏夫光禄同氏搬至本城东关外开贸米粮铺生理……不料氏夫光禄亡故,氏与高位胞兄高佑合伙贩卖米粮营生"。杨氏与丈夫吴光禄开设米粮铺,丈夫去世之后,她又与高佑合伙贩卖米粮,可见杨氏在米粮生意方面并非靠丈夫才能立足。②

若丈夫的劳动和收入可以养家,或婆家经济条件稍好,妇女的生活就会相对轻松,她们可以外出游玩看戏、串门闲逛,拥有较大的行动自由。两县档案中,"赶场"是下层妇女最喜欢的活动之一。南部县蒲洪福在诉状中表示自己"在外营求生理",妻子何氏"在家不听翁姑教育,由伊赶场看会,走东去西,无所不为";杨建良控诉,由于其弟建武"病故无子",弟媳沈氏"不守妇道,日同黄仲林、杨秀林、杨廷富等集场饮酒看戏,肆行无忌";王文睿说儿媳何氏"悍泼横行,久住娘家,赶场饮酒,寻回数次";王芝顺控诉其妻贾氏"不服教管","今五月十八日上流马场看望夜戏,被民瞥见,送回娘家"。③ "场"即集市,清代很多乡村附近有固定时间开放的集市,百姓届时可以前往集市买卖物品,集市上还开有酒肆饭铺并常有戏剧杂耍等表演,是乡村百姓娱乐生活的重要组成部分。④ 而下层妇女也能和男子一样"赶场看戏",积极参与到基层社会的买卖交易和娱乐活动之中,虽然这种行为往往为夫家所不悦。上述案例中就或多或少地透露出了男性对女性"赶场看戏"等行为的反感,还有的直接因此引

---

① 南部县档案1-004-00292,道光二十二年。
② 南部县档案1-004-00264,道光九年。
③ 南部县档案1-004-00259,道光四年;1-004-00286,道光十七年;1-006-00332,同治六年;1-006-00335,同治六年。
④ 相关研究参见龚义龙《清代巴蜀场镇社会功能研究》,《长江师范学院学报》2017年第1期。

发了家庭冲突。如王仕章控诉妻子敬氏喜欢赶场，光绪六年"五月二十五日，敬氏赶场，民父王国元阻止，敬氏抗教，仍往赶场，回归更忿民母言责，潜回娘家"。敬氏在翁公不准许的情况下仍然前去赶场，回家后受到婆母的责备，她就愤而跑回娘家，娘婆两家因此构衅。①尽管档案中女性"赶场看戏""走东去西"，常常是夫家指责她们不守妇道时用以罗列的"罪状"，她们也因此受到丈夫和公婆的不少斥责，甚至引发了严重的家庭矛盾，但仍旧有不少女性不顾丈夫和公婆的反对而去赶场，这也再次证明其在行动上的相对自由。

除赶场外，女性在家庭附近串门闲逛和周围人自由交往也是常有的事。如陈天眷控诉："蚁子陈国珍发配吴国彦之女吴氏为妻，结缡四载，吴氏因仗娘家护短，不守妇道，任意走东去西"；魏正堂控诉"配妻杨氏，过门十五载，并无生育，无如杨氏嫌民家贫，与民不和，抗听教约，时常走东去西，翻说闲言，日每寻事生非"；邓元盛控诉妻子"李氏不守妇道，来去自由，交通匪类，殊属无耻"；张成荣控告弟媳费氏在胞弟亡故后"恃泼不守妇道，藉吃长素为名，刻子耗财，常诱刘清洁即刘善人来往无忌，遍游庵观"；杨如忠在诉状中说胞妹杨氏因丈夫"出外数年未归，讵料民妹不守妇道，东走西逃"；文天伦在诉状中表示，"蚁发配帅元第之女帅氏为妻，结缡以来，蚁岳元第同妻帅氏嫌蚁家贫，屡次走东去西，毫不听蚁约束②"。尽管在夫家看来，女性"东走西去"、与他人"来往无忌"也是不守妇道的行为，但显然他们并没有足够的能力将女性"约束"在家门之内。这一方面是由于下层男性常需外出劳作，甚至日久不归，女性独自在家拥有充分的行动自由；另一方面如前所述，家庭常常需要女性的共同劳作方能维持，没有经济条件将女性禁闭在家中。前述案例

---

① 南部县档案1-008-00204，光绪六年。
② 南部县档案1-005-00193，咸丰七年；1-006-00368，同治十年；1-006-00442，同治八年；1-008-00680，光绪八年；1-008-00839，光绪九年；1-004-00291，道光二十一年。

中，一些男子将妻子的恣意行走归咎于有娘家撑腰，但娘家对女儿的"走东去西"也常表示束手无策。如上文杨如忠控诉胞妹"不守妇道，东走西逃"；另一案件中娘家父亲赵崇正也在诉状中表示，"民崇正之女赵氏发配邓梁（朗）万之子邓星年为妻，已生一子。讵料赵氏悍泼性成，抗听教管，时常走东去西"，无论他怎么规劝，女儿都不改行径。①

总体而言，下层男性既需要妻子共同劳作养家，又不希望她们随意外出走动，这一方面固然是担心女性在社会交往中与其他男性发生私情，影响到婚姻和家庭的稳定，这一点本书在第一章已有论及；另一方面基层社会的女性之间往往也形成一些紧密的小圈子，相互告知消息和提供帮助，增强了她们对地方社会的认知和生存能力，让男人感觉对妻子的控制力被削弱了。如上文提到的巴县妇女丁氏，想为人"雇乳"，即有李婆婆帮她介绍到骆海帆家工作。而南部县赵氏，因对年幼的丈夫不满，就在两位妇女的帮助之下逃离了婚姻。赵氏首先求助于同院居住的亲戚李氏，根据李氏的供词，"这赵氏是小妇人的堂孙媳妇，同院居住，去腊月内赵氏叫小妇人送他在小妇人娘家母亲李幺姑家下去耍"，李氏就将赵氏带到李幺姑家中。再根据李幺姑的供词："小妇人与程大富（赵氏翁公，笔者注）邻亲，去蜡（腊）月间，程大富的媳妇赵氏私逃在小妇人家下，叫小妇人引他逃走，是小妇人送他在路途交与王德盛，这王德盛就将赵氏引走不知何处。"而从王德盛的供词中可知，李幺姑先让赵氏在自己家中住下，然后找到王德盛让他带赵氏逃走，再将赵氏护送到半路交给王德盛，自己才返回家中。②可见赵氏的出逃成功是在李幺姑的一手安排和帮助之下进行的。另一位南部县妇女陈氏在与丈夫的斗争中也得到了两位妇女的帮助，根据陈氏的供词："小妇人发配郑洪林为婚，自结缡后夫妇和好。于去年八月间，小妇人丈夫往汉中营里去看他胞兄去了，小妇人

---

① 南部县档案1-006-00352，同治八年。
② 南部县档案1-004-00298，道光二十七年。

在家衣食两乏，难以度活，就逃走出外，行至小妇人娘家姨姑任马氏家下住扎。"再来看她所投奔的姨姑任马氏的供词："去年十一月间，陈氏来小妇人家说她丈夫郑洪林八月间往汉中吃粮去了，他在家无度，求小妇人请媒张洪贵嫁与小的何中伦为妻，财礼钱六千文，当交钱三千二百文小妇人得受，余钱立有文字。过后郑洪林回家查知不依，就来案把小的告了。"陈氏因丈夫离家日久，没有经济来源，跑至姨姑任马氏家中求助，任马氏托媒将她嫁卖给何中伦为妻，半年后陈氏丈夫郑洪林归家，发现妻子被嫁卖而告官。此案县官判决"陈氏不应私逃自嫁，任马氏亦不应串媒蓦嫁"，"均各分别掌责，饬郑洪林仍将陈氏领回团聚管束"。案子到此本应完结，但五个月后，陈氏与另一位妇女杨氏联名呈上一份"恳状"，控诉郑洪林不愿将陈氏领回，"恳状"具体如下：

> 恳状妇周杨氏、郑陈氏，年六十二、二十二岁，住本城城外街，抱告陈英烈，年四十岁，为违断欲离恳恩做主事。情氏杨氏在城开店度活，氏陈氏配夫郑洪林。自结缡洪林去往汉中不返，家寒无倚，氏陈氏凭媒马陈氏改嫁何中伦为室。今春洪林归来，查知控案，差唤投审，氏陈氏来城在氏杨氏店内站宿，蒙恩于四月二十二日集讯：洪林外出，不顾妻室，理应惩责，从宽施恩，断令洪林开清口岸，将氏陈氏领回团聚□□□□□□□□央范保正择□□□□□□□□莫敢接娶，致使食欠氏杨氏口岸钱二十余串无着，兼氏陈氏身怀有孕，氏等难已。为此恳恩，祈赏做主。
>
> 同治六年九月十八日具。①

此件档案虽有两行污损不清，但结合本案其他卷宗，可知恳状是

---

① 南部县档案 1-006-00341，同治六年。

陈氏与其所住客栈的老板娘共同呈递的，表示陈氏丈夫郑洪林不肯为妻子支付住店的"口岸钱"，也不愿将妻子领回，还央范保正为媒，企图将陈氏另嫁。恳状开头所述的呈递诉状的缘由"为违断欲离恳恩做主事"，就是说郑洪林违背县官之前的审断而意欲离异，两位妇女恳求县官再为她们做主。县官接状后责"原差即令郑洪林速将口岸开清，将该氏领回，勿得久延干究"。但是，三个月后郑洪林再上禀状，表示之前"断民将陈氏领回，马氏等阻领，又将陈氏寄在周杨氏家，骗有口岸未给，民凭李其发、陈李氏过清，杨氏等阻挡"。就是说，在县官判决之后的第八个月，陈氏仍未回家，根据郑洪林的说法，是马氏与周扬氏共同设法阻碍其将妻子领回，而县官对他的说法并不相信，在其禀状上批道："前据陈氏等具禀，尔曾央范保正愿将另嫁，尔禀两相互异，且断案半载，如果已将口岸凭证付清，周杨氏岂能阻挡？即或实有其事，因何又不早禀？是尔延不愿领，大可概见。"此案后续的记载没有得以保留，但至此可见，在三位女性的合作之下，郑洪林既无法将妻子领回，也无法将其托媒另嫁，还让县官的信任倒向了妇女们一方。①

当女性之间通过相互帮助而大大增强了她们的行动能力时，男性常以"走东去西""翻说闲言"为名，反对女性之间的密切往来，认为女性的交往和传递消息不仅让她们变得难以管束，而且容易给家庭惹上麻烦。以下咸丰四年的何未姑自杀案，就充分体现出女性之间密切的小圈子和男性的这种担忧。何未姑的父亲何永远佃种张坤元的土地，与张坤元"同院居住"。张坤元之子张喜童，年十七岁，"去年说娶儿媳汪氏完配，生有一孙"。事情的起因是张喜童之妻汪氏向邻居冯冉氏说"他丈夫要讨何未姑为妾的话"，冯冉氏随后将此事告知相熟的谢张氏，说"张喜童出银二百两要讨何未姑为妾"。谢张氏对此表示怀疑，"小妇人说张喜童年轻就要娶妾？叫冯冉氏不要乱说"。但

---

① 南部县档案 1-006-00341，同治六年。

谢张氏随后却将此事告知何未姑的母亲何詹氏，且话传到这里已经不单是张喜童要讨何未姑为妾，还增添了二人"有不美情事"的含义。何詹氏将此事告知丈夫何永远，何永远表示"要与女儿变（辨）明此事"，随即"投人理剖"。谢张氏的丈夫闻知，感觉是妻子"翻说闲言"惹出了祸端，"说要杀他妻子"。这些举动更增加了何未姑的心理负担，导致她在家中自缢。案件经过审理，都是妇女之间的传言所致，并无确据，冯冉氏与谢张氏都被处以掌责并结案。① 此案中，何未姑之死固然可悲，但女性之间的信息传递生动反映出她们的近密关系和村庄事务在女性间的传播方式。基层社会发生的各类事情，很可能是通过这样的渠道在女性之间快速流传，让她们对其所生活的地方社会的了解在某种程度上并不逊于男性。

## 第二节 场镇与女性诉求的"凭众理剖"

场镇或集市，不仅是买卖交易的发生地和饮酒看戏的娱乐场所，也是清代基层百姓讨论重要事务、签订合同契约、解决民间纠纷的重要场所。如巴县档案中收录的《巴县八庙场场市章程》表明，场内设有"公地"，百姓有纠纷就在"公地"中"凭众理剖"，以免酿成事端。② 而女性与场镇的关系，也绝不限于"赶场看戏"，她们在生活中遇到的矛盾纠纷，如果家庭内部不能解决，也常需在场上"凭众理剖"，即"集理"或"讲理"。黄宗智用"民间调解"来表述这种行为，并详细论证了无论经济纠纷、婚姻家庭纠纷甚至刑事犯罪都可以通过"民间调解"得到解决。③ 关于集理的调解人，黄宗智指出："在每一个村庄，那些经常充当调解人的个人是人所共

---

① 巴县档案6-18-01349，咸丰四年。
② 转引自龚义龙《清代巴蜀场镇社会功能研究》，《长江师范学院学报》2017年第1期。
③ 参见［美］黄宗智《民事审判与民间调解：清代的表达与实践》，中国社会科学出版社1998年版，第52—75页。

知的。他们大都在中年以上,家境良好,多是族中的长老或村庄的领袖人物。"① 具体到两县档案所反映的婚姻家庭类纠纷,集理参与人首先是姻亲双方家庭的男性家长,一般为父亲、叔父或兄长等,舅父有时也是参与集理的长辈人选;其次为双方家族的族长、房长或族内德高望重的人物,以及乡约、城约、场头等基层负责人,以上作为基层社会的领袖人物,他们的参与可以增强集理结果的权威性;再次,婚姻缔结时的媒人也是参加集理的人选,起到婚姻之见证人兼调解人的作用;最后,集理有时还包括男女当事人本人,之所以说"有时"包括当事人本人,是因为中国传统社会中婚姻一向是"父母之命,媒妁之言",当事人的情感往往被忽略,集理也常常是双方家长与中间人进行的理论,当事人并不必须在场。较为正式的集理往往将调解过程及结果以文约的形式记录下来。对于女性而言,集理过程以及其后形成的文约体现出这一活动是将她们与基层社会的组织与秩序进一步联结起来的重要方式。

本书第三章引述了南部县女子翠姑引发的两次集理,用来说明娘家在女儿婚姻中所扮演的重要角色,本章则从集理与女性本身的关系再来考察此案,为方便读者阅读,再次将翠姑的两次"集理文约"誊录如下:

> 立出字文约人王家谌,情因所生一女名昭娃,自幼凭媒证谢宗鳌说和(合)与宋正刚次子宋狗儿为婚。未及大典,不听公婆教育,屡次偷窃,父母戒饬,逃走在外。找寻归家,女言于口,生死不愿姓宋。有媒证与王氏同乡约理论,劝说与宋姓回奉王姓钱四千,设散酒礼钱二千文。有范思端、王大银过复(付)领明出字。自今出字之后,女或逃走出外,有王姓亲自找寻埋,不得与宋姓相涉。恐口无凭,立字为据。

---

① [美]黄宗智:《民事审判与民间调解:清代的表达与实践》,中国社会科学出版社1998年版,第59页。

在中人：宋为梁、范思端、谢国弼、王大银、冯登科（笔）、王氏。

道光十一年冬月二十五日。立约是实。

立写赎女还乡另行改嫁人王家谌，膝下所生一女更名昭娃，自幼凭媒谢宗鳌之故父家柱说和（合）与宋正刚之次子狗儿为妻，年近一十三岁，小抱过门，未存婚配。自抱过之后屡受习唆，不听鞠育，率常偷窃，逃走在外，二比角口，凭约中等言明二家系属姻眷，何故生伤，劝宋姓出钱四千文，王姓领明，许令宋姓父母训教。谁知又受习唆，私自逃走，有王姓迭次又生祸非，宋姓无奈，在于李家砺请凭乡约、场头以及客总等理论，问其从来，谁知昭娃言说生死不愿宋姓为人，故而约中劝宋姓迭次又出钱四千八百文，以回王姓合族酒礼之资二千四百文，设散酒礼钱二千四百文。自今言明王姓领回王姓之女，许令另嫁，宋姓不得称说。宋姓之子许令另娶，王姓不得称说。倘日后王姓生其别故，有杨怀旺一面承担。宋姓有异事生非，有范思端一面承担。恐后无凭，故书赎女还乡另行改嫁文约为据。

乡约：范思端、杨怀旺、王大银。

在中人：罗富先、冯登科、邹国城、宋为梁、谢宗华、宋正纪、范思虞。

代书人：邹廷槐。

道光十二年二月初六日。立字。①

童养媳翠姑由于对婚姻不满，屡次从婆家逃走，婆家不得不反复将其寻回并为此召集了两次集理。先来看第一次集理的参与人，除娘婆两家的家长之外，从文约以及本案的其他诉状和供词可知，谢宗鳌

---

① 南部县档案 1-004-00271，道光十二年。

为此宗童养婚的媒人，他不仅参加了此次集理，之前王氏逃走他还参与了找寻工作；① 另外两位调解人范思端与王大银的身份在第二份文约的落款中可以明确为乡约。此外还有中人，其作用首先在于如果集理中包含金钱往来，须由姻亲双方家族之外的第三方"过付"，起到中介作用以避免日后的经济纠纷。第一份文约中婆家付给娘家四千文钱，"有范思端、王大银过复（付）领明出字"，就是中人过付。另外，从文约中有"女言于口，生死不愿姓宋"，以及文约落款中有王氏来看，当事女子翠姑显然也参与了第一次理剖，并当场明确表达了自己的想法。但她的意愿在第一次理剖中并未受到重视，众人劝婆家出钱息事。此外，婆家还要再拿出二千文钱作为此次参与调解之人的"散酒礼钱"，而他们得钱之后就应成为当日理剖结果以及日后发生问题的证明人和担保人。

由于第一次集理并没有解决翠姑的问题，此后她仍旧出逃，相当于是她用实际行动促成了第二次集理。第二次集理的地点档案中说明是在"李家砳"（宋正刚在诉状中说是"李家场"），参与人较第一次有所增加，其身份从文约中"凭乡约、场头以及客总等理论"的说法，可见宋正刚尽量请来了基层社会各类负责人，希望进一步增强这次集理的权威性。第二次集理中翠姑仍旧表达了自己"生死不愿宋姓为人"的坚决态度，而这次理剖尊重了她的想法，令婆家再出四千八百文钱，由娘家将她领回另嫁，解除了这桩婚姻对翠姑的束缚。此案中，虽然两次理剖都是翁公召集的，但翠姑用自己的语言和行动表达了不愿维持这段婚姻的强烈态度，促使翁公与父亲集理，最终达到自己"不愿宋姓为人"的目的。翠姑作为一个"年近一十三岁"的少女，几乎调动了整个基层社会的力量，在娘家父亲并不支持她离异的

---

① 从本案谢宗鳌的供词可知，其父而非谢宗鳌本人为此宗童养婚姻的媒人。大约此时其父已经过世，谢宗鳌继父亲承担起对此宗婚姻的责任。

情况下①，设法达到自己的目的，不能不说女性用她们的方式不自觉地与其所生活的基层社会进行着互动。

南部县赵氏意图谋害儿子和丈夫一案中，赵氏用自己的行动促成了三次集理，使其与丈夫离异的愿望最终得以实现。此案在本书第二章第三节中有过简略描述，此处笔者再从女性与基层社会关系的角度进行阐释。赵氏因嫌弃丈夫患病，"总想离异"，在夫家"时常寻非逼离、角口逃走"，翁公邓朗万请赵氏之父赵崇正前来"讲理"，赵崇正劝说女婿与女儿"团聚约束"，第一次理剖结束。"谁知赵氏心意已定"，又"将所生幼子丢入池塘"，邓朗万只好再次聚集双方家族，凭"邓朗敬、赵崇志、邓朗伸在场讲理"，第二次"讲理"的地点只说明在"场"中进行，未明确具体是哪个场，但"凭众理剖"是一种公开进行的活动，在开放的场域中，由众人对纠纷进行充分的讨论并做出调解和裁断，因此多数集理是在村落附近的"场"中进行。赵氏的第二次集理，列出了参与者的名字，从姓名上看显然系娘婆两家的亲族，经过"理剖"，众人仍然断定娘家为理屈的一方，以"崇正赔礼事息"。由于两次集理，参与者都对赵氏决心离异的意图完全忽略，于是她采取了进一步的行动。不久后，"赵氏来城烧香，暗买毒药回家谋害小的邓朗万儿子。小的朗万将药拿出，又请小的崇正讲理"，这是双方家庭的第三次理剖。虽然史料中没有说明这次理剖的地点和参与者，但是从"崇正就与小的朗万出有生不认人合约，叫小的朗万取其自便"来看，赵崇正出立正式的合约切断了与女儿的关系，任由婆家处理，这应当也是一场公开而正式的理剖。而赵氏的心愿也终于在第三次理剖中不得不被正视，婆家放弃了对她的约束，任"赵氏自行择嫁张姓"。② 虽然三次理剖都是在赵氏的娘婆两家之间进行，档案中也没有明确显示赵氏本人是否参与了理剖，但她用实际行动决绝地

---

① 笔者在第三章已经提到，王家谦一直不同意退婚将女儿领回，即便第二次集理之后，他仍然反悔并将宋正刚家族控诉至县衙。
② 南部县档案1-006-00352，同治八年。

表示出自己对于当前婚姻的不满，从而推动两家一次又一次进行集理，最终得出她满意的决定。

如前所述，"凭众理剖"时，除女性娘婆两家族人需要参与之外，还常常邀请乡约、保长、场头等基层社会负责人参与或主持，以增强理剖的权威性，孀妇宋梁氏召集的"理剖"就明显体现出这一点。宋梁氏表示，"氏夫亡故，时氏子绍双年方三岁，别无儿女。苦氏操孀抚孤成立，配伊维刚之女李氏为妻，祇（只）望孝贤，讵料李氏忤逆横悍，不听约束，在于道光二十八年十月间，邀伊维刚同弟维保，并伊切戚乡约陈玉林，凭中宋仕龙、宋仕相、城约郑永定等讲理。李维刚与氏书有截角文约审呈，注明许令氏子娶妾图后，不得糟践李氏，李维刚亦不得纵女逞刁，妄滋事非"。宋梁氏因儿媳"忤逆"邀集众人前来理剖，档案中很明白地显示出她邀集人选的身份，分别包括儿媳的娘家父亲李维刚与叔父李维保、乡约陈玉林（宋梁氏还特别指出陈玉林与李维刚有亲戚关系，以防其在理剖时有不公正的倾向）、中人宋仕龙、宋仕相（应系宋梁氏夫家族人），以及城约郑永定。理剖成员中既有娘婆两家亲族，又有乡约与城约，可以说是合理而权威。经过理说，裁定宋梁氏母子"不得糟践李氏"，但李维刚"亦不得纵女逞刁，妄滋事非"，且要允许女婿"娶妾图后"。① 此事源于李维刚出于维护女儿的利益不允许女婿娶妾，宋梁氏作为孀妇，能够公开召集这样正式的集理，并在理剖中得到有利于自己儿子的结果，是她凭借基层社会力量才能达成目标的。

女性"凭众理剖"的事情并非仅限于婚姻纠纷，她们可以借助基层社会的力量解决各类事务。如南部县妇女杨氏，"幼配吴光禄为妻"，丈夫去世后改嫁高佑为妻，由于夫妇无子，先后抱有两位继子。待继夫高佑亡故后，年近六旬的杨氏"凭城约刘文燦及街邻罗文榜等集理"，给两位继子各分一些钱财，皆令其归宗，自己则"招陈铜匠

---

① 南部县档案 1-005-00155，咸丰元年。

成配",过上了想要的生活。虽然此事由于其中一位继子的父亲（系亡夫之兄弟）因儿子被退回而控诉公堂，但县官的审判仍旧维持了原先凭众理剖的结果。可见之前集理的结果是公正的，也从侧面体现出基层社会力量在帮助女性对抗亡夫家族方面起到的作用。①

不过，"凭众理剖"并非能够解决任何问题，诚如杨氏的夫弟在集理之后因对结果不满而提起诉讼，若集理的结果不符合女性的意愿，即便有乡约、城约等基层社会负责人的参与，理剖裁断有时也很难成立。如本书第一章就提到的陈国宝寻妻案，陈国宝控告岳父任应齐嫌他家贫，"刁唆"妻子任氏屡次"背逃"，自己遍寻不获。任应齐随后上诉状承认女儿不知"何故背逃"，但自己并未"刁唆"，"彼时陈国宝恐蚁问伊要人，请蚁至伊家中，凭乡约王训等集理之下，蚁实无刁逃情事，蚁乃与伊出付杜患字据。约内注明任氏或投缳溺水，蚁永不称说，事息无异"。即陈国宝与任氏娘家凭乡约进行了集理，证明岳父任应齐"实无刁逃情事"，但让他给女婿出具"杜患字据"，说明屡屡背逃的任氏如果发生意外，娘家不得找女婿的麻烦。这个剖断理清了娘家与女婿在女儿背逃问题上的责任关系，却不能解决李氏背逃的这一问题本身，而李氏显然对这一剖断也毫不在意，此后仍旧出逃，陈国宝也就无法再寻求基层社会的调解，而是走上了自行寻妻和告官的漫长道路。②

再如柴李氏控告丈夫虐待一案。柴李氏供："小妇人发配柴作林为妻，自同治六年婚配后，这柴作林嫌小妇人貌丑，时常刻薄，不给衣食。小妇人无奈，就回娘家对小妇人胞兄李万华说知。"于是娘家"请凭城约郑永定集祠讲理"。郑永定的供词表明："小的集祠理劝，柴作林母子将李氏领回管教，李万华不得刁唆，有伤他们夫妇二人和气，事息。"即在城约主持的集理之下，裁定李氏由丈夫领回管教，娘家不得再"刁唆"生事，这与县官一般在夫妻纠纷类案件中往往判

---

① 南部县档案1-004-00264，道光九年。
② 南部县档案1-004-00263，道光八年。

令丈夫将妻子"领回约束"属于同样类型的操作。但是，城约所认为的"事息"，在李氏本人看来却是"未息"，她不认同这样的剖断，也不愿被丈夫领回，"小妇人就往观音岩出家"，同时让娘家兄长到县衙控案。① 此案不仅体现出李氏对丈夫和婆家的反抗，对基层社会的裁断也明确表示出不满和拒绝接受，她先以出家为尼表明自己不再回归婚姻的决心，同时借助娘家的力量寻求进一步的司法审断。

黄宗智在其研究中将清代民间纠纷的处理体系分为正式系统与非正式系统，正式系统是指官府的审断，非正式系统则是指民间的调解，即我们所讨论的"凭众理剖"。此外，黄宗智认为还存在一个介于民间调解与官方审判之间的第三领域，即在官府与民间力量的共同配合之下，纠纷得以解决。② 女性家庭纠纷的解决，也可以体现出官府与民间力量的协同配合。如孀妇罗李氏控告夫弟谋产逼嫁，她在诉状中说："氏幼配罗睿先为妻，得生一子，年甫三岁，氏夫亡故，苦氏守节十载，抚携独儿，自行务农度日，齿积血汗，当有天地，当约可据，送子读书，素守坤道。奈遭氏夫弟罗智先图产心切，串同何以清，于冬月二十九日密托以清之妻罗氏假意请氏至伊家饮酒，劝氏招夫赘户……惨氏寡妇孤儿，矢志匪他，何堪夺志逼嫁，兼氏夫弟罗智先乘机拿有氏谷米等项开单粘呈，且阻氏不许归家，陷氏进退两难，为此恳恩察情作主，怜氏孤寡，以免逼嫁，以全节操。"她以悲切的语调叙述了自己孤寡生活之不易与守节意志之坚决，控告夫弟图谋她的产业而逼迫她改嫁，让她的利益和节操都受到侵害。县官当即批示"准差集人证查讯察夺"。其间，罗李氏的夫弟罗智先与其胞叔罗仕煌也先后两上诉状，表示其中系有误会，夫家并未有逼嫁之事，县官皆令其等候当堂质询。当县官已发出传票，案件尚未正式开审之时，罗

---

① 南部县档案1-006-00361，同治八年。此案中的城约郑永定与上一案中的城约郑永定不知是否系同一人，如果是，那么他从咸丰元年到同治八年，做了将近二十年的城约，其间一定主持过不少集理。

② 参见［美］黄宗智《民事审判与民间调解：清代的表达与实践》，中国社会科学出版社1998年版。

元奇、敬明章（案卷中未说明二人的具体身份，但笔者根据上下文判断，罗元奇应系罗氏族人，敬明章应属于乡约之类基层社会力量）即向县衙呈上"恳状"，说明在他们主持的"集理"之下，已"劝令伊等叔嫂各敦和好，伊等依议悦服，甘愿具结杜讼"。即矛盾已经调解解决，请求县官准许销案。两人表示，"蚁等仰体爱民无讼之化，恳祈仁天估念乡愚无知，时届春耕，从宽免究，赏准息销，以全李氏名节，以免构讼，行见一门仁让之风，□沐德政之感，为此恳恩"，从春耕农时和宗族风气的角度，劝说县官准许销案。其实，根据罗李氏堂兄李经的诉状，在李家告官之前，双方家族就已经进行过一次集理，"投鸣罗姓族长罗仕烟、罗仕贵等理询，均言蚁妹坚意守志，伊不应丧败妹名节。奈伊等横抗，讵罗智先等持棒不许蚁妹回家"。即罗智先不接受当时理剖的结果，控诉公堂是李家在民间调解无效的情况下所采取的进一步行动。此案正如黄宗智所说，控告官府之后，县官批词中所传达出的态度倾向性，让当事人对审断的结果有了一个大致的预判，而民间力量也同时加紧调解工作，最终使得纠纷在正式的堂审之前得以调解成功。这就是所谓的"第三领域"，即在官府和民间力量的共同配合和影响下，让民事纠纷得以解决。两县档案中，对于民间调解成功而希望销案的申请，县官一般都予以批准，如本案县官即表示："姑从宽免其深究，准全息讼，并当堂出具切结备案。"①

本书第三章讨论了娘家通过集理解决女儿的婚姻问题，本节则指出女性本人对集理的召集和理剖结果的执行都有着直接的影响。而集理也是女性与基层社会关系的一种直接体现，除用行动促成集理之外，她们还可以自己召集集理，调动基层社会的力量达成自己的目的，也以此将自身纳入基层社会运行的秩序之中。

---

① 南部县档案1-003-00071，嘉庆九年至十年。

## 第三节 逃婚：女性在家庭以外的游历

如前所述，当下层女性对婚姻不满或无法忍受夫家的虐待时，会选择逃离婚姻和家庭。档案中有不少女性出逃的记载，也由此引发了不少娘婆两家的纠纷。而笔者感兴趣的是，下层女性离家之后逃往何处、如何生存？基层社会给她们提供了怎样的机会和资源？本节即讨论女性在家庭以外的游历经历。

《列女传》载："妇人之义，非有大故，不出夫家。"① 但这是上层妇女才能做到的规训，我们已经证明了下层妇女迫于生活常需在外劳作，很难一直待在家中；下层妇女由于受教育程度低、受儒家思想的束缚较少，她们在日常生活中可以"走东去西"，行动相对自由。而这些日常的出入和劳作，无疑增强了她们对家庭以外世界的认知，并锻炼出一定的生存能力。因此，当她们面临家暴或不满意的婚姻时，敢于选择逃婚、离家，为自己谋求更好的生活。学界关于清代女性出逃问题的研究，笔者所见只有美国学者 Paola Paderni 所著"I Thought I Would Have Some Happy Days：Women Eloping in Eighteenth-Century China"（《我想我该过点好日子：18 世纪中国妇女的私奔问题》）一文，利用刑科题本中乾隆年间的妇女"私奔"案例，对 18 世纪妇女的出逃问题进行了研究。作者通过案例分析，指出已婚妇女离家的原因主要包括夫妻关系不睦、通奸败露、家庭贫困等。女性是出逃行为的主动策划者及参与者，但审断中官员往往认为妇女是受骗者，因为他们不认为女性有独立的行为能力。作者还指出，周围人由于怕卷入官司以及抱着出逃者不会被抓的侥幸心理，而不去告发出逃的妇女；妇女出逃行为给家庭带来的不仅是名誉的损失，也是经济利益的损失，官员在处理此类案件时，倾向于由丈夫决定妇女的去留。

---

① （汉）刘向：《列女传·母仪传·鲁之母师》，辽宁教育出版社 1998 年版，第 11 页。

妇女出逃的根本目的，如此文标题所示，是出于对更好生活的追求而不惜挑战儒家道德和法律。①

两县档案中所显示的女性逃婚案例，与 Paola Paderni 所述原因基本相同，但由于其论述主要围绕司法审断进行，没有将女性出逃问题放置在基层社会的大背景之下进行分析，此外能够进入刑科题本的案件往往牵涉命案，且出逃女性大都已被寻获，但州县档案中出逃的妇女常常很难寻获，这也是她们之所以选择出逃的重要社会背景之一。因此，本节笔者基于州县档案的记载，从基层社会的角度对妇女出逃问题进行进一步论述。

仍以前述陈国宝寻妻一案为例。其妻任氏因与陈国宝不和，多次出逃。根据陈国宝的描述，任氏于道光七年六月离家，遍寻不见，至道光八年三月堂兄陈国兴行医时在李延寿家偶遇任氏，归家告知，陈国宝赶紧"同国兴至兴隆场面向李延寿要人"，但"延寿云称蚁妻已走"，没有找到任氏。再四个月后，陈国宝听说任氏"复被敬朝成、罗步头嫁与陈水匠为妻"，当即追至陈水匠家，"见蚁妻任氏之面，蚁彼追问，陈水匠云称与敬朝成、罗步头买明之婚。蚁彼将妻叫走，陈水匠不许走"，陈国宝找到妻子却不能将其领回，于是到县衙控案，请求官府的帮助。但堂审时，任氏并未到庭，因为她已再次逃走，县官表示"任氏断令陈大应（即陈水匠，笔者注）回家即行找获送案"后再行审理。20 多天后，陈大应上禀状表示自己"归家四路找寻，不知任氏逃往何方，无有踪迹……一时难以找获，为此恳恩作主祈赏宽限"。县官"准宽限半月，务获任氏送究"。一个月后，陈国宝又上诉状表示，任氏系被陈大应藏匿，现已怀孕分娩，请求县官催促陈大应将任氏交出，但显然这一请求并未得到回应。再过一个月，陈国宝出具结状，表示"奈陈大应遵断四路找寻，迄今审后将近三月找寻不获。蚁想任氏乃不正之妇，今又逃走，杳无音信，害蚁久受拖累，情

---

① Paola Paderni, "I Thought I Would Have Some Happy Days: Women Eloping in Eighteenth-Century China", *Late Imperial China*, 6：1（June 1995）.

难静候,为此禀恳作主,蚁情愿具结免累",主动完结了案子以及自己与任氏的夫妻关系。① 此案中,任氏逃婚一年多,先后嫁与三人为妻妾,从陈国宝几次打探到妻子的行踪来看,她逃离的范围并不远,仍在邻近的乡村,未跨出其所生活的基层社会区域,但陈国宝就是无法将妻子寻回。县官虽然支持他讨回妻子的主张,但县衙并没有能力派出足够的人手帮助陈国宝找寻妻子,只能勒令陈大应负责"找获送案",一旦陈大应与陈国宝都寻不到任氏,县官也就无从判决。事实上,档案中凡是因妻子出逃而提起诉讼的案件,多是丈夫或夫家将女性找到,才能结案,否则控诉就没有意义。最终受不了案子久拖不决的陈国宝主动要求结案,放弃了对妻子的找寻和"所有权"。此案从基层社会和司法层面体现出女性逃婚的可行性,由于县衙并不负责追寻逃妻,丈夫个人的找寻能力往往有限,加之前文已讨论过的女性再嫁容易实现,因此通过出逃而摆脱不满的婚姻,对下层女性而言不失为一个实际的选择。

家庭矛盾之外,贫困是妇女逃婚的另一重要原因。如南部县杜氏,"幼配杨大福为童婚","结缡以来,奈大福田地俱无","平昔不给杜氏衣食,面如饥色"。道光二十一年四月,杜氏趁丈夫"出外帮人佣工未归"而"潜逃出外"。杨大福"四路查访,杳无踪迹",直到五个月后,他才与族人"在仪陇观子场莫于基家中将杜氏找获叫归"。可见杜氏逃离的路线较远,从南部县逃至邻近的仪陇县,也可见杨大福寻妻所费功夫之大,跨越县境将妻子找到并领回。但仅仅一个月后,杨大福就又带着妻子回到仪陇县,他在供词中表示:"那是小的家寒,仍将杜氏嫁卖与莫于基为妻,小的与莫于基书立手印婚约,他与小的出备财礼钱八千文。"② 杨大福因贫无法养活妻子,这本是杜氏出逃的原因所在,他虽将妻子寻回,但夫妇仍然面临严峻的生存问题,因此杨大福接受了妻子的选择,将她送回仪陇县并嫁卖给原

---

① 南部县档案1-004-00263,道光八年。
② 南部县档案1-004-00290,道光二十一年。

先的收留者莫于基。杨氏用出逃行动向丈夫证明，与其两人忍饥挨饿，不如放各自一条生路。这也是苏成捷将卖妻看作贫困百姓的一种生存策略的原因所在。

妇女的出逃体现出她们与地方社会的紧密关联。如巴县周王氏供："小妇人幼嫁周宗庆为妻，生有子女。这陈家寅、范锡匠们与丈夫都是亲戚，素相往来。小妇人因家里贫苦，日食难过，来渝托范锡匠帮小妇人找寻帮工。不料本月初四日，丈夫周宗庆撞遇小妇人，就说与这陈家寅、范锡匠们私通逃走，扭送案下。今蒙审讯，小妇人不应背夫私走，理应责惩，姑念有孕，从宽免究，吩谕丈夫把小妇人领回，不准私逃就是。"周王氏因家中贫困，托丈夫的亲戚帮忙介绍，只身前往重庆帮工谋生。但在丈夫眼中，其行为显然属于"背夫私逃"，帮助她寻找工作之人也有通奸的嫌疑，因此将其寻获之后具控案下。经审讯，王氏与他人私通并无确据，但县官仍斥责她不应"背夫私走"，并勒令"陈家寅不准在小的（周宗庆，笔者注）家里往来，范锡匠不准容留王氏"。① 虽然周宗庆表示王氏出逃时，"小的出外未归"，前文已述下层百姓由于谋生需要，常长期在外佣工不归，因此不能排除王氏出走时由于丈夫不在家而无法告知他的情况。事实上，由于巴县紧邻重庆，不少无法依靠丈夫生活的女性会到重庆寻找谋生的机会，如刘税氏供："年三十二岁，嫁夫刘天余，出外五载未归，四查无踪，家遗儿女一双，日食艰难……来渝找寻哥子，那时哥子也在作难，才托素识的胡老大作成帮这刘万全扶（服）侍他岳母冯陈氏们，每月认给工钱五百文，儿女都傍他家住坐。"② 刘税氏丈夫外出五年不归，她"日食艰难"，带着一双儿女来重庆帮工，当她离家时，即便想告知丈夫也无法做到。但是，在丈夫和县官眼中，只要女性不辞而别就是"背夫出逃"。如蒋王氏供："蒋张氏是母亲（婆母，笔者注，王氏是童养媳，因此称呼婆母为母亲），蒋伦荣是丈夫。今

---

① 巴县档案 6-04-05423，咸丰八年。
② 巴县档案 6-04-05012，咸丰三年。

年正月二十五日，这胡黑四与这吴三的妻子叫小妇人来渝帮人，在吴三的女儿家住栈。那时小妇人应允，拿有衣服二件、铜钱二千以作盘费。那胡痞（黑）四雇轿把小妇人送来渝城，在洪发栈住寓。母亲张氏在家把小妇人寻找不获，向轿夫叶毛查知，来渝把小妇人找获，才来喊控的。今蒙复讯，小妇人不应听信吴三的妻子引诱来渝帮人，辄敢私将衣物卷逃，尤敢捏诉，本应重责，姑念年幼，掌责示儆，谕令胡黑四们把小妇人口岸开销具结回家，仍归丈夫蒋伦荣，听从母亲约束。"① 在县官看来，女性自行决定离开家庭外出做工，都是应当责惩的行为，须被丈夫和婆母"领回约束"。由此可见，只要上文所述周宗庆回家不见了妻子，她的行为就会被定性为"私逃"，且周宗庆直到四个月后才在重庆"撞遇"妻子，将其带回并控案。从这个角度讲，不能排除王氏有想要逃离婚姻和家庭，谋求更好生活的想法。而女性的想法能够付诸行动，是在像范锡匠、胡黑四与吴三这类人的"帮助"之下进行的。妇女在离开家庭时，总是知道基层社会中的哪些人可以为她们指引路径、寻找工作，实现自己的想法。其实，从本书之前的论述也大致可以反映出这一点，妇女想再嫁时可以找到特定的人去说媒，想评理时可以找到特定的人来理剖，想佣工时也可以找到特定的人引领和介绍工作。这从不同侧面表明，她们对自己所生活的基层社会的了解，也能很好地利用社会中的各类关系和资源实现自己的目标。

与人通奸也是妇女出逃的原因之一，同时从另一个角度体现着她们与基层社会的关系。巴县妇女黄氏，"早年凭媒嫁与阴明述为妻，生有一女，丈夫已故"，"家里日食不敷"，常在娘家兄长黄仕奇家中往来。就是在胞兄家中，她结识了"教读营生"的骆海帆。骆海帆与黄仕奇"素来认识"，"到黄仕奇家往来，阴黄氏与小的（骆海帆，笔者注）见面不避"，"调戏成奸"。骆海帆表示，"过后阴黄氏与小

---

① 巴县档案 6-04-05263，咸丰六年。

的通奸情密,商量另住,阴黄氏应允",于是二人来到重庆"佃房住坐",半年后"黄氏生有一子,雇丁妇抚乳"。但二人的情况很快被黄氏夫家发现并告官,奸情和行踪由此败露。此案县官断令,黄氏"不应与骆海帆通奸生子",两人都被"械责",黄氏"暂发官媒",骆海帆则"把幼子当堂承领",两人的关系就此结束。① 本书第一章已述,不少妇女因夫妻不合、家庭贫困或丈夫亡故而改嫁,此类案件县官往往会根据客观情况从轻处理,特别是妇女在夫亡后改嫁,更是"例所不禁"。但黄氏虽然丈夫亡故,其行为却属于通奸私奔,在时人与县官眼中与改嫁的性质完全不同。清律规定妇女"凡和奸,杖八十;有夫者,杖九十"。② 本案虽然没有明确记载黄氏被械责多少,但县官显然是按照"和奸"的性质依法处理的。从黄氏的角度而言,丈夫亡故,生活贫困,自己与情人"通奸情密"且怀有身孕,于是一同离开原本生活的基层社会,到重庆"佃房"居住,开始了全新的生活,体现出她敢于对抗礼法和世俗的眼光,以及追求人生幸福的勇气。且骆海帆作为教书先生,有一定的积蓄,黄氏产子之后,两人还有经济能力雇人"抚乳",可见生活无忧,而黄氏愿意与骆海帆出逃,应是建立在对其人品和经济能力,以及出逃之后所要面对的新环境进行客观判断的基础上。可惜的是,只要夫家以"通奸私逃"为名控案,黄氏对美好生活的构建就会完全落空。赖惠敏、朱庆薇通过对雍正时期拐逃案件的分析指出,妇女因奸情与奸夫出逃的行为如同走上不归路,生活的压力会让她们争取自由婚姻的幻想破灭,而出逃过程中妇女多半以行乞、佣工维生,由于居无定所,疾病随之而来,身心皆受到伤害,结局悲惨。③ 用司法档案研究女性私奔问题,的确很容易得出这样的结论,因为我们所能看到的案件,多是私奔后被夫家寻获并被绳

---

① 巴县档案6-04-05395,咸丰八年。
② 《大清律例》卷三十二《刑律·犯奸》,马建石、杨育棠主编《大清律例通考校注》,中国政法大学出版社1992年版,第521页。
③ 赖惠敏、朱庆薇:《妇女、家庭与社会:雍乾时期拐逃案的分析》,台湾"中研院"《近代中国妇女研究》第8期(2000年8月),第1—45页。

之以法的案例，但如上文讨论女性出逃案件时笔者所指出的，只要她们没有被找到，夫家和官府就都对其束手无策，只是这样的案例我们能看到的太少了。

面对生活中的各种问题，下层女性倾向于选择出逃，是由于对她们而言，出逃的代价相对较低，却能给夫家带来相当大的压力。首先讨论妇女出逃的代价问题。巴县孀妇陈孙氏控告"痞棍李大五"将儿媳黄氏拐逃一案，儿媳黄氏在供词中表明，她并不是被拐，而是和李大五通奸后商量一同出逃的。其供词如下："这陈孙氏是母亲，陈国兴是丈夫。这李大五与小妇人住坐街上，素来认识，李大五时常往来小妇人门首，路过与小妇人谈笑戏谑也是有的。今年正月二十七日，小妇人婆子丈夫均未在家，李大五走来小妇人家里，就与小妇人谈笑调奸，小妇人没有声张，当时允从。过后二月十二日，李大五向小妇人称说出入不便，商量同逃，遇便奸淫，不计次数。至四月二十七，小妇人丈夫又未在家里，就卷透衣物同李大五逃匿。不料前月二十九日被丈夫查获，扭送案下。"县官断令"李大五不应奸拐有夫之妇，杖责示惩"，黄氏也被"械责"，但从婆母陈孙氏有"薄责完结"的表述来看，责罚应该较轻，之后"谕陈国兴把他妻子当堂领回管束"。① 从陈孙氏诉状中有"独子国兴剃头手艺"，而李大五供词中有"小的平日打饼子活生"来看，两人都是底层劳动人民，黄氏与李大五出逃，很难像上一案例中的黄氏一样拥有更好的生活。她做出这样的选择，可能一方面是由于与婆母和丈夫不和，另一方面担心"奸情"暴露之后所面临的道德谴责。而丈夫陈国兴在妻子出逃后"四处密访"，一个月后将妻子找到控案，其诉求不过是得回妻子以及其所带走的衣物。所以，黄氏的代价就是被"薄责"之后由丈夫领回，新的情感冒险尝试失败，不得不重新回到原先枯燥的生活之中。

---

① 巴县档案6-04-05247，咸丰八年。

其次，妇女的出逃给夫家带来相当大的压力。妇女从夫家逃走后，娘家往往会找夫家要人。如南部县妇女李氏因丈夫宋绍双"要讨亲娶妾"就"逃走出外"，娘家父亲李维刚随即"往他家要人，以理斥问"，并以"停妻另娶"为名将女婿控诉在案。① 再如杜朝义因"家贫出外佣工，不顾他的妻子衣食"，导致"妻子汪氏逃走，不知去向"，由于"内弟汪实林向小的（杜朝义，笔者注）要人，害小的四路找寻无获"。杜朝义外出佣工归来，妻子汪氏不知去向，汪氏娘家兄弟向他要人，他只得四处寻找，花费了不少钱文。② 不但找寻妻子需要花钱，丈夫还常常因妻子的失踪而需付给其娘家钱文，才能让娘家不再找事。如上一节所述翠姑逃婚案，翠姑每次逃走，父亲王家谋就到婆家"生死要人"，翁公宋正刚只能请人四处寻找，后不得不经过集理（第一次集理），交付王家谋四千文钱，达成"女或逃走出外，有王姓亲自找寻埋"，"不与宋姓要人"的文约。但翠姑此后仍旧逃走，"有王姓迭次又生祸非"，就是娘家又来找婆家的麻烦，导致婆家只好再次集理，协议退婚。③ 由于女性出逃而夫家不得不赔给娘家钱文的不止一例，再如南部县罗俊控诉岳父王大用"替女嫌婿"，唆使女儿王氏出逃后，再与兄弟王大银"至蚁家中，估向蚁要人讹索"，罗俊只得"借酒钱二十四千"交给岳父，才暂时免于麻烦。④ 由于妇女出逃给夫家形成很大的压力，有人甚至希望因此在官府备案以避免祸端，如南部县宋三丰，"幼配汪氏为妻，未育子女，因蚁在外生理，谁知汪氏恃其娘家人盛，不听蚁父母约束，时常走东去西，均被寻获"，因担心妻子以后再逃，宋三丰"为此存案，俟后汪氏逃走，娘家控害，亦或汪氏仍蹈前辙，蚁便禀告"，就是希望通过在官府备案的方式，规避妻子以后再逃、娘家再来寻事而可能出现的麻烦。可惜

---

① 南部县档案 1-005-00155，咸丰元年。
② 此案从最终县官判令拐逃和买娶汪氏的四人共赔给杜朝义十二千文钱，作为他找寻汪氏的费用来看，杜朝义一路寻妻的确花费不少。南部县档案 1-005-00175，咸丰四年。
③ 南部县档案 1-004-00271，道光十二年。
④ 南部县档案 1-004-00293，道光二十三年。

县官并未接受他的存状，表示"夫为妻纲，汪氏系该呈之妻也，如果不安于室，应即找回严加管教，毋得率请存案"。① 宋三丰的做法虽然未能获得县官的支持，但从侧面反映出他对妻子不断出逃、娘家不断要人的束手无策。

娘家与出嫁女的关系，笔者已于第三章论述清楚。作为女儿在婆家利益的代言人，因女儿失踪前去向夫家问责，是娘家应有之义。前述陈国宝的妻子逃走后，岳父任应齐表示自己并没有找女婿要人，但"陈国宝恐蚁问伊要人，请蚁至伊家中，凭乡约王训等集理"。对任应齐的这番说法，县官当即表示质疑："尔女外逃再嫁，尔若果不知情，岂有不问尔婿要人之理，毋庸饰诉。"② 在县官眼中，女儿出逃，娘家父亲向女婿要人才符合正常的情理，任应齐不向女婿要人的反常行为，正说明女儿的出逃再嫁与他有直接关系。因此，一些娘家即便知晓女儿出逃的去向，甚至是女儿出逃行为的策划者或共谋者，也要到夫家去要人，以示自己与此事无关。如南部县冯大忠控诉妻子赵氏被娘家"拐出嫁卖"，但"伊族赵第朝假问蚁要人，糟索难堪"，即娘家一面将女儿拐逃另嫁，一面向女婿要人，让冯大忠十分被动。直到一年后，他"在苏玉福家获见赵氏，问出伊母串拐嫁卖等情"，才来县衙控案。此案经审断，赵氏娘家母亲的确"知情纵逃"，但冯大忠经过妻子娘家的各种"糟索"，虽然费力将赵氏寻获，却表示"自愿离异"，妻子赵氏"恳祈交保嫁卖"。③ 可见，出逃不论是否成功，都会给丈夫或婆家造成经济损失和精神压力，体现出女性对现有生活的一种反抗。

本章讨论了下层女性与基层社会的关系，由于劳作的需要和普通百姓家庭的客观情况，下层女性很难像上层女性那样"大门不出，二门不迈"，行动相对自由。她们时常往来于自己所生活的村庄与附近

---

① 南部县档案1-005-00210，咸丰十一年。
② 南部县档案1-004-00263，道光八年。
③ 南部县档案1-005-00183，咸丰五年。

的场镇集市,和周围人较为自由频繁地交往,对基层社会也有着较为丰富的了解。她们依靠基层社会解决生活中的各种需求,如去场镇集市买卖物品和休闲娱乐、遇到婚姻家庭矛盾时在场中"凭众理剖",而当矛盾无法解决或"贫困无度"时还可以依托各种人际关系另谋生路。基层社会不仅是她们生活的场域,还是她们在家庭以外寻求人际关系和社会资源、情感满足和道义支持的所在。而当她们的诉求不能在基层社会得以满足时,她们就会逃离这个场域或者突破场域的控制而上诉至官府。

# 第五章 "妇愚无知？"：下层女性的涉讼策略与法律意识

司法档案为我们研究清代下层女性的法律意识和法律地位提供了绝佳的史料，已有学者在此方面进行了初步的探索，如前文所述美国学者苏成捷根据"刑科题本"及县级地方档案对清代"一妻多夫"和"卖妻"类案件进行的研究，台湾学者赖惠敏则利用内务府档案对清代内务府旗妇的法律地位进行研究①，都在不同程度上提出了清代官员对女性案件的裁决取向及下层妇女的法律地位问题。但是，二者要么只关注到官员对"无知妇女"的宽容，而未挖掘其历史背景；要么只关注到官府一方的裁决，而忽略了女性的法律意识及其使用的诉讼策略，以及对官员裁断进行的回应。本章拟通过对南部县档案中的女性案件②进行分析，从女性出头诉讼的原因和目的、县官对女性案件的审理和判决、妇女在审理过程中对县官进行的回应和互动三个角度，探讨女性的法律意识和诉讼策略、民事案件中县官的审断倾向，以及其中所体现的清代妇女的法律地位。

---

① 参见［美］苏成捷《作为生存策略的清代一妻多夫现象》，载黄东兰主编《身体·心性·权力》，浙江人民出版社2005年版，第236—262页；苏成捷《清代县衙的卖妻案件审判：以272件巴县、南部与宝坻县案子为例证》，载邱澎生、陈熙远编《明清法律运作中的权力与文化》，台北：联经出版公司2009年版，第361—374页；赖惠敏《妇女无知？清代内府旗妇的法律地位》，载李贞德、梁其姿主编《妇女与社会》，中国大百科全书出版社2005年版，第292—329页。

② 本章的"女性案件"是指女性作为主要当事人的案件，并不仅仅指诉讼是由女性发起的，还包括那些由女性引发或女性在其间起到重要作用的案件。

## 第一节　妇女出头告状的案件分析

两县档案中，妇女参与诉讼的案件并不少，但以妇女出头告状的案件却不多，本节利用笔者从南部县档案中搜集到的49件妇女出头告状的案例①，分析她们得以告状的背景和前提条件，哪些女性会主动发起诉讼，她们告状的原因和目的何在。

首先分析告状女性的身份。南部县正堂的标准状式之后，附有对于百姓告状的一系列限制性规定，即所谓的"状式条例"②，其中两条是针对妇女提起诉讼的限制性条件：一为"绅衿、老幼、残废、妇女，无抱告者不准"；一为"户婚田土等事，有父兄子侄而妇女出头告状者不准"。"抱告"一般是指在告状人身份特殊或无法履行法律责任的情况下，请他人代理诉讼的制度。③ 显然，妇女与老幼、残废一起被划入无法履行法律责任的人群（绅衿使用抱告是由于身份特殊，另当别论）。第二条规定更将妇女告状的前提条件限定在极小的范围内：即在近亲中没有任何成年男性时，妇女才可以在找到一位男性做"抱告"的前提下提起"户婚田土"等民事类的法律诉讼。这两条规定基本可以解释笔者所搜集的南部县案件中只有不到17%的案件为妇女——且多为孀妇——出头告状的原因。如"告状孀妇汤杨氏，年四十三岁，抱告前夫胞侄王加贤，年二十二岁……氏苍溪籍，发配王在荣病故，再醮治民汤才元，生独子汤友仁配妻何氏。不料氏夫于道光

---

① 妇女出头告状，即女性作为原告发起诉讼的案件，不包括女性作为被告或在诉讼过程中作为涉案人员呈递诉状及被传讯到堂的案例。此49个案例是笔者所搜集的南部县292例以女性为主要当事人的案件中由妇女出头告状的所有案例。
② 相关研究参见邓建鹏《清朝〈状式条例〉研究》，《清史研究》2010年第3期。
③ 清代抱告制度的相关研究参见徐忠明、姚志伟《清代抱告制度考论》，《中山大学学报》2008年第2期；姚志伟《清代妇女抱告探析》，《法学杂志》2011年第8期；张晓霞《清代抱告制度在州县民事诉讼中的实践——以清代巴县档案为中心的考察》，《成都大学学报》2017年第4期。

十九年没,子亦继亡"。① 汤杨氏先后两嫁,丈夫均亡,独子亦亡,家中唯有她与子媳何氏相伴。她找到第一任丈夫之侄王加贤做"抱告",也从侧面证明其身边没有更加亲近的男性亲属。惨淡的家庭背景才使得汤杨氏符合作为妇女出头告状的条件。再如"告状孀妇杨沈氏,年二十七岁,抱告夫弟杨廷富,年三十岁","氏夫建武染病亡故,至氏祖遗之业尚未剖分,无如氏胞兄杨建良心生不仁,欺氏孤单夫故无子,朝日糟践,将氏逼嫁"。② 杨沈氏丈夫亡故又无子嗣,夫兄图谋产业,逼其改嫁,她只好让"夫弟"做抱告来控告夫兄,虽然根据夫兄杨建良的诉状,抱告杨廷富并非亲兄弟,是沈氏在诉状中刻意模糊了抱告的确切身份,但她用一个丈夫的族兄弟来做抱告,也证明没有其他更得力的男性近亲人选。

49 件案例中有少数女性是丈夫在世而自己出头告状的,但多属于特殊情况。如张熊氏控告女婿虐待女儿,她在诉状的开头即说明"氏夫张大礼于咸丰八年外贸未归",即丈夫不在家的情况下由她出头为女儿讨回公道。再如李敬氏控告娘家胞弟悔婚,"氏次子李仕芳凭媒敬元庆与氏娘家胞弟敬元发之女敬氏联婚",但由于胞弟"嫌氏家贫子小"而"暗将伊女另许"。李敬氏同样在诉状的开头交代"氏夫李盛荣双目失明",表明残疾的丈夫行动不便,因此由自己出头诉讼。又如江李氏控诉夫弟江二木匠"恃其刁恶,窥氏青年,不要伦纪,强行与氏赘户",首告之后江李氏又呈上两份诉状,说明夫弟抢夺其财产,并将自己已经招赘的夫婿梅应斗逐出。江李氏控告夫弟"争赘",系其在丈夫亡故之后已然招赘了夫婿,只是赘婿的身份显然无法作为户主出头诉讼,因此江李氏虽有丈夫却仍需自己出名控诉。③ 此外,还有妇女控诉丈夫虐待自己或侵吞其财产的,详见后文论述。

---

① 南部县档案 1-004-00292,道光二十二年。
② 南部县档案 1-004-00286,道光十七年。
③ 南部县档案 1-006-00295,同治元年;1-007-00226,光绪元年;1-006-00329,同治五年。

其次分析告状女性的年龄问题。按照清代的状纸格式，诉状中必须交代当事人的年龄信息，但由于有的档案残缺或部分污染，导致妇女的年龄信息部分无法分辨，另有两个案例的案卷保存不完整，虽然根据供词等其他材料可知妇女的确是首告者，但案卷中却没有保留妇女的控状，因此也无法得知其年龄信息。总之，49个案例中有44位告状妇女在控状中明确交代了自己的年龄，具体年龄分布详见表5-1。

表5-1 控状妇女年龄分布

| 年龄段 | 20—29 | 30—39 | 40—49 | 50—59 | 60—69 | 70—79 |
| --- | --- | --- | --- | --- | --- | --- |
| 人数 | 4 | 6 | 12 | 6 | 11 | 5 |

注：49个案例中有三个案例系两妇女互控，因此每个案件都包含了两位妇女的年龄信息；有两个案例是同一位妇女发起的两次诉讼，因此是两个案件只包含了一位妇女的年龄信息；另有一个案例，孀妇陈胡氏与故夫堂弟的产业纠纷，陈胡氏在首告之后又上有两份诉状（都在光绪元年，南部县档案1-007-00026），三份诉状中她有两次将自己的年龄表述为66岁，一次表述为65岁，但不影响该表的数据统计。

从表5-1可见，从二十余岁到七十余岁的妇女都有出头告状者，其中四十多岁与六十多岁告状的妇女比例最高。需要说明的是，笔者所见案例中虽有未婚女性涉讼者（特别是尚未圆房的童养媳），但尚未见未婚女性出头告状的案例；告状女性皆为已婚，且多为孀妇。49个案例中告状妇女最年轻的为二十二岁的孀妇汪杨氏，她在丈夫亡故之后，控告夫兄"图谋氏业……起意逼氏改嫁"。[①] 年龄最大者为七十四岁的孀妇刘氏，她控告丈夫和儿子相继亡故之后，儿媳"徐氏悍泼非常，罔孝姑嬸"，不但"不给衣食"，还纵容孙子张天荣将她逐出家门。[②] 七十余岁高龄还往返县城、"匍匐公堂"，从身体和精神上讲都是十分辛苦的事情。五位七十岁以上的告状妇女中，有两位在诉讼过程中即因病或劳累去世，未能等到案件完结。其中七十一岁的孀妇

---

① 南部县档案1-007-00632，光绪四年。
② 南部县档案1-006-00372，同治十年。

## 第五章 "妇愚无知?":下层女性的涉讼策略与法律意识

杜严氏,"夫故子亡,寡媳蒲氏无嗣,上年凭族抱养杜俸羽之子杜闰娃承继,立有抱约",即在丈夫和儿子皆故去之后,她为儿媳抱养同族之子承嗣,希望延续家族的香火,却遭到"族恶"杜子阳的反对,"估将闰娃要回,抽毁抱约,逐氏姑媳改嫁"。县官对杜严氏所述情形表示怀疑,在其诉状上批道,"尔呈显有不实之书,著自投凭家族理处,毋得率请唤究",即未受理其诉状。杜严氏于是再上禀状,先对县官驳回其第一次诉状是出于"恩主爱民无讼"表示理解,然后再次申诉"杜子阳等刁恶非常,田地已经占去,将氏住房拆毁",家族之内已无法处理此事,"恳怜唤究"。县官这才表示"姑准唤讯"。但当传票发出而尚未召集堂审之前,差役就向县官报告"杜严氏年逾七旬,在六月十四日病故"。由于原告病故,杜严氏家中又无人继续告状,本案也就到此为止。①

最后分析女性告状的原因。以女性为主要当事人的案件多属婚姻家庭类纠纷,而妇女出头告状时,其控告的对象也多是家庭近亲,其中不乏妻子控诉丈夫、儿媳控诉翁姑的现象。根据清律规定,"妻妾告夫及告夫之祖父母、父母者,虽得实亦杖一百、徒三年",即女性控告丈夫和夫家尊长,即便所告为实,她们本身也要受到严厉的处罚,因为其做法本身即属于"干名犯义"。②但两县档案中却不乏妻妾控告丈夫或者儿媳控告翁姑的案例。如妇女控告丈夫虐待自己或侵吞其财产,李鲜氏在诉状中说自己"夫故孀守",李玉得知她"积有钱二十串",遂"串媒套氏带钱二十串以及衣物,嫁伊李玉为室",婚后李玉即"将氏逐外,又不还氏钱物,害氏女流无倚";王张氏控告丈夫王钊,"氏前夫亡故,有王钊云伊前妻病亡,乏人持家,娶氏继室",但婚后"王钊嫖赌胡为,刻下将氏分之业估卖,去跟李氏(王钊嫡妻,笔者注)母子度日,抗不顾氏衣食",这是妾控告丈夫不肯

---

① 南部县档案 1-006-00393,同治十二年。
② 《大清律例·刑律·干名犯义》,载马建石、杨育棠主编《大清律例通考校注》,中国政法大学出版社1992年版,第892页。

赡养并侵吞其财产的。① 一般而言，控告丈夫侵吞其财产的多为再婚妇女，财产系前夫所留，她们虽然再嫁，仍需小心翼翼地守护着这份财产，避免被继任丈夫侵吞。虽然有财产的孀妇再嫁较为容易实现，甚至可以"坐产招夫"，但招赘上户的丈夫也有"透漏"财产的嫌疑，如马杨氏控诉，"氏翁先故，氏夫继亡，遗留子女年幼，财产置钱千多串，无人料理，氏姑苏氏请凭家族承抱疏族马雄杨与氏成配为嗣。过后氏姑亦亡，雄杨存心不正，欺氏女流子小，将氏姑遗借项九百八十串、当价钱三百四十千陆续收运透回。今四月内，乘氏患病，米粮卖尽，衣饰当完"。② 为了维护自己的财产权利，女性不惜将丈夫控诉公堂。

除控告丈夫外，还有妇女控告翁姑。如何氏翁公王登龙由于其娘家寡母何何氏无子而"图氏绝业"，屡次逼迫何氏向母亲索取财产，何氏遂将翁公与丈夫一并控诉公堂，翁公王登龙一面上诉状为自己辩护，一面表示何氏的控诉"已属干名犯义"。再如前述江李氏控告夫弟江二木匠"霸配"时，也控告婆母杜氏与儿子共同谋产，"氏姑江杜氏改嫁熊姓多年，可恶夫弟江二木匠霸氏成配不遂，搬回氏姑……谋氏产业"；而婆母江杜氏也控告儿媳"恃泼为能，不知立志孀守，胆敢托媒杜朝亭背氏私招梅应斗赘户"，形成婆媳互控的场面。③ 婆媳互控的还有蔡张氏与婆母蔡刘氏，蔡刘氏控诉儿媳悍泼、不服管教，她在诉状中说："氏夫故，苦氏孀守独子蔡丕志成立婚配，已生三子见孙，氏子复娶寡妇蔡张氏作妾。谁料张氏赋性悍泼，忤逆抗教叠（迭）次背逃，寻获不改，总不愿跟氏子活人。氏子朴弱，任伊横逆，将伊莫何。"而蔡张氏则表示婆母和丈夫虐待自己，"丕智（蔡张氏丈夫，笔者注）之子蔡绍模刁唆氏姑蔡刘氏将氏凌磨，无端詈殴，氏均哑忍。突于今六月十二，氏姑执锤锤伤氏两臀股百余血口，氏投保甲

---

① 南部县档案 1-006-00333，同治六年；1-006-00446，同治九年。
② 南部县档案 1-007-00630，光绪四年。
③ 南部县档案 1-008-00454，光绪七年；1-006-00329，同治五年。

## 第五章 "妇愚无知?":下层女性的涉讼策略与法律意识

李廷喜、何凤三叙说,绍模听蔡丕恩主谋,乘机存案,逐氏出外,骗氏背逃,不许落屋"。①

面对妇女控告丈夫和翁姑,笔者所见的案例中县官都没有遵照"干名犯义"之罪对妇女进行严惩,而是借由"情理"对家庭矛盾进行调解。如王张氏控告丈夫王钊不顾其衣食,县官斥责王钊"前妻李氏既生子女,不应说娶张氏作妾",娶妾之后又"不能善为约束,反生事端","当将王钊责惩,饬王钊仍将张氏领回团聚"。② 这一方面体现出县官在民事案件的审断上具有较大的灵活性,无须严格依律判决;另一方面是县官"妇愚无知"的观念使然,他们认为没有文化的下层妇女本身不懂法律,也无法承担相应的法律责任,因此往往对其予以宽免。有关县官审断女性案件的理念和原则,详见下节论述。

女性控诉近亲家人,多为维护自己的切身利益,只要影响到其生存和根本利益,不惜"干名犯义"。除控告丈夫和翁姑外,还有老年妇女控告儿孙不尽赡养义务。如侯柴氏控告继子侵夺财产而不予养赡,六十岁的她在诉状中说,"氏夫侯元和病故无育,乃抱嫡堂弟侯元富之子侯玉礼承嗣。讵料抱后元富刁唆玉礼忤逆不孝,罔听约束,在去七月凭族书立戒约,事息。谁知玉礼仍不改过,串族恶侯元庆、元贵先霸占氏草房一间,玉礼同妻杨氏估分氏业。又霸瓦屋两间,抗不供氏衣食,叠(迭)投侯恺元、侯廷恺邀理数次,抗不拢场,出言辱骂,莫人管理,实属逆恶,有命难生",历数了继子忤逆不孝、侵夺财产、不与衣食、拒绝接受集理等劣迹,请求县官为她做主。孀妇刘氏则控告儿媳与孙子不肯赡养并将她逐出家门,她在诉状中表示:"氏夫张银先于同治六年病故,氏子张舒桐配妻徐氏悍泼非常,罔孝姑嫜,抗听约束,后乘子舒桐去岁亦亡,徐氏乘无管束,动辄恶言抵触,惨氏年迈本朴,哑忍以待,近因徐氏不给衣食,纵子张天荣逐氏出外,恨氏理斥,伊更逆伦无端叫骂,经刘占元、张腾银、张舒宇等

---

① 南部县档案 1-009-00249,光绪十一年。
② 南部县档案 1-006-00446,同治九年。

理□□□,氏畏刁恶,不敢回家,为此首拘法究。"前文已述,刘氏告状时年已七十四岁,是笔者所见参讼妇女中年龄最大者,她的丈夫儿子都已亡故,儿媳与孙子不孝,如此高龄还得赶赴县城进行控诉,实属可怜。此类案件,不论从法律还是情理的角度,县官都会毫无疑问地维护老年妇女的权益。如侯柴氏一案的县官断令,"因不听约束,又不供养,沐将侯玉礼械责,锁押交差,断令侯玉礼分占小妇人田地退还清楚,再行开释具结完案"。①

相对于控告儿孙不孝,更多的中老年妇女出头诉讼是为了维护儿女的利益,值得一提的是,49个案例中有6例是妇女控告女婿虐待女儿(其中两个案例是同一位妇女两次控告女婿虐待其女),母亲为了女儿的利益而奔走呼号,体现出对出嫁女的关爱。如前述丈夫"外贸未归"的张熊氏,控告身为差役的女婿樊宗棠"托媒说娶氏女张氏为妻,过门后伊有一妻一妾,生子四人,业已见孙。伊妻与妾屡将氏女欺押(压),宗棠莫奈,搬居城内同氏佃房居住,陆续透用氏钱六十余串,现有杜林可[质]。迄今宗棠起心不良,见氏无钱乃将氏逐出,不顾衣食,又将氏女非礼殴打,刻薄凌虐"。此案中,张熊氏的女婿樊宗棠家中已有妻妾,又娶其女为妾,家庭关系较为复杂,张熊氏控告女婿与其妻妾虐待女儿,还侵吞她的钱财,希望县官能为她们母女做主。②而七十岁的孀妇刘何氏则控告女婿与妾虐待身为正妻的女儿,她表示"氏女刘氏发配同姓不宗刘举顺之子刘正礼为室,今十余载。不意举顺娶妾李氏悍恶非常,辄欺刘氏朴拙,屡纵正礼糟践刻薄,更于去腊殴逐民女出外无踪"。③

有趣的是,母亲为女儿出头告状的案例,多得不到县官的支持。如刘何氏在诉状中表示女儿被女婿"殴逐",后查实,其女刘氏出逃后被敬承海"霸配",县官"饬刘氏不应背夫私逃",因刘氏"失节

---

① 南部县档案1-008-00087,光绪六年;1-006-00372,同治十年。
② 南部县档案1-006-00295,同治元年。
③ 南部县档案1-009-00248,光绪十一年。

犯除",本夫不愿领回,"故断改嫁,被刘洪鼎当堂接娶","议定财礼钱十六串",县官令"洪鼎将刘氏领回管教"。① 再如四十五岁的黄任氏控诉女婿虐待女儿,她在诉状中也先表示丈夫"在外驾船",因此由自己提起诉讼,然后说明"氏女黄氏幼配吴光应为妻,已育一子。去岁有黎和友仗□□工书,先将伊妻马氏无故卖休,被控受责有案,复又笼赂光应将氏女黄氏卖伊为室。过后和友更加残酷,将民女苦不当人,民女于腊月初七日回家躲避,可恶和友起心嫌怨,骗氏刁藏,于腊月初七日连同黎兴友、黎荣成、廖子建、伏大诚等来家与氏行凶"。黄任氏将女婿描述成强娶"生妻"之后又虐待妻子,并到岳母家滋事的无赖。但经审讯,县官得知黄任氏之女黄氏"屡次逃走",认为她不守妇道,斥责"黎黄氏系买休卖休之人,无怪其淫奔贱行,黎和友乃舍发妻而希图苟合,其涉讼公庭,咎由自取……著黎和友即将黄氏领回管束,少许黄任氏夫妇来往,各具结完案"。② 县官的判决基于其对女性身份的定位,认为妇女"既嫁从夫",不应再与娘家密切往来,而娘家也不应"刁唆"女儿并挑起其与夫家的矛盾,因此判令减少其与女儿的往来,并断令女儿由丈夫"领回管束"。

孀妇控告丈夫族人图谋财产是妇女出头告状的另一主要原因。特别是年轻而子女幼小或者没有子女的孀妇,更需要与丈夫亲族奋力抗争,才能保住丈夫留给她们的财产。本章所利用的49个妇女告状的案例中有14个属于此类。首先危及孀妇们财产权利的就是丈夫的同胞兄弟,如前述杨沈氏控告夫兄杨建良"图产逼嫁",她在诉状中表示,由于"祖遗之业尚未剖分",即丈夫在世时兄弟之间尚未分家,如今丈夫去世,财产自然由夫兄管理,杨沈氏作为无子孀妇,很难从兄长处争得财产,这是她不得不诉诸公堂的重要原因。此案经审断,县官斥责杨建良"不应逼嫁弟媳,断小的(杨建良,笔者注)与沈氏纳粮,其沈氏放出账项除她丈夫丧费外,令沈氏收讨支用,小的不得

---

① 南部县档案1-009-00248,光绪十一年。
② 南部县档案1-006-00285,同治元年。

阻拦"。① 如此，二十七岁的杨沈氏通过司法渠道击败了丈夫三十八岁的胞兄，得到了应有的财产权利。

除兄弟之外，叔侄等近亲也是威胁孀妇财产的主要人员。如五十五岁的孀妇杜苏氏控诉夫侄"谋产逼嫁"，她在诉状中表示："氏夫单丁早故，因无子女，抱族一子杜文礼，系氏养大，配妻任氏，并抱一女杜氏出嫁王德成之子为婚。讵氏夫侄杜文英、杜思富、杜文炳图谋氏业，屡欺氏孤，搆衅寻害，先逐氏媳任氏出外，后逼文礼归宗……乃估氏与王德成作妾，氏以德成同氏联姻，亲戚相关，何出此言？且查德成现有妻子，不允各回。惨氏家抄如洗，无所依归，叠（迭）投杜思朝、杜思伦等理论莫何，情万难甘，为此赴案叩怜唤究，全节感德。"杜苏氏与丈夫无育，抱养一子一女，丈夫亡故后她抚育子女成人并为其各自完婚，可谓含辛茹苦，但丈夫的三个侄子却将她的继子夫妇驱逐，还逼迫她改嫁与女儿的翁公做妾，简直丧尽天良。县官断令"既杜苏氏夫故守节，家族应宜怜恤，饬杜文英们不应伙同串害，锁押交差，即将杜苏氏家具、衣物、钱文如数交还清楚，再行开释"，帮杜苏氏打击了刁恶的侄子们，并保护了她的财产。②

时刻防止夫家族人贪图财产的同时，孀妇们还要避免夫族干涉其决定其他家庭事务的权利，比如对嗣子的选择和对丈夫之妾的处置。孀妇马林氏控告丈夫的叔父干涉她选择嗣子，她在诉状中说"夫故无子，凭族马延相等抱氏故夫胞侄马义芳承嗣"，但"夫叔马洪强同子马维龙旁出不依……阻不许义芳承嗣"。"夫叔"马洪强随后呈上诉状表示，马林氏先凭家族见证承抱丈夫三胞兄之子承嗣，后又翻悔将嗣子退回本生父母处，而私下再抱丈夫长兄之子，未经家族见证，因此不合礼法。堂审时，马林氏的供词印证了"夫叔"的说法，她表示，"小妇人丈夫同胞四人，丈夫居四，早故无子，幼抚三胞嫂马何氏三子马礼芳承嗣，已育半载，小妇人见幼子多疾难养，仍还马何氏，另

---

① 南部县档案1-004-00286，道光十七年。
② 南部县档案1-007-00236，光绪二年。

## 第五章 "妇愚无知?"：下层女性的涉讼策略与法律意识

抱长兄马维瑞五子更名马义芳承嗣"，但县官还是支持了马林氏的选择，允许她承抱自己喜欢的侄子。① 这倒不是县官出于对孀妇的同情或照顾，明清法律支持孀妇在"昭穆伦序不失"的前提下选择"爱继"②，县官只是依律裁断。而马林氏则确是通过法律手段摒除了丈夫家族长辈对自己选择嗣子权利的干涉。除拥有嗣子的选择权之外，作为嫡妻的妇女，在丈夫亡故之后对小家庭内务拥有更大的决定权，包括对妾氏的处置权。孀妇吴敬氏控告丈夫族侄吴联科干涉其夫之妾贾氏改嫁，她在告状中说"贾氏自行托媒改嫁李姓"，"联科父子闻知，估拿氏财礼钱五串不足，复骗氏摘儿卖母，另搕氏钱五串六百文"。而吴联科则在随后呈上的诉状中表示，敬氏丈夫去世后，"敬氏即将贾氏逼嫁李姓"，且嫁后三日，留在吴敬氏身边的贾氏所生之子突然死亡。经审讯，贾氏确系吴敬氏"主婚嫁卖"，贾氏之子则因患病而敬氏"未曾着意医治"导致其"病故"，因此吴敬氏被县官批评"应留贾氏抚养幼子""亦有不是"，但并没有予以任何惩罚，反而令吴联科将搕索去的钱归还吴敬氏。③

孀妇不仅要守护好丈夫的遗产及其在夫族中应有的权利，还试图扩大自身在丈夫家族中的利益和影响力。前述马林氏控告夫叔干涉她选择嗣子，事实上在她提起诉讼之前的一个月，妯娌马何氏（亦为孀妇，三房）就控告丈夫的长兄（长房）唆使弟媳马林氏（四房）强行将原本承嗣的自己的儿子退回，另抱长兄之子。虽然马何氏最终败诉，县官支持马林氏选择自己喜欢的侄子，但这桩立嗣纠纷实际是她首先发起的为争夺家族财产的继承权而进行的战争。④ 再如五十六岁的孀妇邓蒲氏控告妯娌"募卖"产业，邓蒲氏

---

① 南部县档案1-007-00230，光绪二年。
② 有关清代寡妇选择嗣子的权利和相关法律实践，参见［美］白凯《中国的妇女与财产：960—1949年》，上海书店出版社2003年版，第57—66页，特别是其中立嗣时有关"应继"与"爱继"的讨论。
③ 南部县档案1-007-00436，光绪四年。
④ 南部县档案1-007-00234，光绪二年。

的丈夫兄弟三人,其夫居次,但长兄与胞弟都没有生育子嗣,只有邓蒲氏与丈夫生有一子邓仲坦。后兄弟三人皆故,邓蒲氏不顾丈夫两兄弟皆抱有养子承嗣的事实,认为三人的所有财产"应该氏子邓仲荌(坦)得受",因此当弟媳在没有告知他们母子的情况下而"募卖"产业时,邓蒲氏就堂而皇之地发起诉讼。同时,邓蒲氏的弟媳邓余氏也出头控诉侄子邓仲坦"图谋绝业,逐氏改嫁"。此案尽管县官没有支持邓蒲氏的主张,断令邓蒲氏之子邓仲坦向胞婶"赔礼认错",但妯娌之间为了争夺财产而构衅公堂,可见孀妇力图对夫家的经济秩序进行重新建构的努力。①

除与家人之间的诉讼外,妇女也控告家庭以外之人,此类案件不但显示出她们的胆识和能力,也体现出她们的社会关系。孀妇张黄氏,家中早先欠有赵茂隆"本利钱一百三十串"的债务,"又将田地出当与赵茂隆名下",其夫在世时就曾多次请求赵茂隆将出当的水田"接买准价"抵欠债务,但"茂隆不买"。后张黄氏的丈夫与赵茂隆皆亡故,赵茂隆之子赵朝华"藉债勒娶氏媳汪氏为妾",即逼迫张黄氏将守寡的儿媳嫁他为妾,张黄氏当即将赵朝华控诉公堂。经审讯,县官断令"赵朝华不应顶服夤夜强娶妻妾,例应重惩。罚他拿出钱五十千,以十千与小妇人(张黄氏,笔者注)出备讼费之资,余钱四十千充入文庙公用,外令他与小妇人接买他的故父赵茂隆所当小妇人名下田地,凭中公议价钱,不得勒掯",至于赵朝华强娶张黄氏儿媳的行为,县官将其掌责,"其媳汪氏断小妇人仍旧领回,嫁守听其自便"。② 丈夫在世时一直不能了断的债务,被张黄氏一纸诉状解决,且讼费亦由赵朝华承担。再如孀妇王李氏因家境败落,与孙子王大模一同将财产逐步出卖,先卖给王绍荣"水田六丘,价税两楚",后又试图将自家名下的"盐井廊厂榪灶"卖与马大杰,因买卖中有一些纠纷,王李氏就将马大杰控诉公堂,

---

① 南部县档案 1-006-00366,同治九年。
② 南部县档案 1-004-00236,道光三十年。

第五章 "妇愚无知?"：下层女性的涉讼策略与法律意识

审讯中马大杰表示"无力承买"，县官就断令他"敷补伊讼费钱九串"，即王李氏告状的费用由马大杰承担。随后，王李氏再托中人，希望将盐井仍卖与买过她田产的王绍荣，但王绍荣"奸推不允"，王李氏再"来把他具告案下"，县官认为王绍荣"早买王李氏们田土，刻下王李氏们余留盐井廊厂应归小的（王绍荣，笔者注）接买，饬令原差衙公议价值，立约投契"，从而使王李氏成功将产业卖出。① 家中男性都难以解决的经济问题，被孀妇妥善解决。关于老年孀妇在诉讼中的"优势地位"，详见后文论述。本节试图呈现的是在没有男性主持家务的情况下，面临经济困境的孀妇不得不与外人反复磋商，遭受挫折之后不惜诉诸公堂，用各种方式谋求问题的解决、维持家庭的运转，切实承担起"家长"的责任。

总体而言，49个妇女出头告状的案例中，只有7例为丈夫健在的，前文所述案例中已基本论及，其余告状者皆为孀妇。她们或控告夫族觊觎亡夫的遗产，或为自己的子女争夺利益，或在与外人的纠纷中竭力维护家庭的利益，确如麦柯丽所说，"卓绝的寡妇们"充分利用法律来捍卫自身的权益。② 那么，针对妇女的控诉，县官将秉持怎样的审断理念？裁断女性案件是否与男性诉讼有所不同？笔者将在下一节进行讨论。

## 第二节　县官对女性案件的审理与判决

作为父母官，县官对普通百姓的责任主要体现在以下两个方面。第一，公正及时地审理案件，即"听讼"。这一点做得好即会被百姓称颂为"清官"或"青天"。档案中百姓在诉状和供词中常有"肯（恳）乞仁天赏准唤讯"或"求天断"的说法，其中的"天"并非指

---

① 南部县档案1-007-00251，光绪二年。
② ［美］麦柯丽：《挑战权威——清代法上的寡妇和讼师》，载高道蕴等主编《美国学者论中国法律传统》，清华大学出版社2004年版，553—578页。

上天,就是指县官,对百姓而言,好的县官就是他们的"仁天"或"青天"。第二,教化百姓,维护和改进地方风俗,即"牧民"。这一点做得好则所辖之境民风淳朴,百姓安居乐业,以臻太平无讼的儒家理想境界。但是,女性涉讼的案件往往使地方官处于两难境地。首先,女性案件多与婚姻家庭有关,"清官难断家务事",很难做到所谓的"公正",本书之前内容已提到,不少案件县官甚至很难依法裁决而不得不让法律屈从于实际;其次,女性案件又很难逃开社会风化问题,如"买休卖休"类案件、女性逃婚离家类案件、女性控告丈夫或儿子"不给衣食"类案件,都与儒家倡导的淳朴和谐之民风以及夫妻、长幼的家庭伦理相悖。即使妇女并非主动发起诉讼之人,只是由其引发或被动卷入诉讼,但只要"妇女匍匐公堂",就已然有伤风化,特别是年轻的妇女。如任正德控诉弟媳董氏的娘家父亲欲将其另嫁,十九岁的任董氏上诉状反驳,表示系夫兄趁丈夫外出贸易而"逼氏改嫁"。县官在其诉状上批道:"该氏年才十九,有尔父、尔叔到案,不许抛头露面以养廉耻而敦风化。"① 如何在女性案件的审理中兼顾公正与教化,又使得判决具有实际操作性,的确是县官所面临的难题。

### 一 "妇愚无知":县官对下层妇女法律地位和法律责任的界定

如上节所述,妇女不能独立提起法律诉讼,那么她们也就相应不能承担完全的法律责任,② 但法律又没有禁止妇女参讼,这就使得县官在司法审断中不得不根据情况灵活处置。

首先,妇女告状需具备抱告,法律责任原则上讲也应由抱告承担,但实际上抱告在案件审理中的作用非常微妙。孀妇汤杨氏用亡夫胞侄王加贤做抱告,状告董正贤借合伙贸易骗其钱财,请求县官助其追还。审理该案的县官无疑对于妇女的法律责任界定相当清楚,他在

---

① 南部县档案1-007-00842,光绪五年。
② 此处仅就地方档案中的"户婚田土"类民事案件而言。

## 第五章 "妇愚无知?":下层女性的涉讼策略与法律意识

接受汤杨氏诉状的同时即表明:"如系饰词图索妄告,定惩抱告。"即诬告的法律责任由男性"抱告"而非汤杨氏本人承担。尽管后来的堂审表明,抱告王加贤对案情并不了解,在案件审理过程中也未被作为重点审问对象,其供词只有一句:"这汤杨氏是小的婶母,余供与汤杨氏供全(同)。"即便如此,从法律角度讲,他才是案件的主要责任承担人。① 妇女本人也深谙有关抱告的制度规定及其含义所在,如杨沈氏控告夫兄杨建良在其夫去世后图谋家产、逼其改嫁,她在诉状中保证自己所述皆为真实,否则"虚坐抱告",县官看后当即批示:"姑准唤讯。"② 抱告制度设定的初衷,本是为阻碍妇女涉讼,但从州县档案反映的情况来看,妇女们反而通过使用抱告积极参与到诉讼之中,而且对于个别没有抱告的妇女,县官也并未因此拒不接受其诉状。如高位控诉胞兄在世时抱养其子承嗣,但胞兄去世后胞嫂杨氏将其子退回归宗,杨氏随后呈上诉状为自己辩护,她并没有使用抱告或"抱诉",就是以自己的名义上诉驳斥了高位的说法,而县官并未指责其未用抱告,只在诉状上批示:"集讯自明,毋庸饰诉。"③

实质上,抱告的使用基本流于形式,从档案反映的情况来看,他们既没有在案件中起到实质性的作用——抱告人实际为主要当事人者除外,也很少真正承担法律责任。如前述孀妇汤杨氏控告董正贤骗其钱财,县官表示"如系饰词图索妄告,定惩抱告",但后来的堂审证明,汤杨氏说自己与董正贤"合伙贸易,并无约据",即她无法证实自己的说法,县官斥其"不应妄告",但并未如之前所言对抱告有任何责惩。④ 因此,对于县官而言,抱告并不能成为他们限制女性告状的因素,而是作为女性与官员之间的某种缓冲,在必要的时候表示"定惩抱告"。

---

① 南部县档案1-004-00292,道光二十二年。
② 南部县档案1-004-00286,道光十七年。
③ 南部县档案1-004-00264,道光九年。
④ 南部县档案1-004-00292,道光二十二年。

其次，在民事案件中，清律所规定的责罚在女性当事人身上很少得到实践。① 笔者所搜集的案例中，女性非法再婚类所占比例最大，主要以"买休卖休"或妇女逃婚再嫁两种方式呈现。根据《大清律例》规定："若用财买休卖休和娶人妻者，本夫本妇及买休人各杖一百，妇人离异归宗，财礼入官。""若妻背夫在逃者，杖一百，从夫嫁卖。其妻因逃而改嫁者，绞。"② 据此，县官对于此类案件中女性的处置应当很简单：所有"买休卖休"案件都应将妇女杖责一百后一律令其归宗（回归娘家）；所有逃婚的女性都应杖责一百之后听由其夫嫁卖，而逃婚后再嫁的妇女皆应处以绞刑。但是，从两县档案所反映的实际情况来看，县官在案件审理中基本没有遵守以上法令。南部县的87例非法再婚案件中，69个案件保留有县官的判决记录。而69个案件的妇女当事人中，14位女性被判给本夫"团聚"，26位判给后夫（买娶方），只有20位妇女判由娘家领回（归宗），其余妇女则被判"交保嫁卖"或"发交官媒嫁卖"。只有少数妇女被县官处以"掌责"，个别妇女被"械责"，多数妇女未受任何责罚。尽管不少妇女在逃婚后选择再嫁，但没有妇女被判处绞刑。

显然，妇女在县官的法律实践中得到了轻罚或免罚的"优待"。③

---

① 黄宗智通过对巴县、宝坻、淡水、新竹等地方档案的研究得出，在清律有明确规定的情况下，县官严格按照律例的规定处理民事案件，只有纠纷内容超出律例范围时，县官才有自作主张的余地。参见［美］黄宗智《民事审判与民间调解：清代的表达与实践》，中国社会科学出版社1998年版，第76—107页，特别是第91—96页对"婚姻案件"的讨论。苏成捷则通过对"刑科题本"档案与巴县、宝坻、南部县等地方档案的对比研究指出，县官在案件审理中，对能够自理裁断的"细事"与需要上报到刑部的"重大案件"采用了不同的量刑标准，前者注重弹性与权宜性，后者则严格遵守法律，参见［美］苏成捷《清代县衙的卖妻案件审判：以272件巴县、南部与宝坻县案子为例证》，载邱澎生、陈熙远编《明清法律运作中的权力与文化》，台北：联经出版公司2009年版。本书通过对女性案件的具体考察证明，黄宗智的结论是不准确的，其研究仍然建立在男性视角的基础之上，即只注意到案件中县官对于男性的判罚，而对本书中所列举案件中县官对女性的法外"施恩"视而不见。
② 《大清律例》卷十《户律·婚姻》，载马建石、杨育棠主编《大清律例通考校注》，中国政法大学出版社1992年版，第453页。
③ 赖惠敏认为此系法律认定妇女无知而不处分，意味着纵容。参见赖惠敏《妇女无知？清代内府旗妇的法律地位》，载李贞德、梁其姿主编《妇女与社会》，中国大百科全书出版社2005年版，第292—329页。

## 第五章 "妇愚无知？"：下层女性的涉讼策略与法律意识

但是，这种"优待"与县官对女性的尊重或女性享有高于男性的法律地位显然毫不相关，而恰恰反映出县官眼中妇女社会和法律地位的低下。以下通过县官对女性案件的具体裁断进行分析。

作为案件主要当事人的女性，无论是在案件审理还是判罚中，几乎都未受到重视。案件审理中，女性的供词多简单而苍白。如梅氏供："小妇人自幼凭媒嫁与杜大和为童婚，因大和家贫，将小妇人另嫁与何现明为妾，二月初六日接娶过门，追后他们不依，才来案具控的。"① 供词中，被丈夫嫁卖他人为妾的梅氏似乎在叙述他人的遭遇，没有流露出任何对丈夫及婚姻的不满，对县官的判决也漠不关心。再如道光十二年王家谌控诉宋正刚估退童婚一案。王家谌之女翠姑从婆家屡次逃走，致使两家多次交涉，最终控案。如之前章节所述，翠姑在两次集理时都强调自己"生死不愿宋姓为人"，表达出坚决而强烈的个人意愿。但到案件正式审理时，翠姑却没有了自己的声音，她的供词仅为："王家谌是小女子父亲，余供与小女父亲供同。"② 这无疑与县官及书吏对女性当事人的忽视有很大关系。③ 司法档案中供词的主要目的是记录当事人对自己与其他涉案人相互关系的描述，以及案件的主要经过。但档案中的案情记录，常常是以男性为中心的案件过程，女性对案件的叙述以及其中透露出的个人情感倾向往往记录得非常简略。一些女性案件甚至在女性当事人缺席的情况下直接予以宣判，如陈国宝控诉其妻任氏背逃再嫁一案，任氏先后逃至三家，被三位男性纳为妻妾，无疑是案件最主要的当事人。但从案件的审理、定罪到具结，三位男性分别受到相应的责罚，而任氏从未到场。④

县官对案件的审断，也紧密围绕着不同男性集团的利益进行。

---

① 南部县档案 1-003-00085，嘉庆二十五年。
② 南部县档案 1-004-00271，道光十二年。
③ 在292个案件中，共有217位女性供词记录，其中只有少数女性明显表达了情感倾向，多为类似的漠然供述。关于县官及书吏在档案书写中所起到的作用，参见本书余论"档案与性别：州县档案中的下层妇女建构"。
④ 南部县档案 1-004-00263，道光八年。

依照清律，"买休卖休"案件中买卖双方都有罪，都应受到惩处，财礼应当入官，而女性只能归宗。但通过对档案的研究我们发现，只有在女性娘家人（男性）愿意将其领回的情况下，县官才能做出妇女归宗的判决，20例判由娘家领回另嫁的案件全部属于这一类型。如上文梅氏被丈夫杜大和嫁卖，娘家叔父得知后控案，县官断令娘家叔父将"侄女领回择户另嫁"；杜四姑的娘家胞叔与兄长控诉其夫将其嫁卖，县官判决杜四姑由胞兄"领回择户另嫁"；李昭银因与妻子刘氏"夫妻不睦"，遂将刘氏嫁卖于郑清润为妻，卖后又向郑清润图索不遂，捏造妻子被他人拐卖而控案，县官判令李昭银"不应卖休捏控，致郑清润不应买休"，"其刘氏饬令刘福元（娘家父亲，笔者注）领回择户另嫁"。① 而当娘家拒绝领回时，县官就不得不将女性交给第三方（官媒）嫁卖。如帅元第状告女婿嫁卖其女帅氏，县官判决他"领女帅氏约束"，但帅元第表示自己"本朴畏事，不敢承领"，即拒绝接受帅氏归宗的判决，县官只得改判将帅氏"交保嫁卖"，由官媒代替娘家将妇女另嫁。② 再如杨大福因贫将妻子杜氏嫁卖后诬告妻弟拐嫁，此案审断时，由于"杜氏之弟杜桂亭不愿将杜氏承领，断将杜氏交保嫁卖"。③ 因此，"买休卖休"案件中的妇女归宗，是在娘家男性愿意承领的情况下才能做出的判决。

而对于那些在丈夫不知情或不情愿的情况下，背夫逃走再嫁或被他人拐嫁的妇女，县官则会将其判回给本夫。前述14位被判给本夫的妇女皆属此类案件。例如李李氏被翁公嫁卖一案："李李氏供：小妇人幼配李灼璠的儿子李毛狗为妻，接娶后小妇人的丈夫毛狗出外贸易，数载未归，遗小妇人寡居无靠。去十月间，小妇人的丈夫的父亲李灼璠才将小妇人改嫁与赵尔孝为妻。今四月间，小妇人的丈夫李毛

---

① 南部县档案1-003-00085，嘉庆二十五年；1-004-00260，道光五年；1-006-00291，同治元年。
② 南部县档案1-004-00291，道光二十一年。
③ 南部县档案1-004-00290，道光二十一年。

## 第五章 "妇愚无知?"：下层女性的涉讼策略与法律意识

狗自外回家，就来向赵尔孝要人，这小妇人的丈夫的父亲赵白川就来案告了。"李李氏在丈夫李毛狗外出贸易期间被翁公嫁卖，一旦丈夫返家讼诉，县官即判决"将李氏退还李毛狗领家团聚"。对于李毛狗父子的矛盾行为给后夫（买娶者）造成的损失，县官命李家父子为赵家父子"治备酒礼取和"。① 再如陈氏逃婚改嫁一案，妇女陈氏因"丈夫往汉中营里去看他胞兄去了，小妇人在家衣食两乏，难以度活，就逃走出外"，被娘家姨姑任马氏"嫁卖何中伦为妻"，丈夫郑洪林归家得知后控案，县官断令"郑洪林仍将陈氏领回团聚管束"。②

而对于那些丈夫因贫病等原因自愿卖妻的行为，县官则倾向于将妇女判给后夫（买娶方），本章涉及的 26 例判给后夫的案例中，23 例皆属此类。例如张夏氏被丈夫嫁卖一案，"问据张夏氏供：小妇人发配张国喜为妻，未育子女。因小妇人的丈夫家道赤贫、日食难度，甘愿将小妇人凭邓应生为媒改嫁与杨老七为妻，当出备财礼钱五千文。因小妇人的丈夫张国喜未通他胞兄张国受知晓，才放他的父亲张盖来案把小妇人告了的"。经审讯，张夏氏"实系"被丈夫"甘愿嫁卖"，因此县官"仍断杨老七将夏氏领回成配"。③ 这样的判决不仅基于"情理"，也基于县官对基层社会的认知。像张国喜这样"家道赤贫、日食难度"的男子，即便将妻子判由他领回，他也会再次将其嫁卖，徒增社会的不稳定因素和官府的诉讼率。而对于先因贫病卖妻，再不断向后夫"搕索"的男子，县官则更加不齿和痛恨。如洪正文因"患黄膣病症，久医不愈，又兼贫寒，无钱调治"，遂将妻子嫁卖与王德金，得"财礼钱十五千六百文"，并"出有手印婚约"。但嫁卖之后，洪正文不仅向王德金图索，还假称妻子被岳父嫁卖而控案。县官在王德金父亲的诉状上批道："因病卖休，事后诈索，此等恶习可恶

---

① 南部县档案 1-004-00295，道光二十六年。
② 南部县档案 1-006-00341，同治六年。
③ 南部县档案 1-004-00266，道光九年。

已极,准添唤集讯察究。"① 此案卷宗不完整,未见堂审和供词等记录,很可能洪正文在看到县官的批词之后即预料到县官的判决结果,随即撤讼。

此外,在妇女娘家无人承领的情况下,县官也会将妇女判给后夫,如黎永柱将妻子王氏假称"雍氏","改嫁王仕围为妻,议财礼钱六千文","嫁后,这永柱又向王仕围搔索不遂,他就来案告状",县官认为黎永柱因贫卖妻,"二人情义已绝,更无破镜重圆之理",但"雍氏又无娘族,官卖反致流落",因此"从宽讯断","王氏即雍氏,准令王仕围领回管束"。② 即由于王氏(雍氏)娘家无人承领,本欲判妇女归宗的县官选择了维持王氏与后夫的婚姻,免于她被官媒嫁卖而再经历一次人生的颠沛流离,体现出县官判决的人性化特征。

但总体而言,从审理到判决的过程,都主要是围绕着娘家、本夫和后夫等男性利益群体而进行的,即便县官出于同情而让雍氏免于再被官媒嫁卖,也并非在征求女性意愿之下得出的判决结果。这主要基于县官认为女性并不是完全的法律行为责任人,不能承担与男性同等的法律责任,因此相关责任都由娘家的男性亲属、本夫和后夫为其承担。这一点直接体现在县官判决时常表示"姑念妇愚无知"或"姑念妇女无知",再断令娘家、本夫或后夫将其"领回管束"的说法上。如前述汤杨氏一案,县官认为汤杨氏说自己"同董正贤往建昌合伙贸易",却又拿不出凭据,因此斥其"不应妄告",但"姑念妇愚无知,从宽免责"。"姑念"一词,是县官用来解释其判决与法律条文之间差距的表述。再如杨大志因贫卖妻一案,县官判定本夫与后夫都"不应买休卖休,均各掌责,例应将财礼充公,姑念贫民,免充"。③ 通过从"例应"到"姑念"的转换,县官既部分地遵从了法律,又灵活地顾及百姓的实际情况,使判决更具有可操作性。女性案件中,妇女的性

---

① 南部县档案 1-006-00350,同治七年。
② 南部县档案 1-006-00356,同治八年。
③ 南部县档案 1-004-00294,道光二十五年。

第五章 "妇愚无知？"：下层女性的涉讼策略与法律意识

别本身也被作为"姑念"的因素之一而受到宽免，即所谓的"姑念妇愚无知"。既然妇女不能对自己的行为承担相应的法律责任，县官自然将审理和判决的重点转移到其丈夫、父亲、兄弟等男性身上。在这些男性受到相应的判罚之后，责令其将"无知"的女性"领回约束"，在家庭范围内完成对女性的管束或惩罚。

## 二 "妇人无耻"：县官眼中的下层妇女与风俗维治

女性案件的诉状（特别是出自男性的诉状）中多有"有乖风化""大伤风化"的提法，甚至常常成为原告发起诉讼的原因或借口。如杨廷仪控告侄孙杨先贵先后将自己的数任妻子嫁卖，控诉理由就是"无故休卖、大乖风化"，请求县官予以惩处，"以正伦化"。① 可见"正风化""儆刁风"是官员的职责所在，而对伤风败俗者进行严厉的申戒和惩处自然是一种有效的整饬风俗、震慑百姓的方式。但是，既然案件多牵涉"无知"的妇女和贫困的"乡愚"，都需要"仁天"的宽免，那么官员如何才能达到"正风化""儆刁风"的目的？通过对两县档案的分析，我们发现将"严惩"与"教化"相结合，是地方官采纳的实际做法。

女性案件中有一类人最为县官所痛恨，往往遭到严惩，即那些靠转嫁妇女渔利、以此扰乱民风的投机之徒。如前述陈国宝一案中，其他当事人，包括陈妻任氏的后两任丈夫，皆受轻罚（掌责），只有窝藏、转嫁妇女的敬朝成被处"重责枷示"。县官还对其两次转嫁陈妻的非法"做媒"行为进行了严厉的抨击："尔将任氏窝留月余，暗用鲜于安等出名主婚，转嫁与罗洪书后复为媒，再嫁陈水匠，两处财礼俱系尔一人收用。其平日惯于贩卖妇女已可概见，重责枷示，尚不足以蔽辜，如再不知改过，定即立毙杖下。"② "重责枷示"即在严厉的肉体惩罚之后，犯人带枷示众，在惩处罪犯的同时，让百姓看到此种

---

① 南部县档案1-004-00276，道光十四年。
② 南部县档案1-004-00263，道光八年。

153

罪行的耻辱和严重性，起到震慑作用，以收"正风化""儆刁风"之效。再如赵氏因嫌丈夫幼小而在李幺姑和王德盛等的帮助下逃婚另嫁一案，审理中，逃婚的赵氏、买娶赵氏的蔡大周等均被"掌责"，而对于"拐嫁"赵氏的李幺姑和王德盛县官则表示应从重惩处，但由于李幺姑系女性，也被从宽"掌责"，将与她合作"拐嫁"的王德盛"枷号示众"。①

在县官看来，拐卖妇女的行为不仅打破了原有的家庭和社会秩序，且对民风的破坏性极大，而风俗的好坏又与妇女的道德水准直接相关。既然下层"愚妇"多"无知"，缺乏独立的判断和行为能力，地方风俗往往成为妇女道德和行为的导向——风俗淳朴则妇女守己持家，风俗不好则妇人寡廉鲜耻。同治年间曾任广东南海县知县的杜凤治在其《望凫行馆宦粤日记》中，就当地一诱拐妇女案发表了自己对妇女道德和风俗之间关系的看法，可作为州县官观点的代表，具体如下：

> 贫贱妇人何知？惟知有穿有吃就心向之。伊（指妇女当事人，笔者注）从焦亚庚（前夫）无非同作乞丐，而从王大货（拐带者）衣食无忧，固宜然矣。究之妇人无耻，即如拐带一事，如妇人不愿，伊定能牵之使走乎？藏之箧中乎？此亦风俗不美之一……令亚庚、亚桂具结领去，衙门存案。另出票拿王大货惩办，以正风俗。②

杜凤治与笔者所见的多数县官一样，忽略或质疑妇女本人的供词，依靠自己的逻辑推断进行判决。他将拐带妇女问题的根源归咎于风俗，"风俗不美"则无知的"贫贱妇人"就会因追求衣食而"无

---

① 南部县档案1-004-00298，道光二十七年。
② 杜凤治：《望凫行馆宦粤日记》，载广东省立中山图书馆、中山大学图书馆编《清代稿抄本》第10册，广东人民出版社2007年版，第360—361页。

耻"，使拐带妇女得以成功。如果淳厚的风俗赋予妇女坚定的道德意志，则"拐带一事"无从发生。也像南部县官员一样，杜凤治在判决时宽免妇女本人，而严惩拐带妇女的王大货。正如杜凤治所言，惩办王大货的目的是"以正风俗"，这是县官在女性案件审理中的主要着力点——既然女性案件很难做到司法公正，县官就多将审理重点放在风俗教化上。

除严惩拐带妇女、破坏风俗的不法分子外，县官还注重在女性案件中灌输敦睦宗族、和谐邻里的社会风气。首先，县官常通过支持"息讼"来培育和谐淳朴的民风。上节所述的87例妇女非法再婚案件中有9例在宗族、乡邻等基层力量的调解下息和而请求销案，县官皆予以批准，并对当事人的罪行也全部宽免。如同样是靠转嫁妇女渔利的案件中，何以清却有幸逃脱县官的严惩，原因是宗族调解成功请求息讼。此案中，孀妇李氏控告何以清强为媒证，与夫弟共同逼其再婚。案件未及审理，双方经宗族内部调解息和，请求销案。县官对该案总结如下："据呈明罗李氏夫亡之后，因何以清强媒作合以致具控，何以清大属不合，本应重究，赖该氏夫弟当无主持嫁嫂情事，能全氏志，姑从宽免其深究，准全息讼。"① 此处县官用自己的推理（"当无"）为李氏夫弟洗刷了罪名，将全部错误归咎于何以清的"强媒"，然后再次运用"例应"到"姑念"的转换（"本应"与"姑"），在息讼的前提下对嫁卖妇女的何以清从"重究"过渡到"从宽免究"。

县官支持息讼的目的，主要是培养百姓的"无讼"之风。"无讼"思想在中国由来已久②，成为中国法律传统的一个重要特征。官员听讼的目的不在于处理纷争，而在于教化百姓，最终达到"无讼"

---

① 南部县档案1-003-00071，嘉庆九年。
② 先秦时期儒、道、法等主流思想家不约而同地提倡"无讼""不争"进而实现"德治""和谐"的统治模式。儒家学派孔子首次提出"无讼"一词，"子曰：听讼，吾犹人也，必也使无讼乎"，见《论语·颜渊》篇；道家则老子主张"使民不争"，见《道德经》第三章；法家学派的代表人物韩非认为"民不争"才能"免于乱"，参见《韩非子·五蠹》。

之境。① 明清以来，政府更加强调道德教化，同时倡导百姓不要轻易诉讼，"一切小事，不许轻便告官"②，以体现"无讼"的和谐社会风气。③ 当然，"息讼"的前提是案件属于民事纠纷或轻微的刑事案件。由于女性案件多属民事纠纷，又关系到人心风化，特别符合调解息讼的条件。正如何以清一案中宗族请求销案的"恳状"中所述，"蚁等仰体爱民无讼之化，恳祈仁天估念乡愚无知，时届春耕，从宽免究，赏准息销，以全李氏名节，以免构讼，行见一门仁让之风，以沐德政之感，为此恳恩"。④ 族内调解销案，既可以体现父母官对百姓的宽仁，又可避免妇女参讼对自身名节和社会风化造成的伤害，还有助于培养宗族内部及地方社会的和谐风气，何乐不为。

其次，县官还反对族人参讼或帮讼。如何氏娘家族人何崇伸、何三超控告其夫蒲洪福将何氏嫁卖，县官批道："何氏改嫁，既有伊翁蒲廷模、伊父何崇元二人作主，尔等疏远亲族不当干预，今敢屡控不休，图诈显然……不准。"⑤ 可见从县官的视角来看，妇女改嫁只要娘婆两家男性家长没有提出异议，远房族亲就不应予以干涉，而其之所以干涉，目的无非想通过兴讼来对当事人图索。虽然此案明显涉及"买休卖休"，有违例禁，但县官仍予驳回，不准立案。另一案件中，张奇先、张庭福控告族人张应贵私纳堂弟之妻敬氏为妾，该案县官的看法与上一案县官如出一辙："张应贵将敬氏霸配为妾，其夫张心原

---

① 黄宗智将积极"听讼"与倡导"无讼"看作县官行为中的悖论之一。［美］黄宗智：《民事审判与民间调解：清代的表达与实践》，中国社会科学出版社1998年版，第191—194页。
② 张卤辑：《皇明制书》卷九《教民榜文》，载《续修四库全书》第788册，上海古籍出版社2002年版，第352页。
③ 有关"无讼"的研究，参见王忠春、张分田《无讼思想与王权主义秩序情结》，《江西社会科学》2006年第5期；何铭《论"无讼"》，《江苏大学学报》2006年第6期；张文香、萨其荣桂《传统诉讼观念之怪圈——"无讼"、"息讼"、"厌讼"之内在逻辑》，《河北法学》2004年第3期；黄宗智也指出，清代政府对于民事纠纷，最关心的不是权利的保护，而是纠纷的化解。参见［美］黄宗智《中国法庭调解的过去与现在》，《清华法学》（第十辑），清华大学出版社2007年版。
④ 南部县档案1-003-00071，嘉庆九年。
⑤ 南部县档案1-004-00259，道光四年。

第五章 "妇愚无知?":下层女性的涉讼策略与法律意识

与翁张庭宗因何均钳口不言,乃欲尔等出头首控,所呈显有隐情,不准。"①再以刘氏宗族案件为例,刘仁、刘永柱、刘章奎、刘永发控诉族人刘登纪之妻何氏"胆将一十四岁幼女满姑许与刑书王国玉为妾",理由是"蚁族内虽系浩繁,贫耕富读,廉耻稍知,幼女为妾不特风化有乖、臭名百世,终莫能削,蚁等族众实难甘心"。为表明此事在刘姓宗族引发的巨大反响,他们"协同贡生刘人表,并刘纬、刘年、刘英、刘怡、刘松、刘章才、刘邦喆、刘登岸、刘斌等"共同控诉,请求县官"祈赏察究,斧断后祸"。如此庞大的宗族控诉阵容,不但没有引起县官对该案的重视,反而引发了县官的反感,"此案原告列名不少,何用尔等联名帮讼,不准",直接将案件驳回。②

县官反对宗族参讼,一是认为他们并非案件的直接当事人,从旁帮讼,目的不纯;二是在于避免族人之间因互控或帮讼而导致宗族不睦,与其支持宗族调解息讼的目的是一致的,皆为避免族人构衅之风而提倡宗族和睦之气。尽管有些案件,像刘姓宗族诉状中所指出的,已经影响到本族的"廉耻"和"风化",但在县官看来,由妇女婚嫁所引发的风化问题,其重要性远远小于族人互控而导致的宗族不睦问题。同样,在婚姻家庭类民事案件中,即使确有违背法律的行为,"敦睦宗族"也远比司法公正更为重要。因此,县官尽量鼓励宗族内部解决此类纷争,培育淳朴和谐的宗族和社会风气。

## 第三节 诉状和供词:下层妇女对县官的回应与互动

以往的妇女史研究多从官员或男性对女性认知的角度入手,来论述妇女的法律与社会地位,很少从妇女本身在案件审理过程中的行为或态度来考察女性的自我意识及其与官员或男性的回应与互动。本部分拟通过对女性的诉状与供词进行深入分析和多角度的考察,揭示女性对于自

---

① 南部县档案1-004-00288,道光十八年。
② 南部县档案1-004-00270,道光十一年。

身"弱势"和"无知"的社会及法律定位的觉知，并且在案件的控诉和审理过程中充分利用这些特性为自己开脱罪名、争取有利的判决。

州县档案中，能够相对直接反映下层妇女声音的，就是女性的诉状与供词两类史料。在使用两类史料之前，我们有必要先就诉状与供词所体现女性声音的不同之处进行简要的分辨：诉状为告状或申诉时使用的一种法律文书，即民间所说的状子。一般为百姓按照规定的格式写成，或请人代写，内容包括呈递诉状人的姓名、年龄、住址，案件原委，呈上诉状的目的等。① 由于出自当事人本身或其委托人，诉状相对真实或原始地反映了当事人的态度和立场，特别是包含了一些较为珍贵的女性情感和心理表达；供词是在案件审理时法庭对涉案人员的口供记录，内容包括当事人对自己家庭情况的简介、涉案原委等，有时还包括当事人对县官判决的态度（多为遵从或感激）。由于供词为县衙书吏记录并整理，因此对于那些被认为不重要的人员或与案件本身关系不大的供述就记录得较为简略，而妇女及其供述常被归入此类。分析档案中的诉状与供词两类材料即可发现，在诉状中不同当事人对同一事件的描述各持不同的说法和立场，但在供词中他们的说法就往往变得一致，这一方面说明案件得到审理和澄清，诉状中不实或主观的描述被去掉了；另一方面也证明要被存档的供词记录必须具有一致性的特点，如果当事人在审讯中还没有达成一致，案子就无法终结，因此官府所记录的供词不可能不一致。

以下就以黄罗氏状告夫兄张大华图财逼嫁一案中黄罗氏的诉状与供词为例，具体阐述女性的诉状与供词之间的区别：

> 诉状妇黄罗氏，年二十四岁，住宣化乡二甲，地名黄家坝，离城一百里。抱诉叔罗仕文，年五十二岁。为图财逼嫁诬牵拖累事。情今正月二十日，张大华以欺逐蓦嫁事控张学朋、学定，

---

① 相关研究参见赵彦昌、王晓晓《清代诉状探微》，《档案》2020年第7期。

## 第五章 "妇愚无知?"：下层女性的涉讼策略与法律意识

牵连氏名在案。奉批：准唤讯。缘氏幼配张大华、大贵五胞弟张大万为妻，未有生育。奈大万不务正业，逃外数年，杳无音信。去冬月二十四日，张大华、大贵图氏产业，串同伊胞叔张学礼等，托媒柳成林将氏嫁与黄宗士为妾，大华、大贵与同张学礼得去宗士财礼钱十二千文，系张伦元过付可证。学礼、大华、大贵现与宗士出立主嫁婚约据，柳成林得去钱一千三百文，将氏接配无异。祸因张学朋将伊妻丧抬至大华地内葬，大华目见不依，大华具控，牵连氏与黄宗士之名在案。切大华串同学礼甘心将氏出嫁，今又诬牵在案，拖氏平白受累，但氏夫于未票之先外出省城贸易未回，为此诉明察讯，以免拖累，沾恩，伏乞。

被诉：张大华、张大贵、张学礼。

干证：张伦元。

嘉庆二十一年三月初八日具。①

在这份诉状中，黄罗氏回忆了自己苦痛的婚姻经历：前夫张大万不务正业，离家逃走，数年杳无音信，而前夫的兄长和叔父图谋产业将其嫁卖他人为妾，并将财礼钱瓜分，对于前夫及其亲族的不满和控诉溢于言表。诉状中，黄罗氏对前夫及其兄长直呼姓名，前夫胞叔称"伊胞叔"，而称现任丈夫黄宗士则为"氏夫"，也透露出其对前一婚姻的否定和对当前婚姻的认可。但她的供词却呈现出另外一种语调：

问据张罗氏供：小妇人幼□□张大万为婚，已经成配。因小妇人的丈夫家贫，夫妇与张学朋佣工。一年后小妇人的丈夫逃走，止有小妇人一人在张学朋家帮工。十九年，小妇人的丈夫与张学龙佣工复行逃走，不知去向。去冬十三，小妇人的哥子张大

---

① 南部县档案 1-003-00081，嘉庆二十一年。

华、张大贵、张学朋们商议，将小妇人改嫁黄宗士为妾，财礼钱十二千系张大华们弟兄领去。小妇人实系家贫无度，张学朋、张大华们商议才将小妇人改嫁的。求施恩。①

首先，相对于诉状，供词中黄罗氏被改为张罗氏，表明在县官做出裁断之前，黄罗氏的后一婚姻因存在"买休卖休"是不合法的，她在身份上暂时仍为张大万的妻子。其次，供词中更加明确了张大万逃走的时间和次数，具体呈现出他无力养赡妻子且不负责任的行为。事实上在案件堂审时，张大万仍未归来，这对县官最终将黄罗氏判给后夫具有决定性意义。再次，判词中明显弱化了黄罗氏对前夫家族的怨恨，将嫁卖缘由从"贪财逼嫁"转向"实系家贫无度"，这样的阐述亦有助于后一段婚姻的成立。在以上铺垫之后，县官顺理成章地将黄罗氏判给了后夫。可见，供词记录在很大程度上是为县官的裁断服务的，尽管也部分地表达出了下层女性的声音，已属弥足珍贵，但我们仍需在使用时对其进行细致的甄别。

## 一 诉状：女性的积极回应

如前文所述，律例对妇女出头告状或申诉的规定极为苛刻，但女性并未因此而消极应对或放弃自己的法律权利。除主动告状之外，她们在诉讼过程中还积极利用呈上"诉状""禀状""恳状""哀状"等形式，诉说自己的经历、表明态度和立场，且利用其女性"弱势群体"的身份，往往能够达到男性无法达到的效果。

首先，妇女，特别是年长的孀妇，其身份很容易博得县官的同情。通过对案例的具体分析我们发现，虽然绝大多数参与诉讼的妇女按照规定具备了抱告，但如本章第一节所述，南部县"状式条例"中还规定，"户婚田土等事，有父兄子侄而妇女出头告状者不准"。而多

---

① 南部县档案1-003-00081，嘉庆二十一年。

第五章 "妇愚无知?"：下层女性的涉讼策略与法律意识

数告状妇女并不符合家中无成年男子这一条件。如上文黄罗氏状告夫兄张大华等图财逼嫁一案，诉状中提到，其前任丈夫"逃外数年，杳无音信"，现任丈夫"外出省城贸易未回"，因此由黄罗氏本人出面控诉。通过对整个案卷的考察又可知，黄罗氏不仅前后两任丈夫都在世，她还以其娘家叔父作为抱告，案卷中又有其前任丈夫的叔父和多位兄长的供词、现任丈夫的父亲及兄长的供词。① 即黄罗氏在家中有多位成年男子健在的情况下，自己呈递诉状，这显然与规定不相符。再如张熊氏控告女婿樊宗棠虐待其女，她在诉状中表明丈夫"外贸未归"，因此让"夫弟张大勋，年三十九岁"作为抱告，提起控诉；而女婿樊宗棠的母亲樊李氏随后也呈上禀状为儿子辩护，禀状中也有"抱告子樊宗棠，年三十九岁"的说法。② 显然，双方都是在家中有成年男性的情况下，由妇女出面诉讼。尽管像黄罗氏与张熊氏这样丈夫尚在而自己出名控诉的女性并不多，如前所述参讼妇女多为孀妇，但她们中的多数仍不符合条件。如道光三十年孀妇张黄氏控告赵朝华强娶孀居儿媳汪氏一案，张黄氏以二十四岁的次子张应朋作为抱告；道光十七年孀妇杨沈氏状告故夫胞兄逼嫁图产一案，以夫弟杨廷富为抱告；等等，这些都属于家中有成年男性而由孀妇出头告状的案例。③ 而对于这一点，县官们似乎并不在意，案例中没有发现县官因此而驳回妇女诉状的情况，这无疑与县官对女性的同情有关。从法律角度（"法"）讲，这些妇女并不符合告状的条件，从儒家伦理（"理"）角度讲，妇女亦应尽量不涉讼，但从"情"的角度而言，出头告状的妇女大多失去了丈夫的庇护且已年长，在面临家族或外界的矛盾时前来寻求县官的庇护，的确很难将其拒之门外。④ 这一点从女性出具诉状

---

① 南部县档案1-003-00081，嘉庆二十一年。
② 南部县档案1-006-00295，同治元年。
③ 南部县档案1-004-00236，道光三十年；1-004-00286，道光十七年。
④ 有关民事案件审理中"情、理、法"因素的研究，参见［日］滋贺秀三《清代诉讼制度之民事法源的概括性考察——情、理、法》，载王亚新、梁治平主编《明清时期的民事审判与民间契约》，法律出版社1998年版，第19—53页。

的案件绝大多数被县官批准立案，就可以体现出来。①

妇女本身对于这种由劣势而带来的"优势"显然也非常明了，其诉状中常有"惨氏孤儿寡母""惨氏女流"之类的叙述，用来进一步渲染自身的弱势地位，去博得县官的同情。因此，即便家中有成年男性，妇女也要自己出头告状，以增加官司立案及获胜的概率。再以张黄氏控告赵朝华强娶孀居儿媳汪氏一案为例，其诉状如下：

> 告状孀妇张黄氏，年五十八岁……抱告胞弟黄宗荣、子张应朋，年五十五岁、二十四岁。情氏夫早故，今四月间长子又死，长媳汪氏孀守幼女，不愿嫁人。氏夫存日，借该赵茂隆本利钱一百三十串，向求茂隆将其早当氏夫水田一丘接买准价，茂隆不买，旋即身故。伊子赵朝华身居父丧百期未满，辄恃豪富贿媒赵应喜、胥德兴藉债勒娶氏媳汪氏为妾，氏不允许。赵应喜等胆敢恃恶帮同赵朝华忽于冬月初八夜率众来家行强估娶。氏同次子张应朋紧藏汪氏，伊等止将□□内米粮器物等件尽行抄搬而去……迫氏母子赴控，中途又被赵朝华支人拦回，围在大砺，不允买业，总欲娶氏寡媳。惨氏母子情急难已，又难走脱。为此遣氏胞弟黄宗荣抱呈上告，祈唤法究。②

张黄氏丈夫、长子皆故，只留她与长媳、次子度日。她未让已经成年的次子告状，而是亲自出头诉讼。诉状中，张黄氏将自己想用田产为故夫还债而债主不允，债主之子借债强娶儿媳，甚至限制其人身自由的窘迫处境进行了充分的表达。其弱势地位无疑引起县官的同情，不仅判定赵朝华不应强娶民妇为妾，将其锁押，命令其缴钱五十

---

① 根据笔者对南部县档案和巴县档案的考察，清代县官驳回民事诉讼的比例较高。本章所用的南部县案例中，有11件以证据不足、控诉理由不成立或应于宗族内部解决等缘由，被县官驳回，其中只包含一例女性出头诉讼的案件。

② 南部县档案1-004-00236，道光三十年。

第五章 "妇愚无知?":下层女性的涉讼策略与法律意识

千,"以十千与张黄氏做讼费之资,余钱四十千充入文庙公用",作为对赵朝华的经济责罚,再责令赵朝华以公允的价格买取张黄氏田地,用以抵债。① 张黄氏一纸诉状不仅保住了儿媳的贞洁和家庭的颜面,而且解决了丈夫在世时无法解决的家庭债务问题,讼费也由对方支付,可谓大获全胜。如果由其年轻的次子出面打这场官司,恐怕很难达到如此效果。

其次,对于女性不能承担与男性同等的法律责任这一点,女性自己也很清楚,这无疑给她们出头打官司提供了较男性更为宽松的空间。以诉状而言,虽然县官在男性和女性出具的诉状中常有"如虚反坐"或"如虚倍罪"之类的批词,以期保证诉状内容的真实性,但女性显然知道她们无须承担因陈述不实而带来的惩罚,因此往往在诉状中尽量夸大自己的苦楚,甚至编造一些谎言,以使事情看起来更为严重,获得更高的立案概率和在诉讼中的有利地位。如前述张黄氏在诉状中提到,赵朝华强娶不成,将其家"米粮器物等件尽行抄搬而去",但其后的供词证明,这一点为子虚乌有,是张黄氏为营造其孤寡的弱势地位而编造出来的,类似这样的案例还有很多。不过这种假造的案情并未给张黄氏带来任何责罚,也未影响到县官做出对其完全有利的判决。

再如高位状告陈铜匠图财苟配其嫂一案。高位之兄高佑无子,过继高位之子高大观为嗣,不久高佑故去,其妻杨氏将嗣子高大观逐出归宗,并招赘陈铜匠为夫。高位不甘其子被逐、其嫂以六十三岁高龄再嫁,因此控诉公堂。其后,杨氏以独立的身份(前文已述,杨氏没有用抱告)呈上诉状为自己进行辩护。她在诉状中不仅否认了自己与高位之兄高佑的婚姻关系:"氏与高位胞兄高佑合伙贩卖米粮营生,氏并未嫁与高佑为妻。"如此则高佑过继高大观与她无关,更何谈被她逐出。并且,杨氏还否认了自己与陈铜匠的关系,"氏年已六旬,

---

① 南部县档案 1-004-00236,道光三十年。

163

并未与陈铜匠成配",系高位"挟仇骗称陈铜匠与氏上户,诬告拖累"。诉状中,杨氏年老无依且遭诬告、名节受损的弱势形象呼之欲出。但经过审讯,证明事实并非如此。杨氏在供词中承认,自己的确嫁与高佑为妻,至于她们夫妇过继高大观为嗣、丈夫死后她将继子逐出、招陈铜匠上户等事,皆为事实。县官判令杨氏将财产与嗣子高大观"二股均分",对其招赘丈夫则表示支持,"令仍招陈铜匠成配"。① 同样,杨氏亦未因诉状中编造了一系列的谎言而受到任何责罚,县官也未因此而做出不利于杨氏的判决。

女性对自己特殊身份的利用还充分体现在"恃妇"一词中。如汤杨氏具告董正贤卖妇拐财一案,被告董正贤在诉状中指责汤杨氏"潜行捏词,恃妇妄告"。② 即汤杨氏利用妇女的身份,在诉状中捏造事实,对其进行诬告。再如黄罗氏状告夫兄张大华等图财逼嫁一案,县官在其诉状之后批道"该氏毋得恃妇饰词抵塞",告诫黄罗氏不要倚仗妇女身份而进行不实的控诉。③ 可见,男性和县官对于妇女这种变劣势为优势的惯用手法都有相当的认识。史景迁在《王氏之死》中分析清代女性的生存状态时指出,蒲松龄在他的故事里将"寡妇写成懂得法律,熟悉衙门里勾心斗角的事,对试图掠夺她们田地或她们良好名节的男人相当有办法"。④ 笔者认为这样的描述较为确切地反映出清代妇女所具有的法律意识。而通过以上分析我们也可以看到,女性在诉讼中很好地利用了自己的特殊身份,通过诉状这一载体,积极进行表达,在案件中为自己争取主动。

不过,并非所有妇女都利用凸显弱势、夸大或捏造案情的方式引起县官的关注或同情,也有妇女采用正当的方式与县官积极沟通,并取得良好的效果。如本书第四章提到的南部县两位妇女——陈氏与曹

---

① 南部县档案1-004-00264,道光九年。
② 南部县档案1-004-00292,道光二十二年。
③ 南部县档案1-003-00081,嘉庆二十一年。
④ [美]史景迁(Jonathan D. Spence):《王氏之死:大历史背后的小人物命运》,李璧玉译,上海远东出版社2005年版,第51页。

第五章 "妇愚无知?":下层女性的涉讼策略与法律意识

叶氏。陈氏因丈夫郑洪林外出不归,她"在家无度"而改嫁他人,郑洪林归来告官,县官断令其"将陈氏领回团聚管束"。但陈氏显然不想回到原先的婚姻之中,她在客栈老板娘周扬氏的帮助下阻碍丈夫将其领回,并与周扬氏共上恳状,说明郑洪林并不想遵断领回妻子,也不肯为陈氏支付住店的"口岸钱",甚至托媒企图将陈氏嫁卖。县官在看到这份恳状之后,态度明显从原来的支持郑洪林领回妻子,转变为质疑郑洪林的言行和动机。此案虽然没有收录后续的审断结果,但女性与县官的正面沟通显然让后者认识到原先判决的局限性,已达到了预期的效果。① 而作为媒人的曹叶氏,则因一桩婚姻纠纷而被牵扯其中,她没有被动等待官府的传唤,而是主动上禀状说明了自己说媒的经过,指出姚秉焕夫妇并未应允张宗玺的提亲,后者系诬告,为县官了解案情提供了重要线索,也博得了县官的充分信任,其供词成为后来县官审断的主要依据之一。② 这样的案例虽然不多,但依旧可以体现出女性积极与县官沟通的另一面,她们没有"勾心斗角"或者"捏词虚控",就是利用呈递诉状的方式,让县官看到事情的不同层面,以做出更为切合实际的判决。

## 二 供词:女性的消极回应

多数女性案件中包含女性的供词记录,有些案件还包含不止一位女性的供词。如前文所述,供词很难直接反映女性的声音和情感,但是通过细致的考察和分析,我们仍可从那些看似苍白、单调的供词中看到女性对县官判决的回应或互动,只不过相对于诉状而言,这种回应略显消极。以下通过"不知"与"他们"两个在女性供词中频繁出现的词语来分析女性的消极回应与互动。

女性在供词中常有自己"不知"的表述,这种"不知"可以理解为两个层面——对社会与法律的无知和对案件本身的不知情。如以

---

① 南部县档案 1-006-00341,同治六年。
② 南部县档案 1-007-00420,光绪五年。

下案例：

案例1. 问据夏氏供：张国喜是小妇人的丈夫，结缡多载未育子女。因小妇人丈夫家贫，日食难度，在去蜡（腊）月是小妇人的丈夫觅邓应生为媒将小妇人改嫁与杨老七为妻，过后不知他们又怎样来案告了。①

案例2. 问据雍氏供：小妇人自幼许配冉茂荣次子冉仕先为妻，生有二女。道光二年，小妇人的丈夫仕先亡故，遗小妇人母女无靠，才凭雍兴先改嫁杨金芳作妾。不知他们怎样来案把小妇人告了，今沐审讯，只求察情。②

案例3. 问据冯氏供：小妇人幼配广元余思惠为妻，结发后育有二子，小妇人丈夫常在外贸易，不知怎么忽于咸丰六年间托孙仕倡为媒，就将小妇人嫁与李治璠为妻，随带一子同李治璠回籍抚养。接娶后，因余思惠来家搪索钱文，这李治璠才来案告了的。今沐审讯，只求察情。③

以上三个案件皆由妇女再婚而引发，女性作为主要当事人都录有供词，供词中也都有"不知"的表述。从供词本身而言，妇女所说的"不知"，既包含了她们对于"买休卖休"行为有干例禁的不知晓，也包括她们对于部分案情的不知晓。对于前种"不知"的真实性，我们可以从档案中多数下层妇女在案件中的表现来判定。如前文所述，不少案件由妇女出头告状或申诉，她们要么在丈夫死后与夫家成员争夺财产，要么以母亲的名义维护子女或晚辈的利益，要么控诉儿孙不孝，更有与家庭以外的男性争讼者，以上种种都明确显示出妇女对于外界社会和相关法律规定绝非一无所知，且对于县官在处理所谓"户

---

① 南部县档案1-004-00266，道光九年。
② 南部县档案1-004-00258，道光四年。
③ 南部县档案1-005-00197，咸丰八年。

第五章 "妇愚无知?":下层女性的涉讼策略与法律意识

婚田土"类民事案件时的习惯做法(特别是对女性的态度和观念)甚至可以说相当熟悉。① 因此,女性在供词中"不知"的表述,首先是对县官"妇愚无知"的女性定位的一种呼应。只有在"无知"条件下,"愚陋"的妇女才可以顺理成章地对自己的一些行为不承担法律责任。

关于妇女对案情的无知,我们则通过具体案例进行分析。先以案例1中的妇女夏氏为例,张国喜因家贫将妻子夏氏嫁卖与杨老七为妻,过后又屡次向杨老七图索未遂,再以"买休卖休"为名将杨老七控案。夏氏供词中的"过后不知他们又怎样来案告了",应是想表达她对前夫图索的部分并不知情。但在案件整个过程中,夏氏作为张国喜与杨老七之间的联结点,从情理上讲不可能对于前夫对现任丈夫的图索,以及未遂之后控诸公堂的过程,在自己已被提审的时刻仍旧毫不知情。而在案例3冯氏的供词中,这一点就体现得更为明显。冯氏的丈夫余思惠控诉妻子先与李治璠私通,随后趁自己外出时跑到李治璠家中藏匿、同居,直到丈夫两年后在李家将其找到并控案,此案县官的审断为:"李治璠不应私造婚约狡供,骗娶有夫之妻,当沐掌责。"而冯氏却在供词中表示,"小妇人丈夫常在外贸易,不知怎么忽于咸丰六年间托孙仕倡为媒,就将小妇人嫁与李治璠为妻",好像她对整个事件懵懂不知,对于自己怎么成为李治璠的妻子既不明了,也不关心,显然是在为自己出逃、同居的行为进行掩饰。其实,在案件的审理中,不论男性或女性,在供词中都会有自己对案件的某一部分并不知情的表述,以示案件与己无关,自己是清白的。但是,县官对于与案件关系较为密切之男性的不知情的表述,常常进行批驳。如案例2妇女雍氏改醮一案,雍氏在丈夫死后凭娘家亲族改嫁与杨金芳为

---

① 有关清代民事案件中习惯法的研究,参见梁治平《清代习惯法:社会与国家》,中国政法大学出版社1996年版。但需要指出的是,无论黄宗智的"第三领域",还是梁治平的"习惯法秩序空间",都建立在以男性为主的社会运行结构之上,如所谓"习惯法"也是围绕男性社会活动而产生的。在性别的视角之下,这些研究都存在一定的偏颇,不可全盘挪用。

妾，其故夫之父冉茂荣表示自己对此事毫不知情，因此控案。县官在起诉状上批道，"雍氏夫故改嫁，冉茂荣系伊故夫之父，断无不向通知、率行改醮之理"，认为冉茂荣对此不可能不知情，告状必有别故①。再如"肖荣华具控赖起俸停丧霸娶"一案，当事人赖起俸之兄赖起贵、赖起荣表示他们与六弟赖起俸"分烟爨多年"，对此"均不知情"。县官以"尔等与赖起俸既属同胞弟兄，焉有素未往来、竟不知情之理"，对其进行批驳，认为他们与案件难脱关系②。但是，对于女性当事人表示自己对案件不知情，县官则从不予以驳斥，这无疑与他们对女性"无知"的定位相符。而女性也正是在利用这种定位，力图将自己从案件中剥离出来，为自身开脱。

除"不知"外，女性还常用"他们"来指代案件的相关责任人，并撇清自己与"他们"的关系。如前两个案例夏氏和雍氏的供词中都有"不知他们怎样来案告了"的说法，再如以下供词：

案例4. 问据梅氏供：小妇人自幼凭媒嫁与杜大和为童婚，因大和家贫，将小妇人另嫁与何现明为妾，二月初六日接娶过门，迨后他们不依，才来案具控的。今沐法审，断令梅思万们将小妇人领回另嫁，这是小妇人就沾恩了。③

案例5. 问据杜四姑供：小妇人幼配张武元为童婚，结缡数载未有生育。因今二月里武元娘母家贫，托王廷高、赵家甫为媒将小妇人改嫁何文成为妻，未通小妇人表兄们知晓，他们怄气，才来案具控的。④

"他们"体现出女性供词中漠然的一面，她们似乎没有自我的感

---

① 南部县档案1-004-00258，道光四年。
② 南部县档案1-003-00065，嘉庆五年。
③ 南部县档案1-003-00085，嘉庆二十五年。
④ 南部县档案1-004-00260，道光五年。

## 第五章 "妇愚无知?":下层女性的涉讼策略与法律意识

受和态度,如傀儡般任由男性将其嫁卖、因其控案,一切都是"他们"做的。但实际上,通过上文笔者对女性与县官之间互动的分析就可以发现,"他们"的实际作用与"不知"有异曲同工之处。首先,女性也是用"他们"如何,来表示所叙述之事与己无干,自己为不知情者。其次,"他们"也用来烘托女性在案件中被动的地位,一切行为都是在男性之间进行,包括卖妻和诉讼,女性无可选择,只能被动接受,显然是无辜的受害者,不应承担任何责任与责罚,责任都应由"他们"承担。

"不知"与"他们"的表述与县官对女性的无知和从属于男性的社会定位完全相符,是女性对县官进行呼应的具体体现。在这种定位之下,女性为自己的行为不承担直接的法律责任埋下了良好的伏笔。

此外,当事人的供词中常常包含县官的判决信息及其对判决的态度。如案例4梅氏的供词,她因家庭贫困被丈夫杜大和嫁卖与他人为妾,娘家得知后将杜大和控诉在案。梅氏的供词本身很短,但可以分成前后两个截然不同的部分,前半部分以冷漠的语气表达了自己在案件中的被动与无力,后半部分当县官判令娘家将其领回,供词中的"这是小妇人就沾恩了",显示出她对判决结果的满意和对县官的感激。再如前文所述张黄氏控告赵朝华强娶孀居儿媳汪氏一案,县官判令赵朝华接买她的田地,并为她承担讼费,儿媳汪氏也由张黄氏领回,"嫁守听其自便",张黄氏在供词中同样表示"小妇人就沾恩了",表达出对县官做出如此有利于自己的判决之感激。[1] 而案例2与案例3中雍氏与冯氏的供词就有不同,她们在供词中不但用"不知"的表述显示自己与案件无关,供词的结语也都为"今沐审讯,只求察情",表示自己对案件的结果也并不关切,县官根据案情做出判决就好,保持了前后一致的中立态度,让县官始终相信她们确与案件无关,也是对堂审的一种消极回应。

---

[1] 南部县档案1-004-00236,道光三十年。

还有比"今沐审讯,只求察情"更为无奈的回应——"小妇人遵断就是"。第四章所述赵氏因对年幼的丈夫不满,而在李氏与李幺姑两位妇女的帮助下逃婚一案,赵氏最终被翁公找到并控案,县官断令赵氏仍维持原先的婚姻,她在供词中表示:"小妇人亦不应私逃,当将小妇人掌责,其小妇人饬娘家父亲赵仕学领回约束,俟程芝受长大成人,小妇人再行团聚,小妇人遵断就是。"尽管县官没有让赵氏即刻回到夫家,让娘家暂时将其领回,但赵氏受到掌责,且出逃失败,虽然对县官的判决并不满意,却又无可奈何地表示"小妇人遵断就是"。① 再如本章第一节所述因丈夫"双目失明"而自己出头控诉的李敬氏,她因次子与娘家胞弟之女定有婚约,后胞弟"嫌氏家贫子小","暗将伊女另许",李敬氏遂将胞弟控诉公堂。此案初审时,县官断令"胞弟敬元发之女润秀著令小妇人儿子李仕芳完配",但敬元发并不遵断,仍将女儿嫁与他人为妻,李敬氏只得再次提起诉讼。复审时,从李敬氏的供词可以看出,县官认为"敬元发之女润秀先许小妇人之子李仕芳为婚,不应后嫁王现瑞之子王爵贵为妻,胆在八月私行完配,当将敬元发掌责,饬差押令敬元发与小妇人缴出钱二十五串,作为小妇人的儿子李仕芳另娶之资,其润秀仍令王现瑞之子王爵贵领回成配"。即县官认为李敬氏胞弟之女已经嫁与他人为妻,不宜毁婚另嫁,让胞弟赔给她钱文二十五串,作为其子的"另娶之资"。李敬氏显然对这样的判决并不满意,在供词中勉强表示"小妇人遵断就是"。但是复审之后,李敬氏就两上禀状,将胞弟如何悔婚逼迫自己控案,在县官已然初审裁断的情况下违断将其女另嫁,并且伙同族人压制自己的情况再进行了反复申述,希望县官能为她做主。县官在李敬氏的第一份禀状上批词,耐心地解释自己如此裁断的缘由:"妇女以名节为重,敬元发之女敬润秀照律虽应氏子李仕芳聘娶,乃敬元发辄后许与王爵贵私行成婚,实属玩法,业经当堂责惩。且今木已成

---

① 南部县档案1-004-00298,道光二十七年。

## 第五章 "妇愚无知?":下层女性的涉讼策略与法律意识

舟,若将润秀断归氏子,而润秀之名节何存?"希望李敬氏能够体谅作为父母官的良苦用心。在李敬氏第二份禀状上,县官的批词就显得不耐烦:"案经本县讯断明确,何以该氏又复翻渎?"在此种情况之下,李敬氏明白自己与县官的沟通已属无效,最终不得不接受了胞弟的钱文和县官的判决结果。①

综上,虽然下层妇女没有被相关法规束缚,勇于告状和参讼,但清代妇女在民事诉讼中的权利与地位仍是有限的,形式上仍体现为男性的附属品,告状需借由男性"抱告",县官对其做出的判决也常为由男性领回"团聚"或"约束"。县官在判决中对妇女施以"优待",也恰恰从另一角度反映出妇女本身不被看作完全的法律行为责任人,法律地位低下。在妇女案件的审理过程中,县官往往以敦睦风俗、推行教化为主要目的,将女性的道德与人伦风化紧密联系在一起。女性案件成为县官推行教化的一种载体,司法公正与女性本身的利益皆被放置一边。而从女性的角度讲,多数下层妇女对于自己的社会和法律地位十分明了,并且具有一定的法律意识。她们通过诉状和供词两种形式与县官进行沟通或互动,并巧妙利用自己的弱势地位博得县官同情、逃脱法律惩治,最大限度地争取有利于自己和家人的判决。

---

① 南部县档案1-007-00226,光绪元年至二年。

# 第六章　特殊的"交易":"卖婚文约"及其民间和法律效力

中国传统社会,如果妻子德行有亏,丈夫可以将其休弃,但"买休卖休"或"嫁卖生妻"却为法律所禁止。《大清律例》明确规定:"若用财买休卖休和娶人妻者,本夫本妇及买休人各杖一百,妇人离异归宗,财礼入官。"① 不过,"嫁卖生妻"的现象却在历代屡见不鲜,顾炎武曾说:"夫凶年而卖其妻子者,禹、汤之世所不能无也。"② 前文已述,清代下层社会女性再嫁频繁,其中有相当一部分是被丈夫或夫家嫁卖。已有学者对卖妻问题进行了讨论,如苏成捷认为,卖妻是清代贫困人群的一种生存策略;岸本美绪则用台湾与江浙地区的卖妻案例,考察了"契约"中体现的买卖原则和精神,以及官员在处理卖妻问题时的态度和原则。吴佩林则论述了南部县"嫁卖生妻"现象的特点、卖妻与买妻的原因,以及县衙处理此类案件的方式等。③ 学者们认为,尽管清代卖妻属于违法行为,但"嫁卖生妻"现

---

① 《大清律例》卷十《户律·婚姻》,载马建石、杨育棠主编《大清律例通考校注》,中国政法大学出版社1992年版,第453页。

② (明)顾炎武著,刘九洲注译:《新译顾亭林文集》卷一《钱粮论》上,台北:三民书局2000年版,第57页。

③ [美]苏成捷:《清代县衙的卖妻案件审判:以272件巴县、南部与宝坻县案子为例证》,载邱澎生、陈熙远编《明清法律运作中的权力与文化》,台北:联经出版公司2009年版,第361—374页;[日]岸本美绪《妻可卖否?——明清时代的卖妻、典妻习俗》,载陈秋坤、洪丽完主编《契约文书与社会生活(1600—1900)》,台湾"中研院"台湾史研究所2001年版,第225—264页;吴佩林《〈南部档案〉所见清代民间社会的"嫁卖生妻"》,《清史研究》2010年第3期。

# 第六章 特殊的"交易":"卖婚文约"及其民间和法律效力

象却在下层社会广泛存在,官府在处理此类案件时也常常不得不面临着法律向民间生存逻辑妥协的状况。

笔者在查阅南部县档案时,发现其中收录有不少"卖婚文约"。"卖婚文约"是在嫁卖妇女时签署的契约文书,其能够收录于州县档案,是在嫁卖过程中产生纠纷而控诉公堂时,作为证据呈审因而被县衙存档并保留下来。本章的关注点在于,既然"买休卖休"属于违法行为,卖妻时所立的合同也就相应不具有法律效力,那么为何民间在买卖妻妾时仍必书立"卖婚文约"?这体现出此类文约在民间有着怎样的效力?当嫁卖妇女的案件闹上公堂时,文约又会起到怎样的作用?需要说明的是,虽然南部县和巴县档案中都存有相当数量的卖妻类案件,但并非每个案件都附有作为证据呈审的卖婚文约,其中既包括当事人未将文约呈审的情况,也包括案卷残缺导致文约未能保存下来的原因。当然,我们也不能排除当事双方只是口头交易,并没有形成正式文约的情况。但从清代普遍的交易实践来看,正式交易中书立契约文书是当时相当通行的惯例,何况嫁卖女性这样很容易引发纠纷的"交易"。本章以南部县档案中109个嫁卖妇女案例(其中有36个案件保留了作为证据呈审的完整的卖婚文约),讨论清代卖婚文约的书写格式和行文特点、文约效力及其在司法审断中起到的作用。

## 第一节 卖婚文约的内容格式与行文特点

既然"买休卖休"为法律所禁止,因此与土地、房屋类契约可以是官府所承认的"红契"不同,卖婚文约只能是民间私下签订的"白契"。① 从笔者所见的卖婚文约来看,基本上遵循了清代民间约定俗成的契约格式和用语,可见代书人和"买卖双方"都对此事的大致流程有共同的认知和了解。大致而言,第一,卖婚文书都要先说明主立文

---

① 关于"白契"与"红契"的区别,参见裴燕生主编《历史文书》,中国人民大学出版社2003年版,第316—317页。

173

书人的姓名，一般为卖婚行为的主导者，有时并非一人。比如男子卖妻，除丈夫本人之外，还可能包含家庭其他重要成员，如父亲和兄弟等，显示卖妻是一种家庭行为。第二，要说明卖婚的原因，如因夫家贫困、夫妻不和，或女性因丈夫亡故而再嫁等。第三，文书中要说明卖婚行为得到女性娘婆两家的认可，保证嫁卖之后双方家族不会因此滋生事端，文书中常常还会指明一个特定人选，说明若有意外由此人负责承担和解决。第四，要说明卖婚的"价格"，即文书中所谓的"财礼"，以及钱文的交付信息。第五，用一些固定用语结束文书正文，如"今恐人心难栓（拴）"或"今恐人心不古"，"特立婚书一纸，永远存据"。第六，文书的落款，所有参与者包括当事人、中间人、代书人以及亲族人等都要书名画押，表示他们共同见证了此行为。下面就以五件卖婚文约来具体呈现以上所述内容。

### 案例1. 蒲洪福之妻何氏的两份卖婚文约

出立婚书主婚文约人蒲廷模，情因为所生第三子更名蒲洪福，娶妻何从（崇）元之女何氏。有蒲洪福自幼素不安分，不顾父［母］妻室，流浪在外，多年未归，音信俱无，不知生死存亡。遗妻何氏在家衣食不给，兼今岁天旱无措，甘心改嫁。有蒲廷模托媒蒲茂椿踩探人户，说合与蒲能元之子蒲昌银名下为妻。已曾凭媒蒲茂椿到娘屋何从（崇）元、何三超家中酒礼受拜，俱系心欢无异，凭媒公议。蒲能元出备铜钱陆千文整，交与蒲廷模领明。蒲廷模对众所言，□钱肆仟，日后蒲洪福归来将钱另娶妻室，不得与蒲能元父子致滋事端。下余钱贰仟以作蒲廷模夫妇老衣之贽。是日言订立婚约，嗣后覆水难收，若何姓蒲姓娘婆二家凡亲疏内外人等滋事生非，有蒲廷模一面承当，概不与蒲能元父子相涉。今恐人心难栓（拴），特凭媒人立婚书壹纸，永远为据。

娘屋：何从原（崇元）（划十）、何三超（划十）。

媒证：蒲茂椿（划十）、蒲廷佐（划十）、蒲廷柱（划十）、

第六章 特殊的"交易":"卖婚文约"及其民间和法律效力

蒲廷奇(划十)、蒲廷相(划十)。

见明人:蒲德洪(划十)、蒲德福(划十)、蒲廷玉(划十)、蒲国宗(划十)、蒲国海(划十)。

依口代书:蒲中元(划十)。

道光四年六月十四日立婚书人蒲廷模(划十)立约是实。

立书出妻印约人蒲洪福,因娶妻何氏屡不守妇道,不孝公婆,不敬夫主。昔年夫妇不合,替系在外营求生理,已经三载,不料此妇在家更不受育束,东走西去,有乖风化。公婆与娘家商议放与蒲昌银名下为妻,不意傍(旁)人具控在案。予等归家,想此妇素不安分,予心甘意悦出立印约,凭中有昌银复备钱七千文整,予领明无欠立约,嗣后覆水难收,永不与蒲昌银额外生端。今恐人心不古,特立印约一纸,永远为据。

在中人:蒲孝忠、李廷品、蒲长庚、何天福、蒲廷佐、蒲廷柱、蒲廷相、蒲德洪、蒲德福、蒲昌遂。仝(同)押。

(手掌印一个)

道光四年前七月二十四日立印约人蒲洪福(划十)。①

笔者先从档案中整个案件的上下文对何氏的"两次被卖"做一简单阐述。何氏系何从(崇)元之女,自幼许配蒲廷模之子蒲洪福为妻,婚后蒲洪福外出谋生,数载未归,蒲廷模无法养活儿媳,遂与其娘家商量,将何氏嫁卖与同族蒲能元之子蒲昌银为妻,得财礼钱六千文。但不久后,蒲洪福归家,对妻子被卖表示不满,以蒲能元"仗财行势"、强娶"生妻"为名控诉至县衙。后经民间调和,蒲能元父子再追加财礼七千文,蒲洪福才同意息讼,并写立第二份卖妻文约。两份文约基本遵循了上文所述格式,首先写明立约人及其与被卖者的关

---

① 南部县档案1-004-00259,道光四年。

系。其次说明卖婚的原因——本案有趣之处在于，两份文约中的卖婚原因迥然不同。第一份说由于身为丈夫的蒲洪福"不顾父［母］妻室"，"何氏在家衣食不给"，因而改嫁；第二份则说由于何氏"不守妇道"因而被丈夫嫁卖，反映出因主立文书人身份和立场的不同，而给文书内容带来的影响。再次，两份文书都说明妇女被卖与何人、财礼若干，前一份文书还特意交代了财礼的具体用途——所得六千文财礼，四千文作为儿子蒲洪福日后归来"另娶妻室"之用，二千文作为蒲廷模夫妇养老之资；后一份文书则强调财礼已经"领明无欠"。最后，落实本次"交易"的责任承担人，前一份文书责任由主立人蒲廷模承担，后一份文书虽未明说责任承担人，但主立人蒲洪福保证"永不与蒲昌银额外生端"。文书主立人、中间人、代书人，以及其他亲族人等都在落款中具名画押。由于基层百姓多不识字，画押一般就是在自己名字之后画个"十"字。此外，卖婚文书中常有别字、丢字和语句不够通顺等情况，体现出基层社会文书执笔人的文化水平往往有限。

另外值得指出的是，第二份文书落款中的参与画押之人虽然较第一份少，却比第一份文约多了一枚手掌印。按有手印的卖婚文书被称为"手印婚约"，有的文书中还同时印有手印和脚印。在百姓眼中，手脚印可以增强文书的有效性，这一点详见后文论述。

**案例 2. 刘国栋卖妻文约**

立出婚书人刘孙氏子本夫刘国栋、刘大川、刘大万。今因刘大顺夫主亡故，情出无奈，幼子具（俱）蠢，行事不知天命，饮食不知饱足。子配妻杨氏恐异后心变生非祸端，难以分忧。刘孙氏时刻忧心不下，自行请凭娘婆二家、刘姓家族人等商议。人人有子女，个个有六亲，合族人等情愿施一恻忍之心，将杨氏媳改纲放鱼，开笼放雀，放杨氏媳一条生路，异后方有出头之期，免失杨氏终身一事，四方无人承说。今有怜（邻）亲张碧堂叹说刘

## 第六章 特殊的"交易":"卖婚文约"及其民间和法律效力

姓人众,碧堂不敢说媒,有刘孙氏见媳杨氏看看心变,朝夕在家行事生非,恐让(酿)大祸,刘孙氏心如火急。孙氏无奈,闻黄万国之妻亡故要说亲是实,刘孙氏亲至往万国家下数次,件件有刘大万、大川、刘孙氏一面担当。娘婆二家进城具(俱)有改嫁呈词,有案可查。万国方可依允。现族公家族言明,财理(礼)养膳、媒理(礼)、酒水支销并包在内,总共钱十六千文整,其钱一手现交,并无系(丝)毫悬欠,外有本夫脚印手印踏明,左手交人,右手交钱,有刘姓亲疏已到未到人等外生枝节,有族公刘文漪、刘国顺,刘孙氏,胞弟刘大川、大万一面担当。今有刘孙氏不明的债账交欠之费,并无黄姓相设(涉),系是二比心甘悦服,中间并无包方逼勒等情。今恐人心难凭,故立婚书一纸。黄万国存据。

见盟人:胞弟刘大川、刘大万,叔父刘仲,媒红刘文漪、刘国顺。

依口代笔:王春提。

刘孙氏、刘大川/万立婚书是实。

本夫刘国栋①。

这份文书开头交代的人际关系较为复杂,主立文约人刘孙氏是被嫁卖妇女杨氏的婆母,刘孙氏丈夫刘大顺已经亡故,她因家庭贫困无法养活儿媳而将其嫁卖。文约开头提到的"本夫"就是刘孙氏之子、杨氏的丈夫刘国栋,而刘大川、刘大万则是刘孙氏丈夫刘大顺的兄弟,也就是说,杨氏是被婆母、丈夫以及夫家两位叔父共同做主嫁卖的。依照卖婚文约的格式,刘孙氏接下来交代了卖婚原因,说自己"夫主亡故","幼子具(俱)蠢,行事不知天命,饮食不知饱足"。这里的"幼子"未说明是否包括杨氏的丈夫刘国栋。不过从本案其他

---

① 南部县档案1-004-00281,道光十五年。

两份诉状中都说到刘国栋"愚蠢无知""愚蠢难堪"来看,这里的"幼子具(俱)蠢"应该也包含了年龄不大的刘国栋。从这份文约所提供的信息来看,刘孙氏嫁卖儿媳的主要原因并非贫困,而是"刘孙氏见媳杨氏看看心变,朝夕在家行事生非,恐让(酿)大祸",相当于因夫妻不和而嫁卖。从行文特点来看,这份文书的笔调非常口语化,如"人人有子女,个个有六亲,合族人等情愿施一恻忍之心,将杨氏媳改纲放鱼,开笼放雀,放杨氏媳一条生路",生动体现出刘孙氏急于将儿媳嫁卖的心情,但卖婚文书须具备的各项要素并未有所遗漏,如财礼的数额、担保人,以及嫁卖行为得到娘家的允准并与夫家其他人无关等,都一一写明。只是正文中说明将"本夫脚印手印踏明",文书中却未见手脚印,不知系另有文书还是档案保存不全的缘故。

**案例3. 杜遐林赎女另嫁文约**

□[立]出退婚文约人罗仕才,情因为杜遐林之女将女赎回,出钱四千文,请凭中证合族人等说过并无异言称说,倘若□[日]后有姓罗有事一面承当,在(再)无异言称说。今恐人心不古,特立出退婚文约为据。

见证人:陈思异、罗大德、张天意、王贵(笔)。

道光拾六年三月初二日。

□□□□□□□□所生第三女自幼凭媒说合,与罗仕才第二子开亲,以(已)抱过门,未曾完娶。迄今道光十五年蜡(腊)月,不料罗仕才之子亡故,其家贫寒,日食无度,故诸亲邻以及亲家甘愿将女赎退回家,恁(任)其杜姓改嫁。至今十六年五月旬中,请凭媒证温廷龙、黄应川觅访任荣贵说合开亲纳礼婚聘,成其百年之好。有任姓恐防日后杜罗二姓称说事非,有父杜遐林甘愿亲笔书立主婚,包管永远无事文约一纸,付与子塔

第六章 特殊的"交易":"卖婚文约"及其民间和法律效力

(婿)任荣贵,以后永远存据。

见证人:温开元、任荣寿、温廷龙、黄应川。

道光十六年五月二十三日。立出主婚包管人杜遐林亲笔。①

这两份文约中,第二份是卖婚文约,第一份是杜遐林将女儿赎回另嫁的文约,但由于第一份文约是第二份文约得以成立的前提,因此都被作为证据呈审。杜遐林之女自幼嫁罗仕才之子为童养媳,第二份文约中清楚说明"以(已)抱过门,未曾完娶",即在尚未"圆房"时未婚夫亡故。由于婆家"贫寒",大约杜遐林也不愿让这么年轻的女儿从此守贞,因此用四千文钱将女儿从婆家"赎回"另嫁。第一份文约就是杜遐林的"赎女另嫁文约",表明杜氏已经与罗家解除了原先的婚姻关系,这样第二份另嫁文约才能成立。在第二份文约中,杜遐林说明了女儿之前的订婚和退婚情况,将女儿另嫁与任荣贵为妻,虽然文约中没有显示任荣贵出有多少聘礼,但从案卷的诉状中可以看出任荣贵交给杜遐林六千文钱。那么杜遐林将女儿从赎回到嫁卖,其中净得二千文。从第二份文书是杜遐林本人亲笔书写而没有请人代书来看,他应具有一定的文化程度,但从两份文约的见证人都比较少、第二份卖婚文约中娘家杜姓和本夫罗姓族人无一列名来看,也为文约背后可能存在的问题埋下了伏笔。

**案例4. 杨大福卖妻文约**

立出择嫁婚书文约人杨大吉,甘愿主嫁婚书文约人杨大福娶妻杜氏,因夫妻不合,男不愿女,女不愿男,夫妻反目,自愿离别。弟兄商议自请媒证陈廷燦说合出嫁与莫予知名下为妻。即日凭媒证言明财礼正价钱捌仟文正(整),脚摸(模)手印走□□□并包在内。自嫁之后,倘有娘家婆家以(已)知未至

---

① 南部县档案1-004-00280,道光十六年。

（知）人等不得滋事。倘若异言滋是（事），有杨大吉、杨大福、陈廷燦三人一面承当，不与莫姓相染。自嫁之后明婚正娶，并无缸（扛）抬逼嫁等情。今恐人心难拴，故立甘愿主嫁婚书一纸付与莫姓永远存据。

择嫁：杨大吉。

媒证：陈廷燦。

代笔：□名星。

道光廿一年十月廿三日。立出甘愿主嫁婚书文约人杨大福。

（手印、脚印各一）（见图6-1）

图6-1 杨大福卖妻文约

资料来源：南部县档案1-004-00290，道光二十一年。

该文约的内容十分简单，就是杨大福与妻子杜氏不合，"男不愿女，女不愿男，夫妻反目，自愿离别"，颇有些"一别两宽，各生欢喜"的意思。只不过下层夫妻的不合，丈夫不是将妻子休离，而是将其嫁卖。苏成捷的研究已表明，一些女性也同意或支持丈夫将自己嫁

第六章 特殊的"交易":"卖婚文约"及其民间和法律效力

卖,以求各谋一条生路。① 虽然从这份文约中无法看出杜氏本人的态度,但根据案卷记载的最终审讯结果来看,杜氏是由于丈夫不务正业、"不给衣食",因此自行跑到莫于基(莫予知)家中求助。后杨大福将妻子找到带回,但由于贫困问题仍无法解决,决定以八千文的价格将妻子嫁卖给莫于基为妻。可见,杜氏对丈夫杨大福将自己嫁卖是知情并愿意的。另外,该文书的主立人杨大吉与杨大福的关系,文约与案卷中都没有具体说明。从文约中"弟兄商议"的说法,杨大吉应为杨大福的兄弟或族兄弟,他在文约中担任主立人,文约落款中又说他是"择嫁"人,可见他也深深参与到这桩卖妻交易之中。

**案例 5. 蔡张氏自嫁文约**

立凭房族甘愿自主自嫁婚书文约妇蔡张氏,情父母在世曾许蔡亭香足下为婚,自夫妇完配,只说有百年偕老之愿。不意亭香不务正业,滥食洋烟,竟将家业卖尽无存,乃携所生三子搬适顺府容身。谁知命运乖舛,仍然日食难度。万般无奈乃将长子出抱与杜姓、次子抱与汪姓为子,乃携三子仍搬回王家场,竟家贫如洗,无有栖身之所。无奈复又将三子出抱杨姓抚养,夫妻只说漫觅生路。不料去冬身染疾病,服药罔效,延至今春四月旬中竟自身亡。苦张氏只身无靠,又系女流。乃与族间诸姑、伯父、弟兄、子侄商议,拜请族叔蔡兴发、族兄蔡芝平为媒说合出嫁与蔡丕至(志)足下为妾。凭媒证房族大小人等议定财礼铜钱贰拾千文整。其钱一手现交氏堂侄蔡邦英、邦彦二人亲手领足,其钱以作前夫追修化帛之资,凡族间大伯小叔酒水之资一并在内。自今出嫁之后,恁(任)凭蔡姓约束。凡族间弟兄子侄伯姊诸姑大小人等不得藉亲称亏。倘有另生枝节,有领钱人挺身承当,概不与

---

① [美]苏成捷:《清代县衙的卖妻案件审判:以 272 件巴县、南部与宝坻县案子为例证》,载邱澎生、陈熙远编《明清法律运作中的权力与文化》,台北:联经出版公司 2009 年版,第 361—374 页。

娶亲人及媒证人等丝毫相染。此系二比甘愿,并无勒嫁逼讨等情,亦无估搂抬扛等情。今恐人心不古,故立自主自嫁婚书文约一纸,永远收藏存照为据。

  媒证人:保正蔡兴发、甲长蔡芝平。

  见明人:李廷喜、李会元、蔡德茂、章廷标(笔)。

  光绪九年四月二十四日。立凭房族商议甘愿自主自嫁婚书文约妇蔡张氏是实。①

  这是一份妇女自己具名主立的自嫁文书。在笔者搜集的南部县档案中,妇女自嫁文书共有四份,这是其中较具代表性的一份。主立人蔡张氏在文书开头就说明是"自主自嫁婚书文约",其后她回顾了以往生活的艰难,丈夫又染病身亡,自己"只身无靠",只好与亲族商量,嫁与他人为妾,所得财礼二十千文,一部分作为亡夫"追修化帛之资",另一部分作为亡夫亲族的"酒水之资",从此之后自己与亡夫家族再无关系,任凭继夫约束。以上叙述中包含了她改嫁的原因、财礼的数额和交付及分配方式,以及担保人(领钱人)。女性自己出名主立卖婚文书,往往是由于公婆、父母、丈夫等近亲皆亡故或关系疏远,其他族人又不愿承担嫁卖妇女的责任,因此尽管文书在开头就有"凭房族"的字样,内容也明显有亲族的参与,落款中的见证族人却较少。另外,由于丈夫和公婆都不在世,女性嫁卖之后所得财礼也就没有了直接受益人,笔者所见四份女性自嫁文书,都说明钱文用作"追荐"亡夫。文约中特别说明钱文由亡夫堂侄"蔡邦英、邦彦二人亲手领足",代替张氏完成"追修化帛"之事。

  总结笔者所见南部县档案中的卖婚文约,大体可以概括为契约文书的一种,符合和具备民间契约文书的基本格式和各项要素,主立人可以是公婆、父亲、丈夫、亲族,以及女性自己。文约中要说明嫁卖

---

① 南部县档案1-009-00249,光绪九年。

第六章 特殊的"交易":"卖婚文约"及其民间和法律效力

的理由,所得钱文数量和交付方式,并保证这一嫁卖不会滋生其他事端,家族人等和中人、媒人的参与画押也都意在证明改嫁是公开且可行的。另外,"卖婚文约"也是婚书的一种,签订文约标志着一桩婚姻的结束和另一桩婚姻的开始,但是契约形式的婚书,是传统社会物化女性的一种极端体现,让婚姻打上了鲜明的"交易"烙印,只是此类契约之下所交易的"物品"是女性。随着一纸文约,女性的"所有权"就从一位男性转移至另一位男性,即便在丈夫亡故、妇女迫于生计而改嫁的情况下,财礼所得也要归于夫家。

## 第二节 卖婚文约的民间效力

上一节讨论了卖婚文约的内容、格式和性质,但是,卖婚文约毕竟属于"白契",法律效力必然受到限制,那么其在民间的效力如何?

首先,前文提到女性娘婆两家亲族不能节外生枝,是卖婚文约中必须写明的内容,一般还要指定某个成员对可能发生的意外负责,不与"买家"相涉。如案例1中"若何姓蒲姓娘婆二家凡亲疏内外人等滋事生非,有蒲廷模一面承当,概不与蒲能元父子相涉",表明是主立文约人蒲廷模自己承担一切责任;案例2中则说明"有刘姓亲疏已到未到人等外生枝节,有族公刘文漪、刘国顺、刘孙氏,胞弟刘大川、大万一面担当"是夫家族人共同承担责任;案例5中也有"倘有另生枝节,有领钱人挺身承当,概不与娶亲人及媒证人等丝毫相染"的说法,而文约中说明"其钱一手现交氏堂侄蔡邦英、邦彦二人亲手领足",即前夫的两位侄子作为责任的承担者。在文约中明确指定发生问题的责任承担人,一方面可以在很大程度上减轻买娶者的心理负担,使得"交易"更容易达成;另一方面也增强了文书的民间效力,相当于有人出名保证文书的有效性,特别是当指明的责任人与嫁卖者并不重合时,使得文约本身就增加了一重担保。

其次，即便不是指明的责任承担者，只要是参与了文约签订并画押的族人、邻里和中人等，都是"交易"过程的见证者和文约效力的维护者。前辈学者的研究已经指出，"中人"是古代契约成立的要素之一，在契约签订过程中起到见证签订过程、平衡签订双方关系、调解可能存在的纠纷等重要作用。① 事实上，卖婚文约中落款的族人、约邻、媒证、见明人，乃至代书人等，都具有"中人"的性质和作用，这是契约得以维持其民间效力的又一重要因素。一般而言，参与签订文约的相关人等越多，文约就越具有约束力。如案例1蒲廷模嫁卖儿媳，由于儿子外出不在家，使得文约在签订时缺少重要的当事人，于是蒲廷模召集了娘婆两家十余位亲族、媒证、见明人共同签订文约，就是为了使其更具效力。另外，中人的身份地位越高，文约也越具有保障性。如案例5蔡张氏自嫁文约，落款中两位"媒证人"分别是"保正蔡兴发、甲长蔡芝平"，保正和甲长作为基层社会负责人，前来为蔡张氏的再醮做"媒证"，无疑增强了这份文约的权威性。相比之下，案例3"杜遐林赎女另嫁文约"，则由杜遐林自己写成，没有中间的代笔人，落款的见证人也只有四名，且杜姓家族和前夫家族无一列名，无疑让文约显得缺乏权威性。后来的事实果然证明，杜遐林的女婿并未亡故，是他图得财礼，伪造了赎女文书，私行将女儿另嫁，事情一旦败露，女婿家即控案要求将杜氏讨回，文约也就失去了应有的效力。

再次，上文提到，有些卖婚文约中印有脚模手印，这样的文约较没有手脚印的更具效力。从行文来看，文约中若要出具脚模手印似乎要有额外的花费。如以下两例卖妻文约：

**案例6. 王德盛卖妻文约**

立出甘愿休妻改嫁、永无后悔文约人王德盛，情因幼配李姓

---

① 相关研究参见李祝环《中国传统民事契约成立的要件》，《政法论坛》1997年第6期；李祝环《中国传统民事契约中的中人现象》，《法学研究》1997年第6期。

第六章 特殊的"交易":"卖婚文约"及其民间和法律效力

之女,过门二载,夫妇合好,并未角口。因今岁年丰歉收日食难度,双亲在堂亦难度日,有德盛与妻李氏夫妇商议,请凭亲族觅主将李氏另行改嫁。实属李氏并无过犯,奈德盛家贫双亲难养,故请表兄杨作栋说合嫁与蔡思玉足下为婚。有蔡姓不允有夫之妇大干法纪,有德盛之父王泽中主婚一力承担,故蔡姓认成接娶,出备酒水让婚钱陆串正(整),脚目(模)手印、主婚一并在内,有王德盛父子甘愿无异,三面言至。倘日后王李娘婆二姓亲疏人等称说串同伙嫁生妻等语,有本王德盛父子一面担当,不与说娶之家、媒证相涉。自改嫁休妻之后,如锯断木,永无后悔。今恐人心难拴,故凭媒证出立甘愿休妻文约付与蔡思玉日后存照。

在局人:媒证杨作栋、曹必荣、蔡大保、王国纲共押。

(手印、脚印各一)

道光二拾六年十二月十四日凭亲族媒证立休妻文约王德盛父子立字是实。①

### 案例7. 鸿正文卖妻文约

凭媒书立甘心异(意)愿主婚文约人鸿正文,幼配朱万明之女为婚,情因年岁饥馑,家贫,夫妇日食难度。此女东逃西走,氏夫万般无奈,只得邀请家族与同朱氏娘家人等,商议夫妇甘愿两离,氏夫自行请媒祝加清三面说合,另行改配夫王德金脚下为婚,凭媒议论给除财礼钱拾肆串文整,酒水化字、脚模手印一并在内。其钱鸿正文亲手领足,不得短少分文。此系二比男从女愿明婚正娶,不得强逼估抬。日后鸿姓家族与同娘家人等以(已)到未到,不得另生枝节。倘若日后另生枝节,有媒证祝加清一面

---

① 南部县档案1-004-00298,道光二十六年。

承担。今恐人心不一，故立甘心异（意）愿主婚文约一纸，付与王姓永远存照。

说合媒证：祝加清。

在场人：鸿正魁、鸿正发、鸿正武、鸿正太、姚学盛、祝家富。

依口代笔：祝家伦。

同治七年十月初十日鸿正文甘愿立出主婚文约是实。①

两份文约中都提到，买娶方所付的钱文中包括了"脚模手印"的费用。从前文案例2中有"本夫脚印手印踏明"的说法，可知手脚印一般出自被嫁卖妇女的现任丈夫（"本夫"），用来证明确系丈夫本人甘愿将妻子嫁卖，中间不存在他人的欺诈行为（如案例3中杜遐林伪造事实的行为）。这也是案例1中作为丈夫的蒲洪福所出具的"手印婚约"，较作为翁公的蒲廷模所出具的不带有手脚印的婚约更具有约束力的原因所在。一旦日后发生纠纷，手脚印就成为卖妻交易成立的重要证据，详见本章下一节论述。从买娶者愿意多付一些钱文让"本夫"在卖婚文约中印上"脚模手印"来看，显然这样的形式有助于增强文书的效力。

最后，签订卖婚文约的过程中，除财礼和"脚模手印"的费用是付给嫁卖者之外，买娶者往往还有一些额外的花费，如付给中人、媒证或主婚人的谢礼，酬答及安抚族人的"酒水钱"和"背手钱"等，这些花费的目的也在于增强文书的民间效力。如案例5蔡张氏再嫁文约中说明，"凭媒证房族大小人等议定财礼铜钱贰拾千文整"，"凡族间大伯小叔酒水之资一并在内"，即二十千文中包括了亡夫族人的酒水之资。案例7中也提到有"酒水"的费用。案例6则说明"出备酒水让婚钱陆串正，脚目（模）手印、主婚一并在内"，即六串钱包含，

---

① 南部县档案1-006-00350，同治七年。

了财礼、酒水、脚模手印和主婚的所有费用。"酒水钱"和"主婚钱"容易理解，关于"背手钱"，笔者用以下朱姓赎女另嫁文书来阐释：

> 立出赎媳还归允赎文约人李张氏仝（同）子先庚、先扬、先荣、先佶，情次子先甲幼娶朱桂隆、焕文之妹为妻，未一年先甲即逝，去岁夫鉴平又故。朱氏在家姒娌不和，母子商议恐生他变。今朱姓弟兄请亲友来家，甘愿出钱拾六千文以作先甲安葬之资，赎归朱姓就养，异日或再醮，李姓不得异言称说，母子亦无他语；或守节，不得仍归李姓，妄分田产。此乃情出无奈，请凭家族亲朋共议，均属三面心悦，恐口（后）无凭，特立允赎文约为据。
>
> 合约二纸。
>
> 见盟人：宋鉴堂、刘卓云、张玉田、朱吉裳、李嘉、李先庚笔（十）。
>
> 外凭张玉田、刘卓云出钱十千文，李先庚作背手。
>
> 又付李嘉背手钱贰千文，凭刘张二人交。
>
> 同治十一年二月初四日。①

这并非一份卖婚文约，而是朱氏婆家允许娘家将其"赎回"的文约。文约中表明，朱氏与李先甲成婚不到一年，丈夫就不幸去世，之后翁公也离世，婆母李张氏同几个儿子商议决定，让朱氏娘家用十六千文的价格将其"赎回"，任由娘家养赡或改嫁。文书落款中提到"外凭张玉田、刘卓云出钱十千文，李先庚作背手，又付李嘉背手钱贰千文"。李嘉的身份从本案卷宗的上下文可以看出，是朱氏亡夫李先甲的堂兄，李先庚的身份不明，但从他所得钱文远远多于李嘉来

---

① 南部县档案1-006-00388，同治十一年。

看，应属血缘更近的亲属。朱氏娘家兄长的诉状中也提到他们在赎回妹妹时被李嘉、李先庚索去"背手钱十二千文"，与文约所述吻合。至于"背手钱"，就是朱氏婆家在同意儿媳被娘家"赎回另嫁"时，对于近亲族人的一种经济安抚，请他们不干涉此事（背手），并保证今后不找寻事端。

再如孀妇向王氏控诉族人借婚兴讼，她在诉状中表示，由于"孙媳向冯氏嫌贫抗教、迭生事端"，她与儿孙商量决定"凭媒向宗仁将冯氏改嫁为妾，欲获财礼另娶妻室"。在此过程中，族人"向仕林等藉端已索梁姓（买娶者，笔者注）猪酒钱八千，背手钱三串"。① 这里的"猪酒钱"和"背手钱"也都是"酬族"的费用。事实上，所谓的"酒水钱"有时并不真正用来备办酒水，而是被族人直接瓜分，如谭洪顺控诉自己给儿子聘娶"李德钦之女李氏为婚"，李氏族人"李德勋等妄称辈伦不符"，他只好"给伊族酒水钱三千六百文"，"李德勋等将钱瓜分"。② 还有常因瓜分不均而产生纠纷的，向王氏控诉族人借婚兴讼一案，起因就是族人瓜分"猪酒钱"和"背手钱"不均而构衅。

虽然下层妇女被嫁卖时，很少再举办正式的婚礼，但有时会置办简单的酒水或给族人分一点酒水钱，凡是分享到酒水或钱文的族人，即不能再对嫁卖行为有所异议，否则即在情理上违背民间的信义和惯习。特别是拿了"主婚钱"和"背手钱"的族人，更有责任和义务维持卖婚文约的有效性。

## 第三节 卖婚文约的法律效力

由于"买休卖休"在清代属违法行为，因此卖婚文约从法律层面讲是无效的。但是，在司法审理中，卖婚文约仍常被作为证据呈审，

---

① 南部县档案1-005-00195，咸丰八年。
② 南部县档案1-006-00313，同治三年。

## 第六章 特殊的"交易":"卖婚文约"及其民间和法律效力

有助于县官了解案件的真实情况,并做出相应的判决。因此,卖婚文书在司法层面是有其意义和作用的。

### 一 妻可卖否

关于中国传统社会礼法规定与民间实践之间的背离,学界已多有共识,特别是对于"户婚田土"类的民事案件而言,多处于"民不告则官不究"的状态。因此,尽管"买休卖休"为清代法律所禁止,但对于因贫困而无法养活妻子的男性,地方官常常不得不接受他们嫁卖妻子的事实。这一点从不少家庭在卖妻或"休妻"时还往往试图在官府备案,以免日后亲族因此构讼就可以看出。如上一节提到的鸿正文卖妻一案,在卖妻之前,他先向县衙递交了一份"存状":

> 存状人鸿正文,年四十九岁,住东路崇教乡七甲,地名两坛山,离城四十里,离李渡场二里,为恳赏存案事。情民父母均故,孤独一人,家贫如洗,帮人佣工,齿积微钱,凭媒说娶朱氏为室。自结缡后,无如朱氏并未生育,嫌民家贫,多言悍泼。可怜民染患黄膛病疾,久医不愈。朱氏乘无管束,任意横行,出丑败露,总称不愿跟民活人。民没奈何,请凭娘婆两家说明,听其自便。俟后民稍发达□痊,另娶妻室,民无后悔。但民附近刁人甚多,诚恐借端兹讼,害非浅鲜(显)。为此具呈,恳赏存案。伏乞。
>
> 同治七年十月十三日具。
>
> 钦加同知衔特授四川保宁府南部县正堂加六级纪录四次庆批:既系两愿离异,著凭族戚媒证妥为理处,毋庸存案。①

鸿正文在存状中诉说了自己的困境,他"家贫如洗"且久病不

---

① 南部县档案 1-006-00350,同治七年。

愈，妻子却"多言悍泼"、不守妇道，因此生活难以为继，与妻子"请凭娘婆两家说明，听其自便"，就是表明要与妻子离异。而他上存状的目的，是由于"附近刁人甚多，诚恐借端兹讼，害非浅鲜（显）"，因此希望能在官府备案，将来嫁卖妻子时避免有人借端告状。但县官批复"毋庸存案"。这一批复可以说非常具有代表性，首先作为一县的父母官，不可能不了解娶一房妻室对于基层百姓而言意味着怎样的经济花费，因此存状所诉不会只是简单的"离异"。但既然存状中并没有提到"卖妻"，县官就只能做"离异"看待。其次，县官显然也不想承担百姓婚姻纠纷的责任，在批复中明确表示如果"两愿离异"，找亲族媒证处理即可，县衙不接受这样的"存案"。

并非所有的县官对卖妻行为置若罔闻，再来看下文刘继尧的卖妻存状，县官的看法就很不相同：

> 存状人刘继尧，年二十五岁，住临江乡□甲□牌第□户，地名东坝场，离城六十里，为禀明存案事。情蚁自幼凭媒说娶张氏为妻，数年来未育子女。不意去今年岁饥荒，蚁不但恒业俱无，栖身莫所，且身染残疾，父母早亡，并无叔伯弟兄顾伴。欲贸无本，辗转无路。蚁不忍张氏青年与蚁困毙，蚁思难已。夫妇商议，自行请凭家族及张氏娘族等相商，将张氏放一生路。奈人言生妻不敢说娶，是以赴案禀明存案，伺获觅得张氏生活之路，不致后患，沾恩不忘。伏乞。
> 
> 道光二十年五月十七日。
> 
> 署四川保宁府南部县事候补县正堂加三级纪录五次徐批：例无因贫准其卖妻之条，且尔年已及壮，若果勤苦自恃，何致不能养赡，乃不思奋勉，辄欲嫁卖尔妻，犹复控词妄请立案，实属无耻。不准。①

---

① 南部县档案1-004-00289，道光二十年。

第六章 特殊的"交易":"卖婚文约"及其民间和法律效力

和鸿正文一样,刘继尧诉说了自己的生存困境和夫妇的情愿分离。不同的是,刘继尧明确指出由于妻子张氏属于"生妻","人言生妻不敢说娶",因此自己"赴案禀明存案",如此嫁卖妻子时就不会有障碍了。但刘继尧遇到的这位徐姓县官表示,"例无因贫准其卖妻之条",就是法律没有规定贫困就可以卖妻,而且刘继尧正值壮年,只要"勤苦自恃",怎么会连妻子都养不起,显然是"不思奋勉"而只想卖妻图利,这样的存状不仅未被允准,县官还斥骂刘继尧"实属无耻"。但父母官的斥骂和劝勉显然未能阻止刘继尧的卖妻行为,尽管存状没有被接受,刘继尧还是在11天后就将妻子以十千文的价格嫁卖了。

此外还有一些案件,当事人表示自己卖妻或"离异"是在官府备有存状的,但由于档案中未收录该存状,因此不知存状是否被官府接受。不过大体可见,卖妻事件在基层社会时有发生,只要没有因卖妻而引发诉讼,官府就采取睁一眼闭一眼的态度,除非有人以"嫁卖生妻"或"买休卖休"提起控诉,官府才不得不受理案件并进行裁决。接下来笔者就从卖妻案件的实际裁断来考察卖婚文约的法律效力。

## 二 卖婚文约的无效性

本章开头时提到,《大清律例》明确规定:"若用财买休卖休和娶人妻者,本夫本妇及买休人各杖一百,妇人离异归宗,财礼入官。"[①]就是说嫁卖生妻案件,如果依照法律判决,买方和卖方都是过错方,被卖妇女将不归于其中任何一方,而是"归宗",即回归娘家,卖方所得财礼也要入官。从这一角度来看,如果县官依律判决,那么卖婚文约就是完全无效的,无论文约中有多少中人见证、凭媒妁过付了多少财礼、是否附有脚模手印,都是无效的。即便妇女已经跟后夫(买方)在一起生活多年,甚至育有子女,只要有人控告,也要分离归宗。如夏文举买娶祝氏一案,嫁卖文约如下:

---

① 《大清律例》卷十《户律·婚姻》,载马建石、杨育棠主编《大清律例通考校注》,中国政法大学出版社1992年版,第453页。

立书主嫁文约人夏陈氏，所生二子，长子夏建寅自幼婚配祝氏，不意建寅吃斋，上司拿获过司，充军在双流县三年，疾病身亡，遗尸归家安葬。有祝氏无儿无女，每日对母啼哭，称说终身无靠。母媳商议奉请夏祝二姓人等共知，有祝氏自愿令（另）行改嫁，觅媒赵元仲说和（合）配与夏太平为妻，出力（立）主嫁酒水钱拾千文整，二比男愿女从之事。自今出嫁之后，有亲疏内外人等不得别生支（枝）节、异言称说，恐后无凭，故立主嫁文约一纸，以为后据。

　　媒证：赵元仲。

　　见盟人：祝先登、赵世祥。

　　上同母祝刘氏、胞弟祝润娃。

　　胞叔夏学忠、夏学祥。

　　堂兄夏文刚、王凤林、严神保。

　　依口书：夏之时。

　　道光二十八年八月二十二日立字是实。①

　　此案中祝氏因丈夫亡故，在婆母的主持之下另嫁与夏太平（夏文吉）为妻。需要说明的是，文约中祝氏本夫与后夫都未用真名。本夫名为夏文碧，在文约中写为"夏建寅"。后夫名为夏文吉，在文约中写为夏太平。从案卷的上下文来看，由于夏文碧与夏文吉为同族兄弟，应该是为了遮蔽伦理上的忌讳而故意用了假名。不仅姓名有假，婆家将祝氏嫁卖也未通知其娘家知晓。当祝氏胞兄祝先举得知妹妹被嫁卖后当即报官查究，因此文约落款中有娘家母亲和胞弟见证，显然也是假的。当祝氏胞兄控案之后，县官斥责夏文吉"不应说娶弟妻，沐将掌责枷号"，从中说和的族人夏文刚也被锁押，婆家被"饬令所得财礼钱十千缴出充公"，"祝氏断祝先举领回择户另嫁"。夏文刚与

---

① 南部县档案1-004-00303，道光二十九年。

第六章 特殊的"交易":"卖婚文约"及其民间和法律效力

夏文吉在堂审之后再上禀状,表示财礼钱十千文是祝氏兄弟"收领支销",应责令祝家缴出。但县官当即拆穿了这一诬陷:"昨经讯明财礼经尔收受,如果经祝先举等收用,当集讯之时尔夏文刚因何不据实供出,今被押追赔始行具案,显系捏词推诿,本应提究,姑从宽免,著即将所得财礼呈缴,毋延干比。"①如此则夏文吉花费十千文却没有娶到妻子,夏陈氏在失去了儿媳的同时财礼也被充公,县官严格依法判决正是为了告诫百姓违律买娶"生妻"的后果。

再如本章第一节案例1中所述蒲洪福父子的嫁卖文约,蒲昌银两次出钱得到蒲洪福父子的两份嫁卖文约,何氏娘家也同意了嫁卖之事,这桩"交易"就应当不再有隐患。但是,何氏娘家族人何崇伸、何三超却由于"图索未遂"而以"嫁卖生妻"为由,将蒲洪福父子、后夫父子、娘家父亲一并控诉在案。县官对于何崇伸等的控诉最初持反对态度,在其诉状上批道:"何氏改嫁,既有伊翁蒲廷模、伊父何崇元二人作主,尔等疏远亲族不当干预,今敢屡控不休,图诈显然,所称蒲花儿(即蒲昌银,笔者注)系蒲洪福族弟之处更不可信,不准。"这一批词,一方面反映出上文所述县官对于卖妻行为一贯的宽松态度,另一方面也显示出县官对于嫁卖案件中往往存在亲族图索问题的了解,因此驳回诉状。但何崇伸、何三超却反复申诉,表示"如有虚捏,愿倍罪无悔",县官才表示"姑准唤讯,如虚究诬"。最终的审讯证明,何崇伸、何三超果然"藉婚图索","俱各惩责"。而对于被嫁卖的何氏,县官依照法律,当堂盼咐娘家父亲何崇元"将女何氏领回,另行择户改嫁"。但是,县官的判决却让何崇元感到为难,他随后上存状表示,何崇伸、何三超等在审断结束后一出衙门口,即"口出恶言,若蚁将女改嫁,要将蚁与堂叔何林刚手足打断,拖蚁倾家败产"。他表示"惨蚁家贫,日食难度,领女回家难以顾持。倘若将女何氏改嫁,伊等原系痞子恶棍,果寻恶索难免酿祸,为害诽

---

① 南部县档案1-004-00303,道光二十九年。

（匪）浅，为此存案防患"。就是担心自己将女儿再嫁时何崇伸等族人再来挞索，因此存案以备日后再打官司时有案底可查。对于何崇元的忧虑，县官批示："此案买休卖休，业经本县究结，尔女何氏律应归宗，随意给尔领回，听尔择户另嫁，旁人不得干预。如果何三超胆敢向尔滋事，即可随时查究，毋庸过虑。"① 县官的批词，在安慰何崇元的同时，也简述了案子的性质和审断依据，即便日后何崇伸等"缠讼"时自己不在此任，其他县官也可以通过该批词对案情和审断结果一目了然，等于是从官府的角度给何崇元开了一剂定心丸。

何崇元的忧虑反映出这样一个事实，即"嫁卖生妻"案件如果依法判决，妇女既不归于本夫（卖方），也不归于后夫（买方），而是归宗由娘家领回。从表面看，娘家可以将女儿另嫁并再次获得财礼，是最大的受益者。但实际上娘家因此也会承受很大的压力。不仅会像何崇元案件中有族人挞索不休，本夫和后夫两个家庭也都处于人财两空的状态，大概皆不会善罢甘休。因此，就有娘家拒绝领回妇女。如第一节案例4所述杨大福卖妻文约，杨大福因贫困将妻子杜氏嫁卖给莫于基，并出有卖婚文约。因杜氏之弟杜桂亭斥责杨大福不应将其姊嫁卖，杨大福一气之下诬告是杜桂亭将胞姐拐嫁。经过堂审，县官判令杨大福"自行嫁卖不应妄控，当将责惩"，但"杜氏之弟杜桂亭不愿将杜氏承领，断将杜氏交保嫁卖"。② 也就是说，县官本判决杜氏由娘家领回另嫁，但杜桂亭不愿承领胞姐，最终只得将杜氏"交保嫁卖"。从杨大福的前后作为，我们不难理解杜桂亭所做的决定，杨大福因贫困无法养活妻子而导致妻子逃家谋生，杨大福寻获后仍将妻子卖给收留者，后又因妻弟责备他不应嫁卖生妻而对其进行诬告，其一贯的无赖行径势必不会因县官的判决而就此改过，因此杜桂亭宁愿放弃对胞姐的领回另嫁权，任由官媒将杜氏嫁卖，以此彻底断绝自己与杨大福的关系，避免后续的麻烦。

---

① 南部县档案1-004-00259，道光四年。
② 南部县档案1-004-00290，道光二十一年。

## 三 嫁卖文约在司法审理中的作用和意义

需要指出的是，并非所有案例中的县官都依律判决，他们也会根据不同的情况而灵活调整判决方式。如前述刘继尧上呈卖妻存状，被县官责以"无耻"并驳回，但其后刘继尧仍将妻子嫁卖，卖妻文约如下：

> 立写自行甘愿两离婚约人刘继尧，情因余说娶张氏为妻，结缡数年无育，兼值荒年，父母早故，又无恒业，又无栖食。甘心经凭张氏娘族及余家族相商，将张氏寻一生路，均皆欢悦。请媒任怀奇觅配张基为室，议取财礼钱拾千文正（整），一手现交，无有债项扣筑。自嫁卖已（以）后，余家族及张氏家族人等从中称言，有余一面承当，并无外语，特立手印婚约付据。
>
> 帅国俸、帅国珍、刘应仲、刘应榜、共知。
> □□ □宏笔。（手印、脚印）
> 道光二十年五月廿八日立婚约人刘继尧是实。①

随后刘继尧的叔父控诉有人胁迫刘继尧卖妻，县官当即批准"唤讯察究"。审讯中刘继尧表示，自己所上的存状和写立的婚约都是在他人的诓骗和威胁之下所为，并非自愿卖妻。而且文约中的十千文财礼也没有全数交付给他，只得到五千文，妻子也尚未被张基接娶。因此，县官判令张基"不应说娶生妻，例应责惩"，"姑念乡愚无知，从宽免究"。"刘狗儿（刘继尧，笔者注）得张基钱五千，饬刘狗儿缴还张基收领"，"其张氏仍令刘狗儿领回团聚约束"。② 此案由于刘继尧卖妻并非自愿，因此县官令刘继尧将已领取的五千文财礼退回并将妻子领回团聚，且由于卖妻行为并未最终完成，张基也被免于惩罚。

---

① 南部县档案1-004-00289，道光二十年。
② 南部县档案1-004-00289，道光二十年。

由于刘继尧的叔父及时告官，使得这一案件买卖双方基本没有遭受损失。本案刘继尧的卖妻文约虽然仍属无效，但由于文约中的财礼并没有完全过付，且文约的落款中除他本人之外，见证人中没有娘婆两家的主要亲属，帮助刘继尧证实了文约是在被迫的情况之下签订的，从而得到有利于自己的判决，从某个角度体现出嫁卖文约在司法审理中的作用。

即便丈夫甘愿卖妻，县官也可能仍将妇女判回给本夫，陈玉建卖妻一案即是如此。陈玉建与妻子杨氏"结缡十二年久，生有子女各一"，但是陈玉建"家贫身矮又病黄肿"，一家人生活艰难。咸丰元年六月，在族人陈玉俸的唆使下，陈玉建决定将杨氏嫁卖与郑应川为妻，于是托"何国举代笔出立婚书"，并说明幼女陈腊姑跟随母亲一起嫁到郑家"抚养五载"。不久，陈玉建的父亲陈文星"出外行医"归来，当即以"嫁卖生妻"的罪名将陈玉俸控诉在案。经审讯，县官断令"陈玉建不应书立婚约，例应责惩，姑念乡愚本朴，从宽免责，断令陈玉建将所得财礼八千文缴出充公。小的（陈玉俸，笔者注）同郑国俸不应作媒嫁生妻，郑应川亦不应说娶有夫之妇，均各分别掌责，其杨氏仍令陈文星的儿陈玉建领回管束"。从判罚来看，应该是陈玉建"残疾矮小朴懦无能"得到县官的同情，加之其父陈文星在告状中表明书立卖婚文约时自己并不在家，文书中"偷放蚁名主婚"，帮助县官证实了文约的虚假成分，因而只判令陈玉建将八千文财礼充公后就可将妻子领回。这样的判决必定导致此案中损失最大的就是买娶者郑应川，根据他的诉状，书立婚约时，不仅议定财礼钱八千文，还有"手印钱一千六百文，酒水钱四千文"，这些钱都打了水漂。①

另一件同样是儿子书立文约卖妻、父亲外出归来后反对的案件，县官却把女性判给了后夫。张崇品控诉："民子张朝春发配何仕兴之女何氏为妻，结缡两载……讵民族叔张玉勤乘民在外佣工未归，串媒

---

① 南部县档案 1-005-00154，咸丰元年。

第六章 特殊的"交易":"卖婚文约"及其民间和法律效力

张元泰、张崇华于今二月初十日押逼民子将妻嫁伊玉勤为室,议财礼钱十串,民子不会识字,伊等串人写约,仅给民子钱三千,其余钱文被张元泰等瓜分。"即族人乘自己"在外佣工未归"时"押逼"儿子写立文约将儿媳嫁卖。此案县官的判决是,"何氏不应嫌贫另嫁,沐将何氏掌责","张玉勤(后夫,笔者注)说娶有夫之妇,例应责惩",但因"张朝春出有休离字样",即张崇品之子既然已经写立卖妻文约,并且财礼已经过付,"何氏仍令玉勤领回团聚"。① 此案之所以将女性判给后夫,首先是前夫写立的卖妻文约证明他确有卖妻的意愿和行为,其次从各方面的供词中,县官得知张崇品归家后,其父子先向张玉勤"图索不遂"后才来呈控,县官将何氏判给后夫应是希望对这种先因贫卖妻,再不断搪索,不遂后再来捏造事实控案的行为进行的戒斥。

事实上,卖妻案件中有不少县官将妇女判给后夫(买方)。再如杨大志嫁卖妻子陈氏一案,杨大志因贫请叔公杨洪信为媒,将妻子陈氏嫁卖与王正坤为妻,"杨大志当与王正坤出有手印婚约,得财礼六千文"。卖妻之后,杨大志又屡次向王正坤图索,一年后陈氏为王正坤生下一子,杨大志听说后再向王正坤图索不遂,就以妻子被其娘家兄长拐嫁与王正坤为由提起诉讼。经堂审,证明系杨大志自己卖妻,并与母亲李氏一同出立了手印婚约,实因图索不遂之后捏造事实进行诬告。县官判决如下:杨大志与王正坤"不应买休卖休,均各掌责","例应将财礼充公,姑念杨大志赤贫,免充","其陈氏业已在王正坤家下生产一子,免离,仍令王正坤领回团聚"。县官的判决显然是基于现实所做的决定,陈氏刚刚在王家生产一子,如果此时判她离开王家,恐怕小孩难以保全,且强令母亲与幼子分离也不符合情理。而杨大志"不务正业,将家业败尽,日食难度",靠出卖妻子并向买主和妻子的娘家人勒索度日,原来收到的财礼钱应是早就花尽,家中还有

---

① 南部县档案1-008-00451,光绪七年。

老母需要赡养，因此让他交出财礼充公也是不现实的。但"买休卖休"毕竟有违律例，因此县官判令将杨大志与王志坤"均各掌责"，同时令双方出具结状，确保杨大志以后不再向王志坤图索。① 此案的判决，看起来县官是维护了嫁卖文约的有效性，认可了后夫对女性的所有权。但实际上，县官是基于当时的具体情境而做出的判决，嫁卖文约在此处的作用在于，当王正坤将文约作为证据"审呈"后，证明了杨大志确实自愿将妻子嫁卖，并非他所诬告的妻子娘家兄长拐嫁，有助于县官对案情的了解并做出符合实际情况的审断。

最能体现嫁卖文约之司法意义的是以下两例卖妻案，笔者仍旧结合实际案例进行陈述。先来看李氏的自嫁文约：

> 立除（出）自行改嫁婚据妇祝李氏，年三十二岁，因昔年双亲将□□□祝宜山为婚。不幸于咸丰五年八月内，祝宜山病故。丢我李氏一人□□□身无所靠，女已小抱于人。情愿凭媒刘映才自行改嫁愿与蒲俊脚□□□。倘有婆主以及李姓娘主亲识人等言说，有我李氏承当，不与蒲俊相□□□凭。特立自行改嫁文约为据。
> 
> 咸丰八年正月二十八日立除（出）自行改嫁婚书，祝李氏。
> 媒人：蒲贵（划十）、蒲鸿（划十）。
> 代笔人：尤腾汉（划十）。②

此案源于何致海控告蒲进（即文约中的蒲俊，又名蒲大头）拐逃自己的妻子何氏，蒲进则上诉状表示何氏原系祝宜山之妻，祝宜山病故后改嫁自己，与何致海并无关系，系他搕索诬告。而这份李氏的自嫁文约作为证据，清楚地表明她是前夫祝宜山亡故之后自愿改嫁蒲进为妻，揭穿了何致海的谎言。各方证据之下，何致海承认自己"图索

---

① 南部县档案 1-004-00294，道光二十五年。
② 南部县档案 1-005-00200，咸丰八年。

狡骗",断令何氏由蒲进领回团聚。

再来看梁子才霸娶刘奇文之妻杜氏为妾一案：

> 问据刘奇文供：小的说娶杜氏为妻，过门数载没生子女，平素抗听管教。去年二月间，梁子才乘小的出外贸易未归，把妻子杜氏勾引到他家中藏匿。小的转归查获，控前王主讯责，当把妻子杜氏交小的领回团聚，搬至东坝场居住。至六月初二日，小的妻子杜氏逃外，访查数日无踪，仍在梁子才家将杜氏寻获……到八月初二日，小的请托媒证黄裕先，凭保正黄寿先将妻子出嫁梁仲溥为妻，财礼银三十两整，立有婚约，并未脚踏（拓）手印，约尚在小的手……迨后小的查知梁子才改名梁仲溥将妻子讨去作妾。

> 问据梁子才供：……去年二月间，刘奇文说小的霸他妻子杜氏，控前王主讯明，令刘奇文把他妻子杜氏领回，搬至东坝场居住。到八月初二日，刘奇文向保正黄寿先说他家中寒微，日食难度，请托媒证黄裕先愿嫁小的作妾，议财礼银三十两，立有脚踏（拓）手印婚约，当时交清。

> 问据刘杜氏供：刘奇文是丈夫，后娶小妇人为妻，过门数载没有生育。丈夫家中寒微，把小妇人搬至城外皂角树边居住。去八月初二日，丈夫自愿请托媒证黄裕先，凭保正黄寿先把小妇人出嫁梁子才改名梁仲溥作妾，获财礼银三十两交清，出有脚踏（拓）手印婚约字据。①

本案中，刘奇文之妻多次与梁子才私奔，他之前曾控案也无法阻止妻子的行为，因此决定出立文约将妻子嫁卖他人为妾。但是这个婚约大概立得很草率，从刘奇文的供词来看，他是在不知买主真实身份

---

① 南部县档案，1-008-00941，光绪十一年。

的情况下将妻子仍嫁卖给了梁子才。梁子才与杜氏的供词则一致表明，刘奇文就是以财礼银三十两将杜氏嫁卖给梁子才的。但是，三人的供词虽然都表明当时立有卖婚文约，但刘奇文的供词和所呈上的卖婚文约，都没有"脚踏（拓）手印"，而梁子才与杜氏的供词和呈上的文约中，则都显示有"脚踏（拓）手印"。精明的县官当即抓住这一漏洞，"饬刘奇文比对约内手印，不符，显有霸娶情事"。就是说梁子才出具的卖婚文约中的手印与刘奇文的手型并不相符，显然是梁子才在其中作弊，另伪造了一份卖婚文约，县官因此下令"将约涂销附卷，令杜氏与刘奇文当堂俯礼，领回团聚①"。

综上，与土地、房屋等买卖契约不同，卖婚文书本身并没有法律效力，但将其作为证据呈审，可以帮助县官厘清原被告双方的关系和卖婚行为发生的客观背景，以此做出最为恰当的判决，这是卖婚文约在司法审理层面的重要意义和作用。

最后需要说明的是，南部县档案中的卖婚文约，都是因嫁卖妇女产生纠纷而闹上公堂的案例，文约则作为证据被呈审，因此得以保留在司法档案之中。而那些没有引发纠纷，或者纠纷在民间层面得以解决的"买休卖休"事件，自然很难进入我们的视野。但是，清代社会整体诉讼率较低，而卖妻行为又在基层社会广泛存在，苏成捷甚至将其看作贫困百姓的一种生存策略，因此不难判断多数的卖婚行为并未闹上公堂，卖婚文约的民间效力不容忽视。而在司法流程中，卖婚文约也有助于县官了解案情，并做出恰当的判决。笔者所见案例中，不少县官并未依据法律，而将那些确实被本夫因贫嫁卖的妇女判给了买娶者，这样的判决最符合双方家庭以及基层社会秩序的稳定，从这个角度而言，卖婚文约也是有其法律意义的。

---

① 南部县档案 1-008-00941，光绪十一年。

# 第七章　死亡的性别隐喻：女性自杀案件的民间处置与司法干预

有关历史上自杀问题的研究，已在一定程度上引起学界的重视，如2013年召开了由上海历史学会与《史学月刊》杂志社等单位共同主办的"近现代中国社会的自杀问题"国际学术研讨会，将自杀问题放置在多学科交叉的视野之下，对这一现象的成因、城乡分布、历史上著名的自杀个案，以及自杀所涉及的性别、社会和法律等因素进行了较为全面的探讨。① 有关女性自杀问题的专门性讨论，最具代表性的则是荷兰著名的性别史刊物《男女》（*Nan Nü：Men，Women and Gender in Early and Imperial China*）于2001年推出的明清女性自杀问题研究专刊，文章组通过不同的视角考察了明清时期男女两性对于女性自杀现象的看法、自杀之于女性的意义，以及统治者对此问题态度上的变化等。② 可惜的是，该专刊的论文以及学界其他相关研究主要聚焦于女性自杀与贞洁的关系方面。③ 其原因，一是丰富的节妇烈女

---

① 参见彭晓松、刘长林《"近现代中国社会的自杀问题"国际学术研讨会综述》，《史学月刊》2014年第2期。

② 参见 *Nan Nü：Men，Women and Gender in Early and Imperial China*, Brill Academic Publisher, Germantonn, N. Y.：Pervidical Servrce Company, 2000。

③ 有关妇女自杀与节烈问题的讨论，除《男女》杂志的文章外，卢苇菁和戴真兰（Janet M. Theiss）也都在其有关贞洁的著作中辟专章讨论了女性自杀的社会现象、司法处理及文化背景。参见［美］卢苇菁《矢志不渝：明清时期的贞女现象》，江苏人民出版社2010年版，第五章"为理念而献身：选择殉节"；Janet M. Theiss, *Disgraceful Matters：The Politics of Chastity in Eighteenth-Century China*, University of California Press, 2004, Chapter 9 "The Logic of Female Suicide"。张涛通过对《清史稿·列女传》中所载女性自杀的原因（转下页）

记载为此类研究提供了扎实的史料基础，二是明清时代突出的旌表政策和因此形成的庞大的节烈女性群体，也使得贞洁旌表成为联结男女两性、地方社会与国家政治的很好的切入点。而对于贞洁原因之外的其他类型的女性自杀行为，学界则关注较少①，尚有充分的讨论空间。本章以86件四川巴县档案中记载的女性自杀案件为史料基础，着重考察节烈行为之外的女性自杀问题，一方面从法律的视角探讨此类自杀行为的司法关注和处理程序与节烈型自杀的不同之处，另一方面从性别的视角考察清代非贞洁类女性自杀行为的成因以及其中所暗含的性别隐喻。

## 第一节 下层女性自杀的原因分析

曾于雍正年间任河南巡抚的田文镜就指出"豫省民风，妇女率多轻生"，并在其发布的劝诫告示中罗列了妇女自杀的种种原因：

> 本都院批阅各属报到自尽人命，或因公婆一言不合；或与丈夫半语不投；或妯娌相争；或邻居吵嚷；或嫌夫丑陋；或妒夫娶妾；或夫家贫苦，不能守耐；或夫欠银钱，不能清还；或儿女与人争骂，护短寻死；或鸡犬被人伤残，咒詈亡生；或借邻人物件，不得应手；或往娘家来迟，举家撕闹；或街上儿童戏言，引为己耻；或平日搬斗口舌，招对含羞；或佃妻仆妇愤主欺凌；或挈眷逃荒，择肥图赖；甚至和奸被人撞遇，借称强逼；丈夫赌博输钱，亦为拼命。种种短见，往往轻生。②

---

（接上页）和社会背景进行分析，力图揭示清代节烈妇女的真实境遇；参见张涛《被肯定的否定——从〈清史稿·列女传〉中的妇女自杀现象看清代妇女境遇》，《清史研究》2001年第3期。

① 已有研究如吴景杰《从"家事"到"公事"：〈噉辞〉中所见晚明妇女非殉节型自杀案件》，《暨南史学》（中国台湾）2012年第14期。

② 杨一凡、王旭编：《古代榜文告示汇存》第6册，社会科学文献出版社2006年版，第79、195—196页。

## 第七章 死亡的性别隐喻：女性自杀案件的民间处置与司法干预

女性"率多轻生"的现象显然不仅仅存在于豫省，笔者在巴县档案中也看到不少妇女自杀的案件，且自杀原因与田文镜所列类型多有相同，多源于家庭和邻里矛盾，常常因为一些看似不起眼的小事而导致自杀，也因此为男性所不能理解。从笔者所见的86件自杀案例来看，约53%的女性因家庭矛盾而自杀，30%的女性因与邻里或所生活的基层社会成员之间的矛盾而自杀，约10%的女性因贫病等原因而自杀，这与中下层女性有限的生活半径和恶劣的生活条件都有直接关系。①

先来看家庭矛盾导致的女性自杀。档案显示，导致自杀最主要的家庭矛盾是夫妻矛盾。如乾隆四十九年，左氏因"往外看戏归来"被丈夫"以理戒斥"，即"用麻绳系项在歇房悬梁自缢身死"；嘉庆二十一年九月，吕张氏因"洗晒衣服被人窃去"，导致"夫妇口角"，吕张氏愤而自缢；道光十八年，王氏因"扯食地内萝卜被他丈夫看见斥骂……气忿悄赴厨房檩上自缢死了"；咸丰元年，刘氏因丈夫熊佑林回家时见她"横卧床上，不用被盖"，"恐怕刘氏染病，当斥骂几句"，"不料刘氏气忿，自寻短见，私服洋烟受毒身死"。② 咸丰二年正月，王氏在全家吃年夜饭时，婆母因菜凉而令"王氏复热"，"王氏不去，反出言凌辱"，被丈夫"用竹烟袋斥责"，之后王氏就趁丈夫出外摘取猪草时，"自用篾索在卧房木架上系颈"而亡。③

除夫妻矛盾外，其他家庭矛盾也是导致女性自杀的主要原因，如婆媳矛盾：乾隆三十年六月，王廷章之妻杨氏"因私回娘家，被婆婆骂了一顿"，后自缢身死；咸丰二年正月，梁氏因"贪懒不洗衣服"，被婆婆"斥骂训教"，她即乘丈夫出外时"自用脚棉带在本院空房木

---

① 家庭矛盾、邻里矛盾之外，还有个别女性是其他原因而自杀，笔者所见案例主要包括以下两类：有两位女性因子女夭折而抑郁自杀，四位女性被家属报告没有任何原因而"遇邪"自杀。有关"遇邪"问题详见后文论述。
② 巴县档案6-01-00503，乾隆四十九年；6-03-01234，嘉庆二十一年；6-07-01894，道光十八年；6-04-01218，咸丰元年。
③ 巴县档案6-04-01237，咸丰二年。

领（檩）上自缢"。① 又如母女矛盾：江李氏因家中来了客人，丈夫特买"心肺一笼回家待客"，与她同住的母亲李汪氏因心肺"尚未煮熟，女儿就先舀心肺汤与外甥吞食"，"把女儿李氏轻轻骂了几句"，谁知"女儿忧气就到卧房睡熟不起"，后发现是她服"铅粉"自尽，母亲李汪氏"连忙用绿豆甘草熬水灌救"，但江李氏已"中毒身死"。② 再如妯娌矛盾：乾隆四十七年五月，谭氏因其"牛把堂弟媳李氏的豆子吃了"，"两下口角"，谭氏就在屋内自缢身死。婶母与侄子之间的矛盾：如乾隆五十九年，高氏因家中贫困而向丈夫的侄子借钱，遭到冷遇后在侄子家"宅后灰房横领（檩）上吊颈"自缢。③

由于案卷的记述多局限于女性的自杀行为本身，以及引发此行为的相关事件，对于实施自杀的女性身处的家庭环境及其与家庭成员之间的关系往往描述不充分，但我们仍可以从一些碎片式的记载中得知，看似因小事而实施的自杀行为背后往往隐藏着更深层的家庭矛盾。如前述刘氏因被丈夫熊佑林斥骂而自杀一案，尽管案件的审理结果证明刘氏确系自杀，夫妻间因"睡卧盖被"这样的小事而发生口角是造成其自杀的直接原因，但案卷还显示，刘氏系熊佑林之妾，其娘家父亲在禀状中透露出熊佑林的正室对女儿素来"嫌贱"，而"女含忍"等信息，可以推断一直受到欺压的客观情况构成刘氏自杀行为的潜在背景。④ 由于家庭矛盾往往错综复杂，刘氏的自杀行为中，丈夫的斥骂和正室的虐待，很难说哪一个因素扮演了主要角色。

如前所述，档案中大约有30%的女性是因家庭以外的矛盾冲突导致自杀，最主要的冲突是经济纠纷。如张汪氏"早年用银二十三两当李黄氏瓦房两间居住"，嘉庆二十五年正月，李黄氏突然要求"加添当价"，张汪氏表示"丈夫没回，无钱加当"，"叫李黄氏赎取房子"，

---

① 巴县档案6-01-00317，乾隆三十年；6-04-01238，咸丰二年。
② 巴县档案6-04-01220，咸丰元年。
③ 巴县档案6-01-00485，乾隆四十七年；6-01-00611，乾隆五十九年。
④ 巴县档案6-04-01218，咸丰元年。

第七章　死亡的性别隐喻：女性自杀案件的民间处置与司法干预

两人发生争执，李黄氏在争执的过程中"失足跌了一交（跤），在木柜角上把额角磕伤"，后被人劝散，不料李黄氏当夜"潜赴厨房投缳殒命"。①赵恩佑于道光二十二年曾借李成山十两银子，至咸丰七年无力再偿还本利银两，李成山之子遂将赵恩佑家中耕牛牵走抵债，赵恩佑之母张氏"不允"，双方争执之下，张氏"情急，自用蔑（篾）索在屋侧牛栏蔑（篾）门横竹上系颈毙命"。②咸丰元年六月，庞氏因丈夫陈详顺生意折本，亏欠债主银两和衣服，债主王老七找陈详顺索要未遂后，到他家中"凶索肆闹，逼要衣服"，导致庞氏"自用篾索在床木架上系颈"自缢身死。③虽然以上案例中女性自杀的原因都是出于与外人的经济纠纷，但仔细推敲不难发现其中存在的共同点，就是在面对家庭之外的纠纷和冲突时，家中男性缺席或无力应对，导致女性用自杀作为反抗外力、保护家庭成员和财产的一种极端方式。关于女性自杀与家中男性角色缺失之间的关系，详见后文论述。

由以上案例可以看出，的确如田文镜所述，家庭和邻里之间的矛盾和口角，常常是导致女性愤而自杀的原因，但下层女性因贫病无望而自杀的情况是田文镜所忽略的类型。如刘氏家庭贫困，嘉庆十四年三月因"家中无米"到胞弟家求借，但其弟表示无力接济，后"因贫情迫又兼染病，至郭仕相家求借无与，回家病重自缢"。④刘游氏的丈夫刘香明以"帮人挑脚"为生，二人佃房居住，生活艰辛，咸丰元年七月初三日，刘香明收工回家，"得见妻子因贫忧气，自服烟毒死了"。随后的审讯中，房东证明刘游氏死时"刘香明尚未在家，并没吵闹抓扭"情形，岳母游张氏也证明女儿"自幼许配刘香明为婚，平素和好"，"实系服毒身死，并没别故"。证实了刘游氏确系由于生活的贫困无望而自杀。⑤萧正发之妻张氏"抱病日久，折磨不过"，于

---

① 巴县档案 6-03-01343，嘉庆二十五年。
② 巴县档案 6-04-01114，咸丰七年。
③ 巴县档案 6-04-01221，咸丰元年。
④ 巴县档案 6-03-00914，嘉庆十四年。
⑤ 巴县档案 6-04-01225，咸丰元年。

咸丰元年四月十七日夜"自用脚带在卧房篾壁上系颈"自缢。张氏的房东和邻里都证实她"常患弱症"。她与前夫所生之子还陈述了自己之前探望母亲的情节："看母病重，服药罔效"，"是夜昏死，小的在彼解救苏醒"。可见张氏的确病入膏肓，不愿再受病痛折磨，以死解脱。① 贫困和病痛导致女性对生活失去希望，从而放弃自己的生命，这是下层女性自杀行为的又一特征。

## 第二节　女性自杀案件的司法干预

清律中与自杀相关的司法规定，主要体现在"刑律·人命·威逼人致死"条，如果自杀案件中他人的"威逼"行为客观上造成当事人自杀，即构成犯罪，否则即属"与人无尤"。因此，判定自杀行为中是否存在"威逼"情形，是此类案件审理时县官的关注点所在。学界对于清代司法实践中该条法律的应用与沿革已有所论述。② 实际上，该律对于女性自杀问题的关注点仍主要集中在"贞洁"上，律条规定的处罚严格而明确："因奸盗而威逼人致死者，斩"，并注明"奸不论已成未成"，只要导致女性自杀即处斩。相关的例文也主要围绕这类案件的判罚进行细化——17条例文中有12条与贞洁有关；对于因户婚、田土、钱债类民事纠纷而威逼人致死者，处罚则较为缓和——杖一百，并追赔埋葬银十两；此外第八条例文补充："凡因事用强，殴打威逼人致死，果有致命重伤及成残疾、笃疾者，虽有自尽实迹，依律追给埋葬银两，发近边充军。"③ 即除"贞洁"类案件外，女性自杀与男性自杀案件的处理并无差别，须"审犯人必有可畏之威"，"威

---

① 巴县档案6-04-01217，咸丰元年。
② 相关研究参见段文艳《死尸的威逼：清代自杀图赖现象中的法与"刁民"》，《学术研究》2011年第5期；陈怡星《"威逼人致死"条研究》，硕士学位论文，中国政法大学，2009年。
③ 马建石、杨玉棠主编：《大清律例通考校注》，中国政法大学出版社1992年版，第809—813页。

第七章 死亡的性别隐喻：女性自杀案件的民间处置与司法干预

逼人致死"的罪名方能成立。如前述乾隆四十七年谭氏因其牛误食堂弟陶尚德家黄豆而与堂弟媳李氏发生口角后自缢身死一案，谭氏娘家叔父谭正榜以侄女谭氏被陶尚德"夫妇逼毙"为由提起诉讼，县官在其诉状中批道："查威逼身死，实由威势凌逼、窘辱难受，因而自尽。今陶尚德夫妇究因何事威逼谭氏，究系何致死，词内未据声明。"因此令他"确查明白"后再行呈报。谭正榜于是再上禀状，说明陶尚德夫妇"与蚁侄女素有仇隙"，虽然谭氏已将牛所食黄豆认赔，但李氏仍将"谭氏凶赶行殴"，"谭氏被伤，跑匿自家内室，情急缢毙"。县官仍然认为此事不合情理，牛食黄豆"既经谭氏认赔寝事，李氏何忽持斧赶殴谭氏……彼时竟无一人救护，以致谭氏自缢身死？殊非情理"。后来的堂审证明县官的判断是正确的，谭正榜系因谭氏之夫得到堂弟的经济赔偿后不肯拿出钱来与谭氏"包坟追荐"才来告状，此案的确不属于"威逼人致死"范畴。① 事实上，本章所述的女性自杀案件都不属于"威逼人致死"的类型，虽然需要经过司法程序，但一般不需有人承担实际的法律责任，那么此类案件司法干预的意义何在？

从案卷记载来看，一旦发生自杀事件，亲属都不约而同地遵守了较为一致的做法：首先投鸣亲邻、保正、乡约等前来"看明"并共同到官府报案，其次配合县官、仵作等对尸体进行勘验，最后经县官堂审认定女性实系自杀，具结备案。下文笔者就按照这一流程来讨论女性自杀案件的司法程序及其必要性。

## 一 投鸣保正、约邻、亲属等共同"看明"报案

多数案卷记载了自杀行为被发现后，家人会先展开施救行动，主要包括"解救"和"灌救"两种方式。如萧张氏因病用脚带在卧房自缢，其夫萧正发"惊晓，解救不及"；王仕清因妻子饶氏不肯做饭而与之发生口角，饶氏随后在厨房横枋上用裹足布自缢，其夫发现后

---

① 巴县档案6-01-00485，乾隆四十七年。

"情急连忙解救";李罗氏因独子夭亡而"痛子情切,郁气癫狂",吞洋烟自尽,胞弟罗发宽发现后"即用鸭血灌救不及";因与母亲发生龃龉而服铅粉自杀的江李氏,其母发现后亦"连忙用绿豆甘草熬水灌救";王文元之妻罗氏因遭丈夫斥骂自缢,王文元发现时"尚未气绝……连忙解下,用开水灌救不活";武生胡其煊之妾朱氏,因与丈夫口角在室内用红头绳自缢,丈夫发现时"朱氏口内还有微气",遂"解下用姜糖水贯(灌)救不活";熊佑林之妾因被丈夫训斥而"挟忿短见","深夜私服洋烟,毒发呻吟",熊佑林发现后"用药灌解不下";等等。① 对施救行为的描述,首先是亲属的本能反应,也可以用来证明他们并未逼迫或参与当事人的自杀行为;其次这一过程在官府前来勘验时也用来说明尸体经过了怎样的移动。

当确认解救无效、当事人已经死亡后,亲属所要做的则是通知亲邻(如果丈夫不在家要先通知丈夫,然后是女性的娘家亲人和夫家近亲,以及周围可以最快赶到现场的邻居),同时投鸣保正、牌首、乡约等基层社会负责人一起前来"看明""知证"。如陈庞氏因被债主"逼要衣服"而自缢身亡,其婆母发现后,一面"信赶"在外的儿子(庞氏丈夫)回家,一面"投约邻罗长发等知证";邓张氏与儿媳龚氏都是寡居,因龚氏打骂孙女,邓张氏就将儿媳"说了几句",不料龚氏当晚就在房内自缢身亡,邓张氏"忙投约邻方在朝、蒋泽文们看明,雇请尹二报知龚氏哥子龚开俸";熊佑林之妾因被丈夫斥骂而深夜服洋烟自尽,熊佑林用药解救无效后,"信赶兴发夫妇(刘氏父母)近前,投鸣街邻王宏茂等协同看明"。② 让娘家亲属和约邻、保甲等在第一时间赶到现场,主要目的是"看明"当时的现场情况,以及尸体是否存在其他伤痕,以证明其确系自杀。如余文氏因病自缢,娘家父

---

① 巴县档案 6-04-01217,咸丰元年;6-01-00444,乾隆四十二年;6-04-01216,咸丰元年;6-04-01220,咸丰元年;6-03-00673,嘉庆朝(不明年月);6-03-00700;嘉庆朝(不明年月);6-18-01218,咸丰元年。
② 巴县档案 6-04-01221,咸丰元年;6-01-00604,乾隆五十九年;6-04-01218,咸丰元年。

第七章 死亡的性别隐喻：女性自杀案件的民间处置与司法干预

亲文国元得到通知后，"拢彼看明，周身并无伤痕"，认定女儿确系自杀，一同赶来的乡约刘福松也在证词中表明："小的忙拢看明，周身并没伤痕，协同赴案报验。"① 而一旦娘家亲属对尸体形态有所怀疑，即会要求官府做进一步查验。如刘王氏因吃年夜饭时不肯热菜而遭丈夫殴打后自缢一案，娘家亲属前来看明时，发现王氏身体多处"有紫色伤痕"，当即报请查验。②

需要指出的是，由于笔者利用的是司法档案，能够看到的案例必然是自杀发生后呈报到官府的案件，至于有多大比例的女性自杀案件没有报官则很难做出判断，但这样的情况肯定存在，笔者所见案例中就常有阻拦报案的记载。有趣的是，女性自杀后，丈夫和夫家亲属往往是倾向于报案的一方，阻拦报案者反而多是女性的娘家亲属。如金全氏因服洋烟治病而中毒身死一案，丈夫金在福"投鸣约邻鞠影元们拢彼看明，想要报案"，但金全氏的两位胞兄"再三央说，妹子实系久病难愈，磨折不过，自服洋烟身死，不必报验，以免尸骸暴露"。③即为避免报案后的尸体勘验而阻拦报案。有关尸体勘验问题及其与女性娘家亲属的关系详见后文论述，此处暂先表明娘家阻拦报案的基本原因。当然，这一行为也是在娘家确认女性确系自杀、没有疑义的情况下才会发生，且案例显示多数阻拦都因夫家坚持报案而未能成功。④如刘游氏因贫服洋烟自杀一案中，刘游氏的母亲游张氏"不肯报验"，但丈夫刘香明"恐防后累，赴案报验"；江李氏因与母亲龃龉而服铅粉自杀一案中，母亲李汪氏也在供词中表明，是女婿江万顺"恐怕后累，来案具报"。⑤ 夫家之所以坚持报案，主要是为防"后累"。仍以金全氏自杀案为例，丈夫金在福因被妻子胞兄阻拦而未行报案，以致全氏堂兄全登科以全氏遭丈夫"凶殴"而"气忿自吞洋烟系颈"为

---

① 巴县档案 6-04-01289，咸丰三年。
② 巴县档案 6-04-01237，咸丰二年；6-04-01253，咸丰二年。
③ 巴县档案 6-04-01282，咸丰三年。
④ 娘家阻拦成功的案例就不会出现在司法档案中是此处不可忽略的因素。
⑤ 巴县档案 6-04-01225，咸丰元年；6-04-1220，咸丰元年。

名,控告金在福殴打、威逼妻子致死。虽然经过审讯,证明全登科系企图"藉尸搕钱","捏词妄控",但假若金在福在全氏死后直接向官府备案具结,这种"藉尸搕钱"的现象就不会发生。① 再如程双发之儿媳申接弟病故,他没有报案就直接将儿媳掩埋,一个月后,申接弟娘家亲属因"搕银十两不遂"以婆家"威逼毙命"为由控案,虽经审讯证明申接弟的确"因病身死",但同样的,如果婆家当初选择报案就可以在很大程度上杜绝此类搕索事件。②

根据段文艳的研究,"架尸图赖"的现象于清代社会广泛存在,"在一般民众的意识当中,人命关天,一旦有自杀情事,死者家人即可理直气壮地对相关人等兴师问罪"。③ 因此,自杀案件发生后报明官府备案,也是夫家一种重要的自我保护方式。如杨姑因被婆母斥骂懒惰而在"往后山捞取松毛"时在松树上自缢,翁公石正明当即报案,县官传集人证录取口供,证明杨姑实系自杀,娘家父亲当堂表示情愿"具结备案,日后不得翻控"。④ 因年夜饭不肯热菜而遭丈夫殴打后自缢的刘王氏,娘家叔父发现其身体有多处伤痕而报请查验,刑仵勘验的结果为"刘王氏实系被他丈夫刘光福斥责后气忿自缢身死"。但刘王氏的叔父仍然认为,刘光福之前就曾对侄女"嫌殴多次",且勘验时"刑仵唱验受伤后吊毙",因此不能排除系被"光福拳殴足踢闹逼王氏吊毙"的可能性。县官当即批示:"刘王氏身死之处,前经当场验明确系自缢",身上的伤痕"并不为重",其叔父若再"借词混滋事端,定行重究不贷"。⑤

对于乡约、保正、牌首等而言,将负责区域内发生的命案禀报官府是其职责所在,清律规定,"若地界内有死人,里长、地邻不申报

---

① 巴县档案 6-04-01282,咸丰三年。
② 巴县档案 6-24-02066,同治十三年。
③ 段文艳:《死尸的威逼:清代自杀图赖现象中的法与"刁民"》,《学术研究》2011年第 5 期。
④ 巴县档案 6-08-02275,道光十五年。
⑤ 巴县档案 6-04-01237,咸丰二年;6-04-01253,咸丰二年。

第七章　死亡的性别隐喻：女性自杀案件的民间处置与司法干预

官司检验，而辄移他处及埋葬者，杖八十"。① 因此凡有命案，不论是否系自杀，乡保等必须报案。从巴县档案所反映的情况来看，乡保等一般是到现场"看明"之后，将所见、所知的情况"赴案具报"。多数案卷中，除亲属的"报状"之外，也同时呈有乡约、保正、牌首等的"禀状"，从各自的角度报告自杀情形。此处以陈东廷之妻因被邻人赖荣星指控其子偷窃南瓜而在赖家地界树上自缢一案中团首、乡约的禀状为例：

> 情蚁等系节里七甲惠民团首人、乡约。本月初一日，有杨老大招佃陈东廷之子陈有盛，摘窃团内粮民赖荣星南瓜四个，被赖荣星瞥见，拿获陈有盛所窃南瓜并伊背蔸一个，有盛之母刘氏反行泼蛮抵塞，赖荣星投鸣蚁等团约得知，邀理不前。蚁等协向杨老大说知，杨老大复约初四日赴团剖息。殊知陈东廷、陈有盛父子仍抗不来，暗支刘氏即于是日在杨老大、赖荣星交界之处桐子树上用篾索系颈自缢毙命。东廷隔远喊说，蚁等听知，至彼看明缢毙情形，有团约之任，未敢隐讳，是以协同赴案报明。②

乡约保正等所出具的禀状基本遵循这样的格式：简略说明自杀原因、方式和具体时间，最后表明自己职责所在因而报案。虽然其内容趋于程式化，但从档案所反映的情况来看，乡保体系在自杀案件中所起的作用是十分重要的，从自杀发生后的第一时间"看明"到禀告官府，再参与之后的审讯并提供证词，最后与死者亲属一起出具结状以防日后翻案，切实发挥了基层社会负责人的作用。

## 二　尸体的现场勘验

自杀案件发生后，在官府未赶到现场勘验之前，家属不能将尸体

---

① （清）薛允升：《读例存疑》，中国人民公安大学出版社1994年版，第520页。
② 巴县档案6-07-01993，道光二十年。

私自掩埋。如刘游氏因贫"自服烟毒殒命",丈夫刘香明在报状中说明"随投保正彭光年并岳母游张氏拢彼看明,不敢掩埋";李罗氏因独子夭亡而吞洋烟自杀,丈夫李恒升也表示"投房主刘德亿等看明情形,不敢掩埋"。①而官府在接到报案后,须尽快赶到现场勘验,即所谓的"专差星夜"。②从巴县档案所反映的情况来看,官府前来勘验的时间最快在报案后第二日,最慢在报案后第14日。相对于州县档案中普通民事案件的审理过程常常要延续数月甚至经年,这样勘验的速度已算较快,应是考虑到尸体不能久留的客观因素。巴县档案显示,前来勘验的不仅是刑仵,县官也须亲自到场,并且有时只有县官到场,刑仵反倒不是必需的。如道光十一年十二月十七日,陶洪盛报告妻子因病在卧室自缢身死,县官当日即发出验票,派差役前往事发地点做好准备,"伺候本县带同刑仵亲临相验",并于两日后赶到现场进行勘验;咸丰十一年七月初八日,萧盛贵报告儿媳在房内自缢身死,县官也是当即发出验票,同样说明"伺候本县带同刑仵亲临相验"。③但乾隆三十九年九月初一日,杨必达报告妻子王氏因被母亲训诫而自缢身死,知县则于次日开出验票,其中只说"伺候本县亲临相验";乾隆六十年,梅万本报告自己十二岁的女儿辰姑因与邻家九岁男孩口角而自缢身死,知县在验票中也只说"伺候本县亲临相验",均未提到刑仵。④更值得一提的是几个案例中,知县所开验票本来写有"带同刑仵"字样,后又被划去。如道光七年三月初九日何廷忠报告妻子廖氏在家自缢身死,县官也是当日开出验票,其中写明"伺候本县带同刑仵亲临相验",但"带同刑仵"四字又被划去;同样的,道光二十年六月初五日,陈东廷报告其妻因被邻居污蔑偷窃南瓜而自缢,县官当日开出的验票也是先写有"伺候本县带同刑仵亲临相验",

---

① 巴县档案6-04-01225,咸丰元年;6-04-01216,咸丰元年。
② 相关研究参见茆巍《论清代命案初验之运作》,《证据科学》2011年第6期。
③ 巴县档案6-07-01570,道光十一年;6-04-01648,咸丰十一年。
④ 巴县档案6-01-00394,乾隆三十九年;6-01-00627,乾隆六十年。

## 第七章 死亡的性别隐喻：女性自杀案件的民间处置与司法干预

后将"带同刑仵"四字划去。① 可见，勘验尸体，县官本人必须到场，刑仵反而未必，其原因可能是当时县中没有刑仵可用②，县官只能自己前往。

清代的尸体勘验有固定而严格的形式。③ 针对自杀案件而言，勘验的重点在于确认死者是否确系自杀。如因不肯为婆母热菜而被丈夫刘光福殴打后自缢身死的刘王氏，其尸体"勘验报告"如下：

> 刑仵前诣尸所，勘得刘洸幅（光福）住居草房一向三间，中系堂屋，左一间系刘陈氏卧室，右一间系厨房，左边接连厢房一间系刘洸幅夫妇卧室，内安木床一架，木柜一个，尸已解放地上。据刘洸幅指称伊妻王氏自用篾索在木檩上由木柜踏脚上吊等语。自地至系索处量高六尺余寸，头空一尺一寸，脚离地五寸余，木檩上灰尘滚落，勘毕饬令移尸平明地面，如法相验。据仵作朱林验报，已死刘王氏问年十九岁，仰面，面色赤，不致命左腮颊一伤，围圆三寸二分，系拳伤。口微开，舌抵齿不出。致命咽喉上有缢痕一道，斜长七寸九分，宽四分，深一分，斜至左右耳后，直上发际，中空一寸八分，八字不交，紫红色，系篾索自缢痕。两手微握，两大拇指直垂，肚腹坠下，两腿有血印，如火炙斑痕，两脚伸，两脚尖直坠。合面不致命左臂膊一伤，尖圆四寸三分，微红色，系垫伤；左右后肋各一伤，各围圆三寸二分，均微红色，俱系拳伤；左臀四伤、右臀三伤，各斜长一寸九分，各宽二分，均微红色，俱系竹棍伤。余无故。实系受伤后自缢身死。报毕，亲验无异。饬取篾索及凶器竹棍，并令握拳，比对伤

---

① 巴县档案6-07-01364，道光七年；6-07-01993，道光二十年。
② 茆巍在《紧要与卑贱：清代衙门仵作考》（《证据科学》2014年第2期）一文中指出，清代州县皆设有仵作，大县还不止一名，但也的确存在"州县将额设仵作并不实力奉行、照数募补"的情况。
③ 相关研究参见茆巍《清代司法检验制度中的洗冤与检骨》，《中国社会科学》2013年第7期。

213

相符，填格取结，尸令棺殓。①

从勘验报告可以看出，刑仵通过对自杀场所的实地勘察、询问家属情况，并对尸体进行检查（见图7-1）等方式得出勘验结果，同时将自杀用具等收缴存案。本案中，尽管刘王氏生前曾遭丈夫殴打，身体留有多处伤痕，但刑仵从伤痕的大小、深度和颜色判断其并不致命，因而得出"实系受伤后自缢身死"的结论。

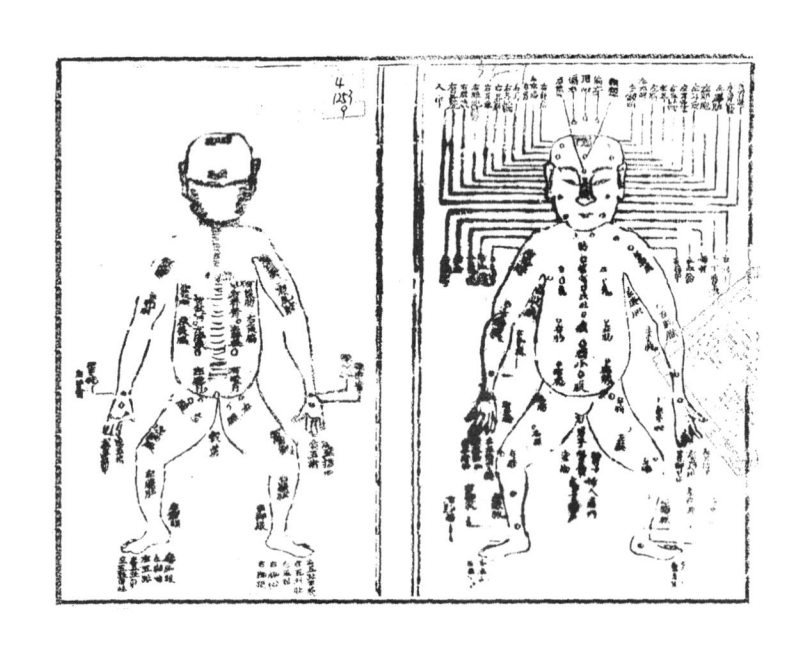

图7-1 尸体勘验图

注：县官和刑仵要按照图中所标示的部位逐一勘验，并填写"尸格"，形成完整的勘验报告。

资料来源：巴县档案6-04-01253，咸丰二年。

需要指出的是，笔者所搜集的女性自杀案例中，只有约1/3的案件最终进行了实际的勘验工作，其余2/3的案件皆因亲属"拦验"或

---

① 巴县档案6-04-01253，咸丰二年。

第七章 死亡的性别隐喻：女性自杀案件的民间处置与司法干预

"哀恳免验"而作罢。① 清代法律规定，自杀或病故等因的死者，亲属可以申请尸体"免验"。② 如前所述，对于自杀案件而言，官府批准免验的前提是确认死者实系自杀且不存在"威逼"情形。如吴朱氏因偷拿婆母的养赡粮食被丈夫训斥而"自执（持）菜刀抹伤头颈"，由于她自抹后并未立刻身亡，丈夫投鸣团约等前来看明，后者对吴朱氏进行了询问，所说情况与丈夫所述无异，这一点在团约的报状中都有明确表述。因此吴朱氏死后，其胞弟表示"姐实系自抹，并无别故"，恳请免验，县官当即批准。③ 笔者所见案例中，县官在多数情况下会批准免验，且说明是"照例准其免验"。如嘉庆十八年陈学第报告其妻"因病情急自缢身死"一案，由于"尸兄具呈拦验"，知县表示"应如所请，照例准其免验"；咸丰十一年萧盛贵报告儿媳张氏自缢身死一案，张氏生母李氏"哀恳免验"，知县批道："氏女萧张氏既系自缢身死，别无他故，该氏不忍尸身暴露，具呈预求，姑准照例免验。"④ 可见，女性尸体可以申请免验，的确是为法律所允许且已形成惯例之事。如果县官对案件存在疑点，则会先进行一次审讯，确认死者系自杀无疑后再批准免验。如萧张氏因贫自缢案中，由于其丈夫萧正发在妻子死后有逃走情形，存在一定的疑点，因此当萧张氏前夫之子沈洪顺请求"赏准免验"时，县官批复："应否免验，仰值日役即将该原呈等带候查讯再夺。"审讯中，各方皆证明萧正发系因无钱安葬而逃走，萧张氏确系"因病折磨不过"自杀，县官才批准沈洪顺免验的请求。⑤

家属之所以请求免验，主要基于以下两个原因。一是认为死者确

---

① 86件案例中包含勘验信息的共有51例，其中17例进行了实际的尸体勘验（包括两例家属要求免验女性下身），31例由于家属请求免验而未进行尸体勘验，三例由于案卷不完整，虽然提到勘验，但不能确定最终是否进行了实际的勘验。
② 参见茆巍《论清代命案初验之运作》，《证据科学》2011年第6期。
③ 巴县档案6-04-01265，咸丰二年。
④ 巴县档案6-03-01068，嘉庆十八年；6-04-01648，咸丰十一年。
⑤ 巴县档案6-04-01217，咸丰元年。

系自杀，"并无别故"，没有必要再进行勘验等程序以增添额外的花费，也能让死者尽快入土为安。明末小说《二刻拍案惊奇》中有一段关于尸检的描述："官府一准简尸，地方上搭厂的就要搭厂钱。跟官、门皂、轿夫、吹手多要酒饭钱。仵作人要开手钱、洗手钱。至于官面前桌上要烧香钱、朱墨钱、笔砚钱，毡条坐褥俱被告人所备。还有不肖佐贰要摆案酒，要折盘盏，各项名色甚多，不可尽述。就简得雪白无伤，这人家已去了七八了。"① 各种烦琐的花销给本就需花钱操办丧事的中下层百姓家庭雪上加霜，因此能免则免。二是尸体勘验需要对全身上下进行细致深入的检查（参见图7-2），女性即便死后遭此过程也被认为有失体面。根据档案记载，尸体勘验的过程是相当公开的，在县官开出的验票中就明确要求，派去的差役应"协同该处约保速即搭盖棚厂，预备棺木，并传唤原、被、尸亲、约邻人等齐集尸所，伺候本县带领刑仵亲临相验"。② 待县官与刑仵到达现场后，先"将尸抬放平明地面"由众人"眼同仵作如法相验"，仵作每验一处即高声"喝报"，"喝毕"县官再"复加亲验"。③ 这一当众进行的过程，旨在表明尸检的公正性，但这就必然将女性的尸身陈列于大庭广众之前，因而几乎每一份恳状都以"不忍尸身暴露"为由请求免验。如金全氏服洋烟中毒身死一案，两位胞兄共上禀状，说明之前未报案的原因就是"以免报验暴露尸身"，如今被全氏堂兄报知官府应行勘验，但"全氏遗有子女，不忍翻尸验累"，请求县官准予免验，以全其子女的颜面。④

值得注意的是，笔者所见"哀恳免验"的案例中，除一例即前述萧张氏因病自缢案中，申请免验者为前夫之子外（从案卷记录来看，萧氏似乎娘家无人，堂审中也没有任何娘家亲属的供词，且知县也没

---

① （明）凌濛初：《二刻拍案惊奇》卷三十一，华夏出版社2017年版，第376页。
② 巴县档案6-08-02275，道光十五年。
③ 巴县档案6-01-00317，乾隆三十年。
④ 巴县档案6-04-01282，咸丰三年。

有"照例准其免验")。还有一例骆方明报告妻子因被其戒斥而自缢身死案,系作为丈夫的骆方明申请免验外(此案卷由于不完整,未知骆方明的申请是否得到县官批准),其他所有提出免验申请者皆系死者的娘家亲属,包括女性的娘家父亲、母亲、胞兄、胞弟、胞叔、堂叔、母舅等。没有夫家亲属提请免验的案例。究其原因,首先女性自杀多源于与夫家亲属的矛盾或发生在夫家,作为当事人首先要排除自身存在"威逼致死"的嫌疑,情理上难以提出免验申请;其次女性出嫁后,娘家一直扮演着她们在夫家的权益代言人角色,也掌握着相当大的后事处理决定权,这一点在本书第三章已进行论述。以上因素导致娘家人更有资格成为提出免验申请的一方。

但如前文所述,当娘家对于女性自杀存在疑问时,官府勘验就成为必要程序。前述刘王氏娘家叔父发现尸身多处"有紫色伤痕",并对丈夫刘光福的解释不能满意,"是以报恳验究"。但出于对已故侄女尊严的维护,请求"免验下身"[1],获得县官的批准。从档案记载来看,刘王氏尸体的第一次勘验记录十分粗略,只说明房屋结构、自缢缘由和现场遗留的痕迹,对尸体本身除"仰卧木板橙(凳)停放"外,未做任何描述,应系免验下身的缘故。前文所引的较详细勘验报告,是其叔父对自杀之说仍存疑问,又申请第二次勘验的结果。[2]

### 三 堂审与具结

相对户婚、田土等民事纠纷而言,自杀案件的裁定更为严谨,县官往往通过当事各方的诉状、乡约保甲等的禀报、自己与刑仵的勘验和调查,对案件的情况进行预先了解,最后通过对所有当事人的当堂审讯来判定是否有人需对女性的自杀行为负责。以往研究多认为,民

---

[1] 清代司法实践中,女性自杀、病毙类命案可以由"尸亲"提出"免验下身"的申请。参见茆巍《论清代命案初验之运作》,《证据科学》2011年第6期。
[2] 巴县档案6-04-01237,咸丰二年;6-04-01253,咸丰二年。

间纠纷一旦涉及人命，往往会让对方陷入相当被动的境地。① 但从档案所反映的实际情况来看，女性自杀案件似乎并非如此。以下通过三名女性的自杀案例来论述这一点。②

案例1：咸丰十年二月十三日，巴县妇女张幺姑因偷拿家里的蜂蜜被婆母斥骂，幺姑不服进行辩解，婆母"顺拾地上黄荆棍向儿媳张幺姑两背膊殴打了几下"，幺姑"忧气"，三天后"自持剃刀抹颈身死"。张幺姑死后，生母状告婆家虐待女儿致死，县官接到诉状后在批词中即透露出他对此案及婆媳关系的看法："被姑斥责，气忿轻生，原本与人无尤，既据具呈预恳，应准照例免验，仍候传集人证，讯取供结备案。"可见，县官对幺姑这种因婆母斥责就愤而轻生的做法持反感态度，案子尚未审理，就已然做出"照例免验"尸体的决定和"原本与人无尤"的判断，接下来只需将各方人证传集到案，具结备案。此案的后续进展果然如县官所导向的，最终没有任何人受到惩罚，张幺姑的死也被定性为"并没别故，与人无尤"，这是此类案件中常用的套话，并非指他人与当事人的死亡没有任何关系，而是表明该案不符合刑律中"威逼人致死"条的规定，不需有人为幺姑之死负任何责任。③

案例2：熊姑是朱朝银之子朱长寿的童养媳，朱朝银在巴县县衙当差役，与同为差役的胡德珍"同院居住"。咸丰二年四月十四日，差役们都赴县衙公务，家中只剩妇女，适逢胡德珍七岁的表侄杨长春"来他家闲耍"，"在院坝顽唱"，"隔院住右营兵何大昌的妻子何氏辱骂杨长春不应吵闹"，熊姑"回说系是幼孩顽耍"，何氏就斥骂熊姑

---

① Andrew Hsieh 和 Jonathan Spence 在对近代中国家庭自杀问题的研究中指出，既然威逼人致死有罪，许多人将自杀看作表达忠诚、吸引他人对不公正情形的关注，以及对压迫进行报复的有效方式。Hsieh, Andrew C. K. and Jonathan D. Spence, "Suicide and the Family in Pre-modern Chinese Society", in Arthur Kleinman and Tsung-yi Lin, eds., *Normal and Abnormal Behavior in Chinese Culture*, Dordrecht: D. Reidel Publishing Com-pany, 1981, pp. 29–47.
② 由于案子情节较为复杂，为表述简便，由笔者根据档案对三个案件进行简要的描述。
③ 巴县档案6－04－04839，咸丰十年。

## 第七章 死亡的性别隐喻：女性自杀案件的民间处置与司法干预

"不为好人、卖娼"，胡德珍的妻子胡刘氏出来解劝，"何氏并把刘氏訾骂一阵"。这一过程中，何大昌的堂弟何大龙也帮着嫂子斥骂了两位女性。差役们回家后，两位女性告知被骂情由，并"哭说不愿活人的话"，但男性们并没在意。两天后，刘氏与熊姑一起实施了自杀行为：刘氏自缢，但被发现后"解救未死"；熊姑则"自服洋烟，身死"。此案中，朱朝银以何氏"败熊姑名节"而致其死亡为由提起诉讼，但由于其情节并不符合"威逼人致死"条中以"奸情"的行为或企图而威胁到女性贞洁的规定，因此县官并未按照"威逼人致死"罪判罚。且由于何氏在得知熊姑死后亦"畏累"而"自服洋烟"，虽经"解救未死"，正在延医调治，但也不能到案，县官未对其进行任何判罚，只将帮她叫骂的丈夫堂弟何大龙处以"掌责"，罪名是"不应帮嫂子斥骂熊姑卖娼"。①

案例3：许仕益将"田业卖尽与嫡堂兄许仕成"，后因"家内穷苦"，兼之他患病"不能工作，没钱度日"，其妻许冯氏遂向堂兄许仕成"借贷钱文"，但遭到后者拒绝。许冯氏感觉屈辱，回家向丈夫哭诉，并说"这样贫苦不如寻死的话"，当夜就"用棕绳在空房门枋上自缢身死"。本案从"情理"来讲，堂兄许仕成先将堂弟的田业买尽，又在其贫困患病时拒绝资助，导致许冯氏生活陷入绝望而自杀，于道义着实有亏。许仕益在妻子死后的"报状"和后来的供词中都一再牵扯到堂兄，可见他的想法也是如此。但从法律角度而言，县官认为冯氏"系因贫愁急自缢所致，死由轻生，应勿庸议；许仕成［因］许冯氏向其借贷，乏钱不允，并无不合，亦勿（毋）庸议"。即许仕成的不道义行为于法律并无不合，不受任何惩罚。②

从以上案例可见，不论源于家庭矛盾或与外人的纠纷，尽管女性自杀与他人的行为存在直接或间接的关系，但只要对方的行为不符合"威逼人致死"条所规定的范围和程度，就无须承担相应的法律责任。

---

① 巴县档案6-04-01244，咸丰二年。
② 巴县档案6-04-01263，咸丰二年；6-04-01266，咸丰二年。

而无判罚类案件需要经过堂审的必要性在于,县官在审断后会要求各方出具甘结,在结状中将事情的缘由、审断结果表述清楚,说明女性"实系自杀","与人无尤",各方"甘愿具结",并保证"日后永不藉尸翻异、滋事"。保正、乡约等也随同一起出具结状,从基层管理者的角度确保死者家属日后不再私下滋事。如前文案例3中的卷宗就包含许仕益与堂兄许仕成以及约邻(易维寿、胡兴林)分别出具的3份结状,一致说明许冯氏系因"借钱不允,回家气忿,自缢身死,并没别故,与人无尤",以确保此事不再引发纠纷。①

## 第三节　女性自杀案件的性别隐喻

自杀是男女两性都可能发生的行为。郭松义先生通过对清代北京地区自杀案例的分析指出,自杀是不同社会阶层、不同性别都存在的一种应激性行为,但女子自杀比例要高于男子12.86%,且自杀平均年龄低于男子,她们在29岁之前容易因各种家庭矛盾走上自杀之路;在自杀手段上,男性选择自经和自抹的比例比较高,且常在户外实施自杀行为,女性则选择服洋药的比例最高,且多在户内结束自己的生命。② 笔者所见的巴县档案中,虽然很多自杀案件没记载女性的确切年龄,但从其自杀时的家庭结构和人际关系来看,比较符合郭先生所述多处于家庭中辈分较小、地位较低的人生阶段,且多数妇女的自杀的确出于家庭内部矛盾,而自缢和服洋烟是女性自杀最主要的手段,占到笔者所搜集案例的90%以上。进一步分析档案还会发现,女性不仅在自杀原因和方式上与男性有差异,外界对其自杀行为的解释和界定,以及衙门在案件审理时的着重点也与男性有所不同,其中存在的性别隐喻颇值得我们关注。

---

① 巴县档案6-04-01266,咸丰二年。
② 郭松义:《自杀与社会:以清代北京为例》,载常建华《中国社会历史评论》第八卷,天津古籍出版社2007年版,第38—58页。

## 第七章 死亡的性别隐喻：女性自杀案件的民间处置与司法干预

首先，笔者搜集的案例中一半以上的女性由于家庭矛盾而自杀，与因贞洁而自杀的女性往往受到赞美和旌表不同，因家庭矛盾而自杀的女性则常被指责"有违妇德"。如刘王氏因年夜饭不肯热菜遭丈夫殴打而自缢一案，丈夫刘光福在报状中就着意描述了刘王氏不尊重、不孝顺婆母的情节，"因菜凉，母令蚁妻王氏复热，王氏不去，反出言凌辱"，表明夫妻冲突的原因是刘王氏对婆母的忤逆；他更在供词中进一步表述"母亲年迈"，且将妻子的死因总结为"实系向母亲刘陈氏顶撞，小的听闻触怒气忿，把她打了几下，妻子自缢身死，并无别故"。在刘光福眼中，妻子不孝婆母、顶撞丈夫，被责打后怀恨自缢以示报复，活脱脱一位泼恶妇女的形象。而刘光福的看法也受到知县的认可，尽管刘王氏死时周身带有伤痕，娘家叔父指控刘光福之前就曾将妻子"嫌殴多次"，但知县仍在批词中认定："刘王氏身死之处，前经当场验明，确系自缢。伊夫刘光福事先将其殴伤，色仅微红，并不为重，于例本无可科之罪。堂讯因刘光福并不依礼管教，辄行忿殴，以致酿命，酌予责惩，断令超荐，已属原情定谳，毫无枉纵。尔乃恃系尸叔始则捏词续报，意欲借案生波。迨案经讯明，犹敢抗不具结，哓哓狡渎，似此居心刁诈，本应提案严惩，姑再从宽批驳，着即具结以凭完案，倘仍借词混滋事端，定行重究不贷。"① 在知县看来，刘光福管教妻子理所应当②，只是在方式上存在问题，即未能"依礼管教"，但不构成任何罪行，因此只令他"回家与王氏超度"，并认为这样的判罚"毫无枉纵"；刘王氏的叔父不肯接受审判结果而反复诉讼系"居心刁诈"，因而受到警告。

张幺姑持剃刀抹颈自杀一案中，幺姑的"失德"形象更为突出。婆家在诉状中表明，张幺姑"素性泼悍忤触，邻里咸知"，又在"偷窃"家里的蜂蜜时被婆母发现，被训斥几句即"自抹身故"。尽管婆

---

① 巴县档案06-04-01237，咸丰二年。
② 这一点本书之前章节中已有不少案例可以证明，不管是女性与家人发生矛盾冲突还是逃婚等案件，进入公堂之后，县官对女性的判决往往是令丈夫将其"领回管束"。

母在供词中又交代，除斥骂外还"顺拾地上黄荆棍向儿媳张幺姑两背膊殴打了几下"，但这一行为并未引起县官的关注，虽然幺姑生母对女儿自杀后自己未被通知到场"看明"提出异议，县官仍认为婆母管教儿媳并无不可，且对张幺姑"被姑斥责气忿轻生"的做法表示反感。①

再如吕张氏因被丈夫斥骂自缢身死案，张氏翁公吕儒宏在报状中首先表示，"张氏自到蚁家，不听姑约，不从夫训，动辄吵闹，肆泼无端"，上一年就曾请张氏之父前来"理说"，劝张氏改悔，"殊张氏泼性如常"。至嘉庆二十一年八月，吕儒宏之子清查妻子箱内衣服，发现少了几件，就向张氏"跟问"，"张氏自将头脑乱碰抵搪"。次月，夫妻再次因丢失衣服发生口角，"张氏肆泼寻蚁子拼命"，并于当夜"在卧房门枋上用牛索系颈毙命"。在整个报状中，吕儒宏将主要笔墨用在展示儿媳的"泼蛮"上，在做了足够的铺垫之后，才简单说明儿媳自缢身死。后来的供词证明，张氏与丈夫的矛盾系因她"洗衣晒凉（晾）被贼窃去"三件。但没有人关注张氏丈夫只因丢失三件衣服就反复将妻子斥骂，致其自杀，连张氏的娘家父亲也表示，女儿"尸身并无伤痕"，"哀肯免验"，"具结回家，自行将女儿尸身领埋"。②

以上案例中，女性的自杀行为是其泼悍形象的有机组成部分，她们平日不孝翁姑，不听丈夫训诫，遇到问题就"忿而轻生"以示报复，构建了一个完整的"失德"女性形象，与因贞洁而自杀的女性形成鲜明对比。这是女性因家庭矛盾而自杀后所面临的道德困境，很少有人同情她们生前所遭受的欺压和虐待，反而将她们用自杀来表达反抗的行为看作对传统家庭秩序的破坏。

其次再来讨论因与外人发生矛盾而自杀的女性。此类案件大多发生在家庭男性成员缺席的情况下。这种缺席，既包括他们当时不在冲突现场，导致女性不得不直面与外人的冲突，也包括男性责任的缺

---

① 巴县档案 6-04-04839，咸丰十年。
② 巴县档案 6-03-01234，嘉庆二十一年。

## 第七章 死亡的性别隐喻：女性自杀案件的民间处置与司法干预

失，即家庭中的男性事实上没能承担起处理外事的责任，致使女性用自杀的极端行为表示抗议，寻求了结。戴真兰（Janet M. Theiss）的研究指出，贫困、做生意、仕途或外出寻找工作机会，使得18世纪清代社会各阶层的男性长期离家。① 档案中不少家庭的男性被迫离家谋生，家中常常只剩妇女和老幼，这无形中增加了女性的生存压力。如陈详顺在外与人合伙做黑炭生意，结果"折本银一百余两"，债主除索要银钱之外还要索取"布衣一件"。咸丰元年六月，王老七到陈详顺家中"凶索肆闹，逼要衣服"，导致陈详顺的妻子庞氏"自用篾索在床木架上系颈"自缢。当陈详顺得知消息赶回家中时，妻子已经身亡。② 庞氏自杀的原因，一方面系被逼"情急"，另一方面也包含了对解决问题的无望。债主已向陈祥顺本人讨要多次，"来家肆闹"是向男性要债无果之后的举动。庞氏对此过程应该明了，也对丈夫还清债务感到无望，希望通过自杀达到震慑讨债者的目的。再如李黄氏自缢案，丈夫李亭章因家贫"在外佣工度活"，儿子李寿被邻近的詹宏陞打伤，经乡邻"理论"，议定由詹宏陞给李黄氏的儿子"调治伤痕"。李黄氏按照协议前往詹家"拿药"，但对方不但不给药，还把李黄氏"凌辱、拖拉出门"，甚至"捆缚殴伤"，李黄氏便于詹家宅外自缢身死。③ 李黄氏的丈夫不仅不在家，且不能承担起家庭的经济重任，贫困使他无钱给儿子疗伤，弱势的社会地位也使他难以帮助妻子讨回公道，这是李黄氏受辱后绝望自杀案件中不可忽略的背景因素。

而在熊姑因被邻居何氏辱骂名节后服洋烟自杀一案中，两家男性均在县衙当差，系留守家中的女性之间发生的冲突，熊姑事后向男性家长哭诉，希望得到他们的帮助以洗刷耻辱，但后者对此并无任何作为，导致熊姑采取自杀的方式维护自己的名节。④ 戴真兰通过对贞洁

---

① Janet M. Theiss, *Disgraceful Matters*: *The Politics of Chastity in Eighteenth-Century China*, Chapter 9 "The Logic of Female Suicide", University of California Press, 2004, p. 193.
② 巴县档案 6 - 04 - 01221，咸丰元年。
③ 巴县档案 6 - 04 - 01242，咸丰二年。
④ 巴县档案 6 - 04 - 01244，咸丰二年。

与自杀之间关系的研究指出，当被侵犯的女性以某种方式复仇之后，她们一般不会自杀，但若没有人给她们报仇，她们就会用自杀来彰示屈辱、证明清白。① 熊姑的案件虽然不属于司法意义上的贞洁案件，但她自杀的原因及过程与戴氏的结论十分相符。总之，在"男外女内"的社会规则下，家庭中的男性却不能承担起应有的责任，在对外冲突中无法保护女性和其他家庭成员，是导致女性自杀的一个重要的潜在因素。

也有学者指出自杀的主要目的之一在于引起他人的关注。② 但笔者发现在非贞洁类自杀案件中，女性的死往往并不能引起真正的关注。从档案记载来看，多数自杀案件发生后，夫家亲属忙于报案、结案、掩埋尸体；县官的关注点则在于确定其是否系自杀，是否有"威逼"情形；娘家亲属则多请求"免验"，而如果他们过度关注尸体则容易被认为是企图"藉尸图赖"。事实上，档案中不少女性在自杀之前，都表露过轻生的想法，但均未引起亲属的重视。如因不肯热菜而被丈夫殴打的刘王氏，事后向胞弟王位"啼哭说他被殴，不愿活人"，但王位只"劝慰一阵，各自走了"，刘王氏即于当夜自缢身亡；因遭邻居何氏辱骂名节而自杀的熊姑也对翁公"哭说不愿活人的话"，同样未引起重视；因贫困向丈夫堂兄借贷未成而自杀的许冯氏，曾对丈夫说"这样贫苦不如寻死"的话，但丈夫"没有理睬"；陈程氏因用丈夫包书的布帕包头出门割菜而被丈夫训斥，婆母见她手上还拿有割菜的刀子，上前抢夺，"致刀尖误划伤媳妇囟门"，程氏"卧地哭泣，并说不愿活人的话"，但夫家人"都没理睬，各自出外"，程氏当天下午就在自己房内自缢。③ 在男性和家庭长辈的眼中，女性所遭受的委

---

① Janet M. Theiss, *Disgraceful Matters: The Politics of Chastity in Eighteenth-Century China*, Chapter 9 "The Logic of Female Suicide", University of California Press, 2004, p. 197.

② Hsieh, Andrew C. K. and Jonathan D. Spence, "Suicide and the Family in Pre-modern Chinese Society", in Arthur Kleinman and Tsung-yi Lin, eds., *Normal and Abnormal Behavior in Chinese Culture*, Dordrecht: D. Reidel Publishing Com-pany, 1981, pp. 29–47.

③ 巴县档案 6-04-1237，咸丰二年；6-04-01244，咸丰二年；6-04-01266，咸丰二年；6-07-01886，道光十八年。

## 第七章 死亡的性别隐喻：女性自杀案件的民间处置与司法干预

屈都是不值得关注的小事，因这样的小事而导致自杀，常常是他们始料未及且无法理解的事情。

当这种不关注而导致的不理解使他们对于女性的自杀行为不能够给出合理的解释时，往往就将其归结为被鬼魅控制所致。这是女性自杀现象当中最为独特的性别隐喻。

如庞氏因被逼要债务而自杀一案中，丈夫陈详顺认为妻子自杀的原因是在债主王老七的"凶索肆闹"之下，庞氏"量小气忿，兼之遇邪"所致。① "遇邪"或"遇祟"是档案中经常被用来解释妇女自杀缘由的词语。再如祁梁氏因不肯洗衣服被婆母训斥后自缢，娘家父亲梁宗武表示，"蚁女梁氏遇邪，自用脚棉带在本院空房木领（檩）上自缢……蚁女梁氏实系洗衣衫遇祟，自缢身死，乃与别人无尤"；江李氏因与母亲龃龉而服铅粉自杀一案中，其母李汪氏也认为，"氏女李氏因遇邪祟，自食铅粉"；因偷拿婆母膳（赡）谷被丈夫训斥的吴朱氏自杀后，丈夫向团约报告的缘由是"朱氏含忿间遇邪祟"，因而"自执菜刀抹伤头颈"。② 在时人的观念中，女性作为精神和体质上皆羸弱的群体，本身就容易被"邪祟"控制，而当她们处于"气忿"、"情急"或"生病"等情况下，就更加容易遭遇邪祟。这样的解释，不仅使得看似难以理解的女性因小事即自杀的行为趋于合理，而且在很多案例中降低了与自杀行为相关人员的责任和愧疚，对死者进行过斥责、殴打或冷漠等行为在女性自杀事件中成为可以忽略的因素，"邪祟"才是真正的原因所在。

值得指出的是，对于家属报告女性自杀的报状，常因其表述不合逻辑而遭到县官的质疑或驳斥。如乾隆二十五年五月，戴伦志报告其妻邓氏"因已猪践食本界土内黄豆，将猪打骂情急"而在家中自缢。县官表示："自己猪食自己黄[豆]，何至骂猪情急自缢？此种妄诞之

---

① 巴县档案 6-04-01221，咸丰元年。
② 巴县档案 6-04-01238，咸丰二年；6-04-01220，咸丰元年；6-04-01265，咸丰二年。

词代书何以写在纸［上］？"后来的审讯果然证明，邓氏系因没将猪关好吃了自家黄豆而遭到婆母的打骂，才自缢身死的。① 再如谭氏因其牛误食堂弟家豆苗而与堂弟媳发生口角后自缢身死一案，谭氏娘家叔父先后两次上禀状控诉堂弟夫妇威逼谭氏致死，但县官均认为其陈述"殊非情理"，不予接受。② 然而，对于各种女性因遇"邪祟"而自杀的报状，县官却从未提出质疑，甚至一些报状表示家中女性没有遭遇任何其他事故，如前述病痛折磨、与他人发生矛盾等事都没有发生，就是"无故遇邪"自杀，竟然也没有受到县官的任何质疑。如何廷忠状报自己与妻子廖氏成婚"十余载，夫室和谐，已生有子"，但道光七年三月初八日，何廷忠外出营生，廖氏无故"在家自缢"。知县对其报状没有表示任何疑问，当廖氏生母提出免验尸体的请求时，也毫不犹豫予以批准，并在后来的堂审中接受了何廷忠所谓妻子系"在屋倾倒粪桶遇祟，在卧床木柱上自缢死了"的说法，令其具结备案。③ 再如咸丰十一年七月，萧盛贵具报儿子与儿媳素来"和睦无异"，但初七日午时，当他和儿子外出，家中只留妻子与儿媳时，儿媳萧张氏"遇邪关闭房门，自用布带系颈在床架上吊毙"。县官对此说法也未提出任何异议，同样批准了萧张氏生母提出的免验申请，后经堂审"研讯明确，萧张氏尸身实系遇邪自缢身死，并无别故"。④

  由上可见，女性自杀问题不仅在原因和方式上与男性有所不同，且在诸多更深的层面体现着性别的烙印。在男性眼中，泼悍而不服管教是因家庭矛盾而自杀的女性的共同特点；面对各种家庭内外的矛盾和困境，以及男性对这些困境的无力解决，都无须有人因此承担女性自杀的责任，这也不是导致女性自杀的根本原因，"遭遇邪祟"才可能是导致她们自杀的真正原因。

---

① 巴县档案 6-01-00259，乾隆二十五年。
② 巴县档案 6-01-00485，乾隆四十七年。
③ 巴县档案 6-07-01364，道光七年。
④ 巴县档案 6-04-01648，咸丰十一年。

## 第七章　死亡的性别隐喻：女性自杀案件的民间处置与司法干预

自杀是不同历史发展阶段、不同社会阶层、不同性别群体都存在的一种行为，通过这一行为或社会现象，我们可以考察其背后所蕴含的丰富而复杂的历史背景。清代，随着社会经济的发展和人口的急速增长，一方面人口流动和人们之间的往来贸易更加频繁，生活和思维方式的活跃度随之提高；另一方面无形中加大的贫富差距给普通百姓的生活与生存带来更大的压力。就性别角度而言，女性与男性一同遭受着时代的压力，如本章所述，早年以 23 两银子将两间瓦房出当的李黄氏，在时过多年后随着物价的上涨希望"加添当价"——明清社会中，由于田宅等不动产价格变动频繁，土地和房屋卖出后卖家仍可向买家"找贴"差价是通行的惯例①——但是女性想要伸张自己权利的难度要大得多，李黄氏不但没能找回差价，还在争执中受伤，愤懑之下就在出当的房屋中自尽，以此种激烈的方式声明自己对该房屋的权利。这一案件正折射出经济发展和物价变化同样也给女性带来的压力。

随着社会经济的发展和活跃，中下层女性开始更多参与到日常贸易和休闲娱乐等活动之中，但是传统儒家思想对女性身份地位和思想意识的钳制却并没有随之放松。本章案例所呈现的她们常因外出看戏或游玩而遭到丈夫或公婆的"管教"、因难有谋生的出路而贫困无望走上绝路，都是以上因素的体现。因此，在承受着与男性同样的来自时代的压力之外，女性还承受着一贯存在的弱势性别本身所带来的压力。本章试图揭示，女性不但在自杀原因和方式上与男性有所区别，她们的自杀行为在司法程序和道德等层面上也是被差别对待的。巴县档案中自杀的女性多来自中下层家庭，史料中关于女性"动辄轻生"的记载，一方面反映出她们在家庭和社会中处境的被动与艰难，以及她们受文化习俗中轻贱女性思想的影响而对自己生命的不够珍惜；另一方面也反映出男性，包括亲属、官员和记载自杀社会现象的士大夫

---

① 相关研究如范金民《清代江南田宅买卖"找价"述论》，《史林》2020 年第 5 期；罗海山《试论传统典契中的找价习俗》，《文化学刊》2010 年第 4 期。

群体,对下层女性生活困境的不了解和不关心。女性激烈的自杀行为不但没有引起家人和官府的重视与反思,只要不符合"威逼人致死"条的规定,就不需有任何人对她们的死负责。而女方亲属还往往主动要求尸体免验,即相对于追究女性的真正死因,他们更在乎维护所谓的"名声"。不但如此,因家庭矛盾而自杀的女性还常被扣上"失德"的帽子,不服管教还"挟忿自杀",不仅破坏了原有的家庭秩序,甚至影响到社会风俗,为社会各界所反对。在这种背景之下,女性的自杀行为甚至被妖魔化,即将其解释为被"邪祟"控制所致,使"邪祟"最终成为承担女性自杀责任的重要载体。

# 余论　档案与性别：州县档案中的下层女性建构

近年来，明清档案的不断挖掘和整理为我们研究下层女性提供了不可多得的宝贵资料，也确有不少学者利用州县档案展开对下层女性的研究，并取得丰硕的成果。[①] 但我们在充分利用这些档案史料的同时，也要思考如下问题：档案中有关女性的记载是否真实可信？我们应当如何看待这些记载？赖惠敏在利用清代档案研究夫妻间的杀伤案例时发现，家庭纠纷中描写妇女詈骂公婆和丈夫、不守妇道的记录比比皆是。她通过对案件的分析指出，"地方官员处理杀伤案件必须符合《大清律例》的量刑标准，因而不惜牺牲妇女形象"。[②] 也就是说，地方官员为了使判决更加符合律例，在将案件材料上报后不被上级驳回，其在案卷书写过程中刻意损毁女性的形象，让女性不守妇道的形

---

[①] 近年来利用地方档案研究婚姻关系及女性问题的成果主要有：李清瑞《乾隆年间四川拐卖妇人案件的社会分析——以巴县档案为中心的研究（1752—1795）》；苏成捷《清代县衙的卖妻案件审判：以272件巴县、南部与宝坻县案子为例证》，载邱澎生、陈熙远编《明清法律运作中的权力与文化》，台北：联经出版公司2009年版，第361—374页；赖惠敏、徐思泠《情欲与刑罚：清前期犯奸案件的历史解读（1644—1795）》，台湾"中研院"《近代中国妇女史研究》第6期（1998年8月）；赖惠敏、朱庆薇《妇女、家庭与社会：雍乾时期拐逃案的分析》，台湾"中研院"《近代中国妇女史研究》第8期（2000年8月）；赖惠敏《从档案看性别：清代法律中的妇女》，载李贞德主编《中国史新论：性别史分册》，台北：联经出版公司2009年版，第377—411页；［美］苏成捷《作为生存策略的清代一妻多夫现象》，载黄东兰主编《身体·心性·权力》，浙江人民出版社2005年版，第236—262页；等等。

[②] 赖惠敏：《从档案看性别：清代法律中的妇女》，载李贞德主编《中国史新论：性别史分册》，台北：联经出版公司2009年版，第381页。

象与她们所犯的罪行相符。但是，本书在分析南部县与巴县档案中的女性案件时发现，非杀伤类的民事案件，如买休卖休、夫妻矛盾、女性逃婚甚至女性与他人的经济纠纷等，此类案件皆属县官可自行裁决、无须报到上级衙门，也无须在判决中逐条依律的"细故"①，而案卷中有关女性不守妇道的描述同样异常普遍。那么，究竟是下层女性因受儒家思想的影响程度较低而不守妇德，还是男性在诉状中故意贬低女性，抑或是县官本身即带有性别的偏见？女性自身对案卷的形成有何影响？换言之，州县司法档案中大量关于女性的记录（包括男性对女性的控诉和供词、女性自身的诉状和供词、县官的批词和判决，以及作为证据呈审的各类卖妻文约、集理文约、招夫养子文约等），是否反映出清代下层女性的真实生活状态和心理活动？如果不是，有哪些因素影响到这些史料的真实性？厘清以上问题，是我们在利用州县司法档案对下层女性进行研究的前提，也是笔者在本研究过程中一直思考的问题。在本书的结尾，用对以上问题的思考作为余论，以供后来的研究者借鉴，也作为笔者阅读和利用州县司法档案的心得总结。

## 一 关于下层妇女的"不守妇道"

翻阅两县档案中的婚姻家庭类纠纷，丈夫或夫家亲属控诉妇女不守妇道的案例俯拾皆是，具体表现为指责女性不听丈夫及公婆的约束和教诲、背夫私逃、走东去西、泼恶、"透漏"夫家财产、久住娘家、改嫁、私通甚至谋害亲夫等。成篇累牍的此类史料很容易给人以下层妇女缺乏传统的妇德观念、行为较为开放自由甚至悍泼的印象。但事实果真如此吗？

### 1. 卖妻案与妇女的不守妇道

在笔者所搜集的婚姻家庭类档案中，约三分之一的案件为卖妻

---

① 有关县官在涉及女性的民事案件中的审断原则，笔者已在本书第三章中阐明了自己的观点。

余论　档案与性别：州县档案中的下层女性建构

案，既有丈夫"嫁卖生妻"，也有妇女被娘婆两家其他亲属嫁卖，在所有案件类型中所占比例最大。前文已述，苏成捷通过对清代卖妻案的研究指出，妻子与土地一样，是小农最基本的财产，而卖妻则是贫穷所引发的一种普遍的生存策略。[①] 本书中引用的卖妻案件部分证实了苏成捷的观点——卖妻多是迫于贫困的无奈选择，是生存欲望屈服于夫妻情义的体现。但是，诚如本书所指出的，丈夫在因贫卖妻的同时，往往首先要控诉妻子的失德行为，表明其不守妇道。如魏正唐在诉状中提到："配妻杨氏，过门十五载，并无生育，无如杨氏嫌民家贫，抗听教约，时常走东去西，翻说闲言，日每寻事生非，总想另嫁，不愿跟民活人。"按照魏正唐的描述，妻子杨氏有诸多失德表现，符合"无子""多言"等出妻条件，且她本人也甘愿离异，不愿再跟丈夫一起生活。如果单从这条档案来看，二人婚姻解体的主要原因就是妻子失德。但通过其他诉状和堂审供词等材料对本案进行全面考察即可发现，事实并非如此。首先，杨氏并非无子，本案中多人的供词（包括丈夫魏正唐本人的供词）表明，魏正唐与杨氏育有一子，时年三岁，卖妻时魏正唐还特意在文约中注明，杨氏被嫁卖后，"将幼子带养三年，仍归魏正唐承嗣"。其次，魏正唐卖妻的根本原因也并非妻子不守妇道，这一点他在供词中交代得很清楚：因"得染寒病，家贫无度，小的就托谢明与李国品为媒将小的妻子杨氏嫁卖江天德为妾，取财礼钱十千，甘愿书立婚约"。显然，贫病才是魏正唐卖妻的根本原因，而他的贫困又由于其平素"瓢（嫖）赌胡为，将家业卖尽"所致，跟妻子不守妇道没有丝毫关系。再次，杨氏在供词中表示自己并不愿离异（被嫁卖），她说："魏正唐对小妇人称说嫁卖的话，小妇人不允，他要将小妇致毙，无奈允从。"[②] 所以，魏正唐的卖妻文

---

[①] ［美］苏成捷：《清代县衙的卖妻案件审判：以272件巴县、南部与宝坻县案子为例证》，载邱澎生、陈熙远编《明清法律运作中的权力与文化》，台北：联经出版公司2009年版，第361—374页。

[②] 南部县档案1-006-00368，同治十年。

书中将妻子失德作为卖妻的原因纯粹是编造的谎言。

类似的案例还有不少,再如漆洪瑞控告妻子被其娘家族侄嫁卖,在诉状中他首先写了妻子蔡氏不守妇道的行径:"屡听伊族侄蔡国保引诱刁唆,嫌蚁家贫,不服管教,叠(迭)次逃走。"在这样的背景之下,蔡氏再次跟随族侄逃跑并被其嫁卖的事情看起来才顺理成章,但是,在审讯时漆洪瑞的供词却为:"自幼发配蔡仕铨的胞妹蔡氏为妻,结缡后育有二子,素好无嫌。因小的家贫……得染寒病,又乏度用,当有蔡国保来劝小的将蔡氏嫁卖与王老六,议财礼钱五千文。"之前诉状中的失德妇女在供词中转变为"素好无嫌"的妻子,且并无被族侄拐卖之事,是漆洪瑞自己出于贫病而亲手将妻子嫁卖;文天伦卖妻案亦属同样的情况,文天伦在堂审时供述:"小的幼配帅元第的女儿帅氏为妻,结缡后生有一子。因小的家贫,难顾妻室,今九月间凭文天泮、彭廷显为媒将小的妻子帅氏嫁卖与张松为妻,财礼钱六千,小的当与他出有手印婚约。"但之前呈上的诉状中是另外一番说法:"蚁发配帅元第之女帅氏为妻,结缡以来,蚁岳元第同妻帅氏嫌蚁家贫,屡次走东去西,毫不听蚁约束。蚁妻帅氏平昔无辜与蚁行凶,口称不愿与蚁夫妇。"①

可见,卖妻案中有关妇女"不守妇道"的记载并不可信,不但她们"不孝父母""不听约束""走东去西"等描述未必真实,即便"无子""私通"等说法也可能是虚构的。要么纯粹由丈夫杜撰而来,要么是将日常生活中的一些小矛盾夸大,目的就是使男性的卖妻行为更具合理性——不是因贫卖妻,毕竟如此做法有悖夫妻之道,而是在妻子失德的情况下将其休弃。只不过对于下层家庭而言,休妻并不是将妻子休回娘家,而是将其嫁卖获取钱财。档案中有不少男性将卖妻表述为"离异"、"休妻"或"出妻",即可印证以上说法。如张国喜供:"小的幼配夏氏为妻,未有生育,因小的家贫,难以度日,甘愿

---

① 南部县档案 1-005-00188,咸丰四年;1-004-00291,道光二十一年。

离异，凭邓应生为媒将妻子夏氏改嫁与杨老七为妻。"蒲洪福因"流浪在外，多年未归"，"遗妻何氏在家衣食不给"，其父遂将何氏嫁卖。蒲洪福归来后为父亲的行为辩解道："蚁妻何氏原系不守妇道、不听翁姑教育、罔听丈夫约束，例应该出。"彭大宝在诉状中表示："蚁幼凭媒说合王氏为婚，于道光四年结缡，王氏年已二十岁，蚁止十二岁，王氏惯行泼恶难管，蚁将王氏休退另嫁。"① 的确，对于下层百姓而言，娶一房妻室的花费是巨大的，本书提到的妇女被嫁卖时索取的财礼从几千文到二三十千文不等，笔者所见两县档案中妇女改嫁财礼最高者为三十两银子②，对于普通家庭的男性而言，这无疑是一笔可观的款项③，可以很大程度缓解他们当前生活的困境，并抵扣当初娶妻时所付的部分财礼。即便男性不是由于贫困，而是夫妻不合或其他原因想要离异，也不会轻易让妻子离开，而是借用"不守妇道"之由将其嫁卖，是最符合其利益的做法。这样，我们就不难理解档案中为何男性卖妻时往往控诉妻子不守妇道的原因。

### 2. "久住娘家"与妇女的不守妇道

黄宗智在研究清代宝坻县的婚姻纠纷时发现，一些女性因回娘家长住而被丈夫控告为"出逃"，目的是让她们的行为在县官面前显得有罪。④ 从南部县与巴县档案来看，丈夫控诉妻子久住娘家的案例的确不少，原因主要有二：一是丈夫常将妻子"久住娘家"与不守妇道

---

① 南部县档案1-004-00266，道光九年；1-004-00259，道光四年；1-004-00267，道光十年。

② 南部县档案1-008-00941，光绪十年。本案中刘奇文嫁卖妻子给梁子才为妾，财礼银三十两。笔者所见多数嫁卖妇女案件中的财礼是用铜钱，一般为一二十千文；个别案件中用银或者银钱并用，如李成德的妻子雍氏被杨孝林拐骗与李元才为妻，获"财礼银十两、钱六千文"（南部县档案1-009-00238，光绪十一年）。

③ 关于清代两县下层百姓的收入水平，档案中有南部县汪樊氏在诉状中表示"氏子佣工每年仅可挣钱一串"；李寿与姚雍氏赘户并育有一女，其后李寿离异归宗，县官判令李寿"每年给女衣食钱六千文"；巴县刘税氏说自己"帮这刘万全扶（服）侍他岳母冯陈氏们，每月认给工钱五百文"，以上信息可作为参考。

④ ［美］黄宗智：《民事审判与民间调解：清代的表达与实践》，中国社会科学出版社1998年版，第30页。

联系起来,即不尽为人妻之道;二是丈夫担心娘家背着自己将妻子"拐嫁"。不过,男性控告妻子"久住娘家"的目的,主要不是让妻子"显得有罪",或借此摆脱婚姻,而是为了让县官判令自己将妻子领回。如杨上元状告妻子张氏受娘家叔父张国柱摆唆,"欺民贫寒,起意嫌怨,纵容张氏与民不睦、恣意胡为,常在伊家久住不返,又在伊家生娩一女溺毙"。但在堂审时,张氏及其娘家亲属的供词则表明,杨上元之女是在婆家"夭亡"的,而张氏是由于丈夫"不给衣食","就回娘家胞叔张国柱家帮工度活"。因此,杨上元所谓的妻子娘家欺嫌他贫寒、纵容张氏与其不和,以及溺毙女儿等情节都是不实的控诉。但是,县官仍然判定张氏"婆家贫难,不应在娘家工作以生囗[闲]言,当沐掌责",饬令杨上元将妻子"领回约束","倘若再不听约束,令上元来案具禀"。① 杨上元最终通过告状阻止了妻子"久住娘家",达到了他领回妻子的目的。但如果他在诉状中不编造妻子的各种"失德",只说妻子"久住娘家",担心案件很难得到县官的受理,因此编造了一系列妻子失德的行为,甚至说她私自将女儿溺毙,以引起县官的注意。

再如王开太控诉妻子被娘家继父接回久住并逼迫他写具休离文书,王开太在供词中说:"结缡后夫妇和好,不料小的父母亡故,家道寒微,这李朋(妻子继父,笔者注)陡起嫌贫之心,估将王氏接回不许小的接归,迨至前岁小的患病未起,李朋串同何幺娃与小的出钱十千,私造休离稿字一张,逼叫小的誊写。"但其妻王氏在供词中表示:"小妇人丈夫浪荡糊(胡)行,不顾小妇人衣食,小妇人无奈才回娘家驻扎,讵夫仍不改悔,反囗将小妇人卖休,小妇人不愿,屡央人求归,王开太来案告状,才把小妇人牵连在案的。"即尽管王开太"浪荡糊(胡)行",不能养活妻子,但王氏本人并不愿意改嫁,屡次给丈夫带信,请他将自己接回。王开太本人的供词也显示"过后这

---

① 南部县档案1-006-00303,同治二年。

余论　档案与性别：州县档案中的下层女性建构

王氏屡次寄信叫小的去接他归家顾活",说明他也知道妻子的心意,但仍接受了妻子继父的钱文,写具休离文书。此案县官判决"查王氏既已出嫁王开太为妻,应宜甘苦相随,从一而终,方才不失妇道,但久住娘家,意图休离,殊属不合,姑念愚妇,免其深究,至王开太罔务正业、不顾妻室,反得李朋钱文,致使李朋留女久住娘家,嫌疑不分,均有不是,当沐分别责惩","其王氏仍令王开太领回团聚,好为管束"。① 此案县官的审断标准与上一案件如出一辙,认为妇女即便夫家贫困、"衣食不给",也不应在娘家久住,以维护夫为妻纲、从一而终的儒家婚姻理念。王开太在控诉中隐去了自己"罔务正业、不顾妻室"的事实,只突出妻子娘家的霸蛮与"意图休离",让县官在他虽有"卖休"行为的前提之下仍断令他将妻子"领回团聚"。

将"久住娘家"的妻子控诉为"出逃"和"意图休离",只是男性"建构"的不实史料之一个方面。还有男性先将妻子嫁卖之后再控诉妻子"久住娘家",以营造自己没有卖妻的假象。如杨大志控诉:"蚁幼配陈义芳之女陈氏为婚,结缡以来屡被陈义芳同侄陈一年刁唆蚁妻陈氏久住伊家,于去岁二月殊陈义芳叔侄串同杨洪性为媒,将蚁妻陈氏伙嫁王正坤","更将蚁家具器物等件以及当价钱六千透漏一空"。按照杨大志的叙述,久住娘家的妻子被娘家父亲及堂兄嫁卖之后,又将夫家财产"透漏一空",导致他陷入人财两失的困境。但经过妻子娘家的诉状和堂审的供词可知,杨大志的控诉存在诸多不实之处。首先,其妻并非陈义芳之女、陈一年之堂妹,而系陈一年胞妹、陈义芳的侄女。作为丈夫的杨大志不可能连妻子父兄这样的近亲都搞不清楚,显然是他故意拉近陈义芳与陈氏的关系,使得陈氏是被生父而非叔父改嫁,看起来更具说服力。其次,妻子陈氏也并未"透漏"杨大志的财物,根据陈一年叔侄的诉状和供词,杨大志"嫖赌败产""不务正业",而大志的母舅李林祥、堂叔祖杨秀豪也都供认杨大志

---

① 南部县档案1-007-00225,光绪二年。

"家道赤贫,日食难度",根本没有财产。再次,陈氏甚至并未"久住娘家",除诉状之外,杨大志在供词和结状中都再未提及妻子"久住娘家"一说,且杨氏族人及陈氏娘家也都未有"久住娘家"的说法。最后,娘家并未拐嫁陈氏,杨大志在堂审时承认,因自己"家道赤贫,日食难度",将妻子"陈氏嫁卖王正坤为妻,财礼钱六千文,当与王正坤出有手印婚约",因卖妻后"图索未允",才编造谎言来县衙将妻子娘家告了。① 此案杨大志的诉状与真实的案情之间存在巨大差距,属于诬告,其在诉状中塑造的妻子及其娘家的丑恶形象也是凭空编造的,目的是掩盖他因贫卖妻的事实和发泄图索失败的愤怒。

3. "走东去西"与妇女的不守妇道

两县档案中还常有男子指责妻子不肯安分待在家中,经常"走东去西",成为她们"不守妇道"的又一主要表现。如蒲洪福控诉妻子何氏"在家不听翁姑教育,由伊赶场看会,走东去西,无所不为";陈天眷控诉儿媳,"蚁子陈国珍发配吴国彦之女吴氏为妻,结缡四载,吴氏因仗娘家护短,不守妇道,任意走东去西";魏正唐控诉妻子杨氏"过门十五载,并无生育,无如杨氏嫌民家贫,与民不和,抗听教约,时常走东去西,翻说闲言,日每寻事生非";文天伦控诉妻子帅氏"结缡以来,蚁岳元第同妻帅氏嫌蚁家贫,屡次走东去西,毫不听蚁约束";宋三丰控诉妻子汪氏"恃其娘家人盛,不听蚁父母约束,时常走东去西";袁张氏控诉儿媳杜氏"不服管教,不孝姑嫜,抗敬丈夫,走东走西";田福喜控诉妻子姚氏"自幼失训,过门以来不敬不孝,屡次走东去西,劝诫不改";等等。② "走东去西"基本与"寻事生非""不听约束""不敬不孝"等词语关联起来,是妇女不守妇道的日常表现。

---

① 南部县档案1-004-00294,道光二十五年。
② 南部县档案1-004-00259,道光四年;南部县档案1-005-00193,咸丰七年;南部县档案1-006-00368,同治十年;南部县档案1-004-00291,道光二十一年;南部县档案1-005-00210,咸丰十一年;南部县档案1-006-00346,同治七年;巴县档案6-04-05460,咸丰八年。

余论　档案与性别：州县档案中的下层女性建构

但是正如本书第四章所论，女性能够闭门不出、深居闺阁，需要家庭具有一定的经济实力，而下层家庭常常需要妇女一同参与户外劳作。有田产的家庭需要妇女下地务农，没有田产的家庭女性要和丈夫一同出门佣工，靠出卖劳动力来解决自己和家人的温饱问题。与男性控诉妻子"东走西去"相对应的，是女性控诉丈夫"不给衣食"。如杨杜氏供，"小妇人幼配杨大福为童婚，结缡后小妇人丈夫不给小妇人的衣食。在去四月间，小妇人才逃往仪陇观子场莫于基家下住扎"；帅氏供，"小妇人幼配文天伦为妻，结缡后生有一子，因小妇人的丈夫不务正业，日每嫖赌，将田地当卖，不顾小妇人的衣食"；张氏供，"小妇人发配杨上元为妻，自结缡后育有一女，在婆家夭亡属实。因杨上元嫌怨小妇人，不给衣食，就回娘家胞叔张国柱家帮工度活"；陈氏供，"小妇人发配郑洪林为婚，自结缡后夫妇和好。于去年八月间小妇人丈夫往汉中营里去看他胞兄去了，小妇人在家衣食两乏，难以度活，就逃走出外。行至小妇人娘家姨姑任马氏家下住扎"；李氏供，"小妇人发配柴作林为妻，自同治六年婚配后，这柴作林嫌小妇人貌丑，时常刻薄，不给衣食"；李苟氏供，"苟成明是小妇人父亲，李世元是丈夫，李长生是小妇人儿子，因丈夫不顾小妇人衣食，又时常打骂小妇人，忧气才逃出在外"；等等。① 对于那些"家道赤贫"、没有任何产业可以倚仗的夫妇而言，丈夫不给妻子提供衣食，妇女待在家中就只能坐以待毙。因此，除走出家门、四处谋生外，她们几乎没有别的选择。

男性还指责妻子趁自己外出佣工或贸易期间不能安守本分，离家出走或被人诱拐，导致他们辛苦工作数载，回家后却发现人去屋空，常常因此而控案。但是，男子们却刻意忽略了他们外出数载而并没有钱文送回家中的事实。如蒲国禄的供词："小的蒲国禄幼配杨氏为妻，

---

① 南部县档案1-004-00290，道光二十一年；南部县档案1-004-00291，道光二十一年；南部县档案1-006-00303，同治二年；南部县档案1-006-00341，同治六年；南部县档案1-006-00361，同治八年；巴县档案6-04-04916，咸丰元年。

成配后小的赤贫,出外贸易。"但其妻杨氏的供词却说:"小妇人幼配蒲国禄为妻,成配后,因丈夫在外游荡,不顾小妇人的衣食。"① 蒲国禄所说的"出外贸易",在杨氏看来只是"在外游荡",因为他并没有挣到钱文送回家中,使得杨氏没有衣食,因此"出外贸易"的实质只是"游荡"而已。这种男子以工作为名出外数载、毫不顾及家室的例子还有很多。如蒲廷模在嫁卖儿媳的文约中表示,儿子蒲洪福"自幼素不安分,不顾父[母]妻室,流浪在外,多年未归,音信俱无,不知生死存亡。遗妻何氏在家衣食不给";李李氏供,"小妇人幼配李灼璠的儿子李毛狗为妻,接娶后,小妇人的丈夫毛狗出外贸易,数载未归,遗小妇人寡居无靠";刘税氏供,"年三十二岁,嫁夫刘天余,出外五载未归,四查无踪,家遗儿女一双,日食艰难"。②

　　这样的社会现实,让男性处于矛盾挣扎之中。一方面,他们的确没有能力让妻子足不出户,一些男性还要求妻子出门做工。如杜正富供,"小的父母均亡,自幼在外佣工,遗妻谢氏在家乏费,小的就叫谢氏在继父何万义家帮工度日",显然他自己"在外佣工"的收入并不能够养活妻子;再如何英控诉妻子"今五月二十八日下雨,李氏贪懒不栽红苕",显然家庭耕作需要妻子的劳动付出。③ 因此,当男性控诉妇女"走东去西"时往往显得较为无力,后面常伴随有"抗听翁姑教训""毫不听蚁约束"等说法。另一方面,他们又担心妻子在家庭以外的工作和交往之中产生二心,影响到家庭的稳固,或者随着女性工作和社会能力的增强让他们感到不好控制。因此丈夫们在需要妻子辛苦劳作的同时,又不断打压、贬低和约束她们,反映在档案中就是对妇女走东去西、不守妇道的控诉。而实际上,这不仅是丈夫们难以解决的矛盾现实,县官在案件裁断时也深深陷入这一矛盾之中,前述

---

　　① 南部县档案1-004-00274,道光十二年。
　　② 南部县档案1-004-00259,道光四年;南部县档案1-004-00295,道光二十六年;巴县档案6-04-05012,咸丰三年。
　　③ 南部县档案1-008-00682,光绪九年;1-006-00292,同治元年。

县官认为妇女不应因丈夫贫困就离开夫家,认为她们应当安贫乐道、从一而终,这才是"夫妇之道"。但对于不能尽到丈夫责任——其中重要的责任之一就是养家糊口——的男性,县官又很难将对妇女从一而终的要求贯彻到底。如王廷俊"出外营贸"十余载,归来后控告未婚妻已另嫁他人,县官在判词中表示"查例载妇女从一而终,男子出外六载不返,女子应宜另嫁",明确表示男子出门六年以上不归者,其妻就可以另嫁。还有县官对男子动辄控诉妻子不守妇道的行为表示反感,如王理全控诉妻子文氏"不服教管,背逃数次",县官在其诉状上批道:"尔妻文氏如果不守妇道,为丈夫者尽可善向开导,俾知悔悟自新,何必率请唤究!"其中暗含着对丈夫不能引导和约束妻子的嘲讽。

以上以卖妻案、"久住娘家"和"走东去西"三类控诉为例,揭示了男性在婚姻纠纷类案件中对妇女失德行为的编造与夸大,其目的是营造男性自身行为的合理性,博得县官的支持。因此,相对于赖惠敏所说的杀伤类案件中,官员为了更加符合量刑标准而不惜牺牲妇女的形象,则婚姻类民事纠纷是丈夫为了让自己的行为更加合理,而不惜牺牲妻子的形象。

### 二 县官对女性司法档案的影响

清代律例及相关法规都尽量避免妇女参与诉讼,不能轻易对妇女用刑,且规定妇女犯罪大多可以收赎。① 清代的一些官箴书也告诫官员们要小心对待涉案妇女。这些规定和告诫都会影响到官员对涉案妇女的态度和判罚,进而影响到档案文书中关于女性的记载。

客观而言,女性参讼的确是一个让地方官头疼的问题。清律明确规定不可轻易提审妇女:"妇女有犯奸盗人命等重情,及别案牵连,身系正犯,仍行提审。其余小事牵连,提子侄兄弟代审。如遇亏空、累赔、

---

① 相关法律条文参见《大清律例·刑律·妇人犯罪》,载马建石、杨育棠主编《大清律例通考校注》,中国政法大学出版社1992年版,第1112—1113页。

追赃、搜查家产杂犯等案将妇女提审，永行禁止。违者以违制治罪。"① 也就是说，不严重的罪行不可传妇女到堂质讯。对于这一点州县官们很是明了，担任过州县官的汪辉祖便有"慎传妇女"的告诫，他说："提人不可不慎，固已。事涉妇女，尤宜详审。非万不得已，断断不宜轻传对簿。"② 南部县徐姓县官也曾表示："查寻常词讼不准牵连妇女，惟控告婚姻例应传讯媒证。"另一位朱姓县官则针对代子告状的母亲批道："前据尔母宋梁氏赴案呈诉，当因妇女不宜匍匐公庭，且查原案无名，批令不必在城守候。"③ 可见，县官们对于妇女涉案还是很敏感的。不仅不能轻易传唤和提审妇女，在审讯中也不能轻易责打和惩处妇女。对于不能轻易惩责妇女的原因，清人方大湜解释为："闺女被官责打，已许字者，辱及夫家。未许字者，谁为聘问。颜面所系，即性命所关，如之何弗慎。余遇牵涉闺女之案，有万不能不责惩者，以手板授其父兄，饬令当堂责打手心，不特不令差役掌嘴，并不令差役捉手也。"④ 从颜面和贞节的角度解释了女性不能受责的原因。

不能轻易提审，不能随便责惩，这些要求使得官员在处理涉案妇女时感到非常棘手。但事情还不止于此，本书第五章讨论了妇女告状的两条限制，又将县官进一步推入两难境地。首先，妇女告状要有抱告，但实际上《大清律例》删除了明律中有关女性告状使用抱告的规定，对妇女是否可以出名诉讼或使用抱告进行诉讼表现出模棱两可的态度。⑤ 而在实际的司法层面，妇女应用抱告呈控又是各地

---

① 参见《大清律例·刑罪·妇人犯罪》，载马建石、杨育棠主编《大清律例通考校注》，中国政法大学出版社1992年版，第1112—11113页。
② （清）汪辉祖：《佐治药言》，中华书局1985年版，第9页。
③ 南部县档案1-007-00420，光绪三年；1-005-00155，咸丰元年。
④ （清）方大湜：《平平言》，湖南科学技术出版社2010年版，第137页。
⑤ 清代法律学家薛允升曾表达了对清律有关妇女诉讼及抱告制度模糊性之不解："明例原系两条：一老疾；一妇人。是妇人亦准代告也。删除此条，若一切婚姻、田土、家财等事将令自告乎？抑一概不准乎？殊嫌未协。"参见薛允升《读例存疑》，中国人民公安大学出版社1994年版，第702页。

余论 档案与性别：州县档案中的下层女性建构

通行的做法。① 对于妇女由抱告代为诉讼的原因，薛允升解释为"示矜全、防诬陷也"。② 即出于维护妇女的颜面，也是维护社会风化，同时防止妇女利用犯罪可收赎的规定进行诬告。从两县档案的民事诉讼来看，多数妇女告状或申诉时使用了"抱告"或"抱诉"，只有个别妇女没有抱告，但其案件也被县官受理。但是，具备抱告的妇女，多数亦不符合另一条限制性规定，即家中没有成年男性的要求。不少妇女就是以夫家或娘家的兄弟子侄作为抱告，县官们也并未因此而不准妇女出头告状。其中的主要原因是，以妇女为主要当事人的案件，如果不传唤妇女到堂，很多事情就往往无法证实，因此县官们又不得不提审妇女。

再来看审问环节，笔者所搜集的案件多数将相关妇女提审到堂（有的案件甚至同时提审多位女性），并录有口供。只有少数案件因当事妇女逃跑或分娩等特殊原因未能到堂。本书第五章已对妇女的供词进行了较为深入的分析，首先，一些重要的女性当事人供词极为简略，往往由其父兄或男性家庭成员详述案件经过，女性只表明自己的身份并表示自己"余供"与男性亲属"同"。如道光十二年王家谌控诉亲家宋正刚估退童婚一案，王家谌之女翠姑从婆家屡次逃走，致使两家多次交涉以致互控。案件审理中，核心人物翠姑的供词仅为："王家谌是小女子父亲，余供与小女父亲供同。"③ 其次，一些妇女虽然叙述了案件的经过，但供词单调苍白，没有任何个人的情感倾向。如本书第五章所列举的妇女供词，似乎在叙述他人之遭遇，没有流露出任何对丈夫和婚姻的爱憎，对县官的判决给自己命运带来的影响似乎也漠不关心。这样的记载，固然与女性本人的消极态度有关，也与县官及书吏对女性当事人的不重视有很大关系。司法档案中，供词的

---

① 江兆涛在《清代抱告制度探析》一文中指出，浙江黄岩、安徽祁门、四川巴县、陕西紫阳县等清代地方司法档案及一些清代官箴书中都明确有妇女应用抱告诉讼的规定。参见江兆涛《清代抱告制度探析》，《西部法学评论》2009 年第 1 期。
② （清）薛允升：《读例存疑》，中国人民公安大学出版社 1994 年版，第 53 页。
③ 南部县档案 1-004-00271，道光十二年。

主要目的是记录当事人的相互关系及案件主要经过——以男性为中心的案件过程，女性视角的案件叙述及其情感表达，很可能被官府当作无用的部分而忽视或省略掉了，这与县官所秉持的"妇愚无知"的理念是相一致的。再次，供词记录还要与县官的审断结果保持一致，如婚姻类纠纷中，当妇女因不愿跟丈夫一同生活而出逃，但县官仍然判决她由丈夫"领回约束"时，她们对这样的判决结果一定存在失望甚至不满的情绪，而这种情绪也应不仅仅体现在"小妇人遵断就是"这句简单的回应上，在堂审时她们很有可能为自己呈情、辩解，表明之前的婚姻给她们带来的伤害，以及再回到这样的婚姻中的痛苦。但是，只要县官的判决是她被丈夫"领回团聚"或"约束"，为了保持档案的一致性，妇女的辩解就很难存在于记载之中。上文已对县官在审断时秉持的婚姻理念进行了一些探讨，他们认为妇女应当从一而终，无论丈夫如何不务正业、不给妻子衣食，只要他不做出违背法律之事（如嫁卖生妻、逼迫妻子卖娼等），妻子就不应离开丈夫，甚至不应在娘家久住。除非男子为了钱财而甘愿嫁卖妻子，则"夫妇之义已绝"，才能判决离异。如黎永柱将妻子王氏嫁卖与王仕围为妻，收取财礼钱六千文，"嫁后，这永柱又向王仕围搕索不遂，他就来案告状"，县官认为黎永柱与妻子"二人情义已绝，更无破镜重圆之理"，王氏"准令王仕围领回管束"。本案中，当事人王氏的供词为："小妇人是广元人。在咸丰四年，黎永柱来在广元贸易，小妇人见他挣积钱文，就改嫁他为妻，因年岁饥馑，这永柱就将小妇人引回新镇坝居住，挑盐生理，难已（以）顾活。这永柱就托彭老三为媒将小妇人嫁卖王仕围为妻。嫁后，这永柱又向王仕围搕索不遂，他就来案告状，就把小妇人放在词内的。今沐审讯，查黎永柱与王仕围均不应知情买休卖休，均干例禁。姑宽免究，饬王仕围与黎永柱敷补杜患钱五千文，其小妇人仍令王仕围领回团聚。小妇人就沾恩了。"① 虽然其供词

---

① 南部县档案1-006-00356，同治八年。

仍旧比男性当事人的供词简略，但是从妇女本人的视角较为全面客观地介绍了案件的经过，语气中透露出对县官裁断的赞同和感激，这都是与县官的审理态度和判决结果相一致的。

### 三 女性形象的自我塑造

美国学者麦柯丽通过对清代寡妇与讼师的关系进行分析指出，在精通律例的讼师调教下，"卓绝的寡妇们"学会充分利用法律条文中对女性的各项"优待"来捍卫自身的权益。① 从南部县与巴县档案的女性案件中，我们很难看出讼师存在的痕迹，虽然这并不能否认其存在，但笔者认为麦柯丽的研究未免有夸大讼师的作用之嫌。清代女性本身对法律并非一无所知，道光朝名臣李星沅在论述诬告之风猖獗时曾说："有一等无耻妇女，稔知犯罪律得收赎，无端混告。"② 史景迁在《王氏之死》中分析清代女性的生存状态时也指出，蒲松龄在他的故事里将"寡妇写成懂得法律，熟悉衙门里勾心斗角的事，对试图掠夺她们田地或她们良好名节的男人相当有办法"，③ 都可以在一定程度上反映出清代不少妇女具有相当的法律知识和法律意识。这一点从两县档案中的女性诉状和供词上都有所体现，接下来我们分析女性在州县档案中自我形象的塑造。

首先，本书所利用的案例已然证明，户婚田土类民事案件中都有女性活跃的身影，她们并未隐于男性之后，而是主动冲到台前，利用诉状的形式诉说自己的经历、表明自己的态度和立场，在司法档案中留下了自己的痕迹。对于县官对女性的弱势地位抱有一定的同情这一点，参与诉讼的妇女显然非常明了并对其进行了充分利用。她们在诉

---

① ［美］麦柯丽：《挑战权威——清代法上的寡妇和讼师》，载高道蕴等主编《美国学者论中国法律传统》，清华大学出版社2004年版，第553—578页。
② 李星沅：《李文恭公遗集》，载《清代诗文集汇编》第596册，上海古籍出版社2010年版，第386页。
③ ［美］史景迁：《王氏之死：大历史背后的小人物命运》，广西师范大学出版社2021年版，第51页。

状中常有"惨氏孤儿寡母""惨氏女流"之类的叙述,尽量渲染自己的弱势地位。即便家中有成年男性,妇女也要自己出头告状,并将自己描述成孤寡、孱弱、无助、受欺辱的形象。如张黄氏控告债主赵朝华不肯接买自己的田地,在诉状中却主要强调其如何欺凌自己:"赵朝华身居父丧百期未满,辄恃豪富贿媒赵应喜、胥德兴藉债勒娶氏媳汪氏为妾,氏不允许。赵应喜等胆敢恃恶帮同赵朝华忽于冬月初八夜率众来家行强估娶。氏同次子张应朋紧藏汪氏,伊等止将□□内米粮器物等件尽行抄搬而去……迫氏母子赴控,中途又被赵朝华支人拦回,围在大硚,不允买业,总欲娶氏寡媳。惨氏母子情急难已,又难走脱。为此遣氏胞弟黄宗荣抱呈上告。"① 丈夫亡故,债务缠身,债主欺凌逼迫,儿媳贞洁难保,这是张黄氏精心为自己营造的形象,而这样的诉状县官很难不受理。

其次,对于县官不轻易责惩妇女、多数轻罪都可收赎的规定,清代的妇女们显然也很清楚,也对此进行了充分利用。不少妇女在诉状中夸大案情甚至编造谎言,以引起县官的重视并准许立案,虽然县官对其中一些不合理的情节存在怀疑,但也只能对妇女表示"如系饰词图索妄告,定惩抱告"。② 而在案件后续的调查和堂审时,即便证明妇女是诬告,就笔者所见的案例来看,她们也无须承担相应的惩罚,连抱告也很少受到责罚,只有在曾氏控告丈夫林澍私通婢女、毒毙前妻一案中,经审断她所告皆虚,县官判定"姑念妇女无知,抱告代陈悔恩,从宽免予深究"。③ 另外,多数抱告只是具备一个形式而已。这样的待遇,往往使妇女的诉状书写更加无所忌惮,形成了所谓的"恃妇妄告"局面。两县档案中都有县官警告妇女不得"恃妇妄告",如南部县孙姓县官在黄罗氏控告夫兄将其嫁卖的诉状上批道,"即令黄宗士到案以凭集讯,该氏毋得恃妇饰词抵塞";巴县县官觉罗祥庆在王

---

① 南部县档案1-004-00236,道光三十年。
② 南部县档案1-004-00292,道光二十二年。
③ 南部县档案1-007-00416,光绪元年。

余论 档案与性别：州县档案中的下层女性建构

李氏三次请求保释儿子的"哀状"上分别批道："氏子王君海妄为不法，罪有应得，静候执法惩办，以靖地方，毋得恃妇混请保释"，"氏子王君海即王命用神素行不法，迭经递籍，复行来渝滋事，实属可恶，应候从严法究，毋庸捏病请保图说，恃妇妄渎"，"前批已明，毋得恃妇烦渎"。① 充分体现出妇女不惮县官斥责反复陈情，而县官除了反复告诫之外，对妇女并无他法。这是下层妇女对州县档案中所呈现的其群体形象的又一重塑造。

最后，县官对女性"妇愚无知"的属性定位，妇女本身也非常明了。她们常常配合县官表现自己的"无知"，以作为减轻罪行、获得宽免的理由，这一点已于本书第五章进行了论述。则州县档案中所呈现的"无知愚妇"形象，也是妇女与官员共同配合的结果。

综上，男性、官员与女性自身共同建构了州县司法档案中的女性形象。作为诉讼主体的男女两性，在诉状与供词中皆极力为自己粉饰，具体表现为男性夸大甚至编造妻子的失德行径、女性凸显自身的弱势地位与愚钝无知，目的都为争得县官的同情，以便在诉讼中处于有利地位。而两者对下层女性孱弱、无德、愚昧的描述，正好符合官员在司法实践中既要维护男性权威而压抑女性，又对妇女的弱势地位抱有一定同情和宽容，且须遵守朝廷法律与儒家仁爱思想而不能严惩妇女的各项要求。因而，在三方的一致"努力"下，州县司法档案中的下层女性形象趋于一致。我们在使用这些史料时，如果不对案件发生的前因后果、社会和文化背景、法律蕴含等各个层面进行深入细致的分析，就很可能被史料的表面现象所迷惑，从而得出错误的结论。

---

① 南部县档案 1-003-00081，嘉庆二十一年；巴县档案 6-04-04970，咸丰二至三年。

# 参考文献

## 一 中文文献

### （一）档案与文献

（汉）刘向：《列女传》，辽宁教育出版社1998年版。

（明）顾炎武：《新译顾亭林文集》，台北：三民书局2000年版。

（明）凌濛初：《二刻拍案惊奇》，华夏出版社2017年版。

（清）常明等修：《嘉庆四川通志》，凤凰出版社2011年影印本。

（清）方大湜：《平平言》，湖南科学技术出版社2010年版。

（清）汪辉祖：《佐治药言》，中华书局1985年版。

（清）王道履纂：《南部县乡土志》，清光绪三十二年抄本。

（清）薛允升：《读例存疑》，中国人民公安大学出版社1994年版。

《清代诗文集汇编》，上海古籍出版社2010年版。

崔高维点校：《仪礼·丧服》，辽宁教育出版社1997年版。

广东省立中山图书馆、中山大学图书馆编：《清代稿抄本》第10册，广东人民出版社2007年版。

马建石、杨育棠主编：《大清律例通考校注》，中国政法大学出版社1992年版。

四川大学历史系、四川省档案馆编：《清代乾嘉道巴县档案选编》（上），四川大学出版社1989年版。

四川大学历史系、四川省档案馆编：《清代乾嘉道巴县档案选编》（下），四川大学出版社1996年版。

四川省档案馆编：《清代巴县档案汇编》（乾隆卷），档案出版社1991年版。

四川省档案馆藏：清代巴县衙门档案。

四川省南充市档案馆藏：清代四川南部县衙门档案。

杨一凡、王旭编：《古代榜文告示汇存》，社会科学文献出版社2006年版。

《续修四库全书》第788册，上海古籍出版社2002年版。

袁用宾修纂：《南部县舆图考》，清光绪二十二年刻本。

赵尔巽等撰：《清史稿》，中华书局1998年版。

《中国地方志集成》，巴蜀书社2016年版。

朱熹：《诗集传》，收入《四部丛刊三编》，上海书店1985年版。

（二）今人著作

《官箴书集成》编纂委员会编：《官箴书集成》，黄山书社1998年版。

阿风：《明清时代妇女的地位与权利——以明清契约文书、诉讼档案为中心》，社会科学文献出版社2009年版。

蔡东洲等：《清代南部县档案研究》，中华书局2012年版。

常建华：《婚姻内外的古代女性》，中华书局2006年版。

陈秋坤、洪丽完编：《契约文书与社会生活（1600—1900）》，台湾"中研院"台湾史研究所2001年版。

陈弱水：《隐蔽的光景：唐代的妇女文化与家庭生活》，广西师范大学出版社2009年版。

定宜庄：《满族的妇女生活与婚姻制度研究》，北京大学出版社1999年版。

高道蕴、高鸿钧、贺卫方主编：《美国学者论中国法律传统》，清华大学出版社2004年版。

郭松义：《伦理与生活：清代的婚姻关系》，商务印书馆2000年版。

郭松义、定宜庄：《清代民间婚书研究》，人民出版社2005年版。

胡谦：《清代乡土社会民事纠纷民间调处机制研究：以诉讼档案、契约文书为中心的考察》，陕西科学技术出版社2013年版。

黄东兰主编：《身体·心性·权力》，浙江人民出版社2005年版。

黄宗智、尤陈俊主编：《从诉讼档案出发：中国的法律、社会与文化》，法律出版社2009年版。

李贵连主编：《近代法研究》第1辑，北京大学出版社2007年版。

李清瑞：《乾隆年间四川拐卖妇人案件的社会分析——以巴县档案为中心的研究（1752—1795）》，山西教育出版社2011年版。

李贞德、梁其姿主编：《妇女与社会》，中国大百科全书出版社2005年版。

李贞德主编：《中国史新论：性别史分册》，台北：联经出版公司2009年版。

里赞：《晚清州县诉讼中的审断问题研究》，法律出版社2010年版。

梁治平：《清代习惯法：社会与国家》，中国政法大学出版社1996年版。

刘正刚、杨彦立：《晚清妇女京控案探析：以台湾林戴氏为中心》，《暨南史学》（第八辑），广西师范大学出版社2013年版。

马之骕：《中国的婚俗》，岳麓书社1988年版。

毛立平：《清代嫁妆研究》，中国人民大学出版社2007年版。

那思陆：《清代州县衙门审判制度》，中国政法大学出版社2006年版。

裴燕生主编：《历史文书》，中国人民大学出版社2003年版。

邱澎生、陈熙远编：《明清法律运作中的权力与文化》，台北：联经出版公司2009年版。

王笛：《跨出封闭的世界——长江上游区域社会研究》，中华书局2001年版。

王亚新、梁治平主编：《明清时期的民事审判与民间契约》，法律出版社1998年版。

王跃生：《清代中期婚姻冲突透析》，社会科学文献出版社2003年版。

王跃生：《十八世纪中国婚姻家庭研究——建立在个案基础上的分析》，法律出版社2000年版。

吴存浩:《中国民俗通志·婚嫁志》,山东教育出版社 2005 年版。

吴佩林:《清代县域民事纠纷与法律秩序考察》,中华书局 2013 年版。

吴欣:《清代民事诉讼与社会秩序》,中华书局 2007 年版。

邢铁:《家产继承史论》,云南大学出版社 2000 年版。

杨念群:《何处是"江南"?:清朝正统观的确立和士林精神世界的变异》,生活·读书·新知三联书店 2010 年版。

衣若兰:《史学与性别:〈明史·列女传〉与明代女性史之建构》,山西教育出版社 2011 年版。

张渝:《清代中期重庆的商业规则与秩序:以巴县档案为中心的研究》,中国政法大学出版社 2010 年版。

赵刘洋:《妇女、家庭与法律实践:清代以来的法律社会史》,广西师范大学出版社 2021 年版。

赵娓妮:《审断与矜恤:以晚清南部县婚姻类案件为中心》,法律出版社 2013 年版。

[美]白德瑞(Bradly W. Reed):《爪牙:清代县衙的书吏与差役》,尤陈俊、赖骏楠译,广西师范大学出版社 2021 年版。

[美]白馥兰(Francesca Bray):《技术与性别:晚期帝制中国的权力经纬》,江湄、邓京力译,江苏人民出版社 2005 年版。

[美]白凯(Kathryn Bernhardt):《中国的妇女与财产:960—1949 年》,上海书店出版社 2003 年版。

[美]高彦颐(Dorothy Ko):《闺塾师:明末清初江南的才女文化》,李志生译,江苏人民出版社 2005 年版。

[美]黄宗智:《民事审判与民间调解:清代的表达与实践》,中国社会科学出版社 1998 年版。

[美]黄宗智:《中国法庭调解的过去与现在》,《清华法学》第十辑,清华大学出版社 2007 年版。

[美]黄宗智主编:《中国乡村研究》(第八辑),福建教育出版社 2010 年版。

［美］李中清、王丰：《人类的四分之一：马尔萨斯的神话与中国的现实（1700—2000）》，生活·读书·新知三联书店 2000 版。

［美］卢苇菁：《矢志不渝：明清时期的贞女现象》，秦立彦译，江苏人民出版社 2010 年版。

［美］曼素恩（Susan Mann）：《缀珍录：十八世纪及其前后的中国妇女》，定宜庄、颜宜葳译，江苏人民出版社 2005 年版。

［美］任思梅（Johanna S. Ransmeier）：《清末民国人口贩卖与家庭生活》，施美均译，上海人民出版社 2022 年版。

［美］史景迁（Jonathan D. Spence）：《王氏之死：大历史背后的小人物命运》，李璧玉译，上海远东出版社 2005 年版。

［日］仁井田陞：《中国法制史》，牟发松译，上海古籍出版社 2011 年版。

［日］仁井田陞：《中国法制史研究：奴隶农奴法·家族村落法》，东京大学出版会 1980 年补订版。

［日］滋贺秀三：《中国家族法原理》，张建国、李力译，法律出版社 2003 年版。

### （三）期刊论文

阿风：《明清时期徽州妇女在土地买卖中的权利与地位》，《历史研究》2000 年第 1 期。

陈怡星：《"威逼人致死"条研究》，硕士学位论文，中国政法大学，2009 年。

邓建鹏：《清朝〈状式条例〉研究》，《清史研究》2010 年第 3 期。

定宜庄：《妇女史与社会性别史研究的史料问题》，《历史研究》2002 年第 6 期。

定宜庄：《关于清代满族妇女史研究的若干思考》，《吉林师范大学学报》2014 年第 6 期。

定宜庄：《有关满族妇女史研究的几点思考》，载《国际满学研讨会论文集》，2009 年。

段文艳：《死尸的威逼：清代自杀图赖现象中的法与"刁民"》，《学术研究》2011年第5期。

段自成：《明清乡约的司法职能及其产生原因》，《史学集刊》1999年第2期。

范金民：《清代江南田宅买卖"找价"述论》，《史林》2020年第5期。

高世瑜：《从妇女史到妇女/性别史——新世纪妇女史学科的新发展》，《妇女研究论丛》2015年第3期。

高世瑜：《发展与困惑——新时期中国大陆的妇女史研究》，《史学理论研究》2004年第3期。

高世瑜：《妇女史研究的瓶颈——关于史料鉴别问题》，《中华女子学院学报》2011年第4期。

龚义龙：《清代巴蜀场镇社会功能研究》，《长江师范学院学报》2017年第1期。

郭松义：《清代403宗民刑案例中的私通行为考察》，《历史研究》2000年第3期。

郭蓁：《论清代女诗人生成的文化环境》，《山东社会科学》2008年第8期。

郭蓁：《清代女性诗人群的总体特征——以清初至道咸诗坛为中心》，《齐鲁学刊》2008年第5期。

何铭：《论"无讼"》，《江苏大学学报》2006年第6期。

何一民：《晚清四川农民经济生活研究》，《中国经济史研究》1996年第1期。

胡中生：《凭族理说与全族谊：宗族内部民事纠纷解决之道——以清光绪年间黟县宏村汪氏店屋互控案为例》，《济南大学学报》2005年第6期。

江兆涛：《清代抱告制度探析》，《西部法学评论》2009年第1期。

赖惠敏：《清代皇族妇女的家庭地位》，台湾"中研院"《近代中国妇女史研究》第 2 期（1994 年 6 月）。

赖惠敏、徐思泠：《清代旗人妇女财产权之浅析》，台湾"中研院"《近代中国妇女史研究》第 4 期（1996 年 6 月）。

赖惠敏、徐思泠：《情欲与刑罚：清前期犯奸案件的历史解读（1644—1795）》，台湾"中研院"《近代中国妇女史研究》第 6 期（1998 年 8 月）。

赖惠敏、朱庆薇：《妇女、家庭与社会：雍乾时期拐逃案的分析》，台湾"中研院"《近代中国妇女史研究》第 8 期（2000 年 8 月）。

李华丽：《清代妇女的家庭生计问题研究》，《历史教学问题》2009 年第 5 期。

李佩英：《湘阴民间婚俗探析》，《岳阳职业技术学院学报》2006 年第 5 期。

李源：《性别与权力：清代女性参与京控案再研究》，载《述往而通古今，知史以明大道——第七届北京大学史学论坛论文集》，2011 年。

李征康：《武当山古婚俗研究》，《郧阳师范高等专科学校学报》2004 年第 1 期。

李祝环：《中国传统民事契约成立的要件》，《政法论坛》1997 年第 6 期。

李祝环：《中国传统民事契约中的中人现象》，《法学研究》1997 年第 6 期。

里赞：《晚清州县审断中的"社会"：基于南部县档案的考察》，《社会科学研究》2008 年第 5 期。

梁勇：《妻可卖否？——以几份卖妻文书为中心的考察》，《寻根》2006 年第 5 期

刘盈皎、张生：《无财不能立身——清代妇女财产权保障研究》，《湖北大学学报》2013 年第 4 期。

刘正刚、杜云南：《清代珠三角契约文书反映的妇女地位研究》，《中国社会经济史研究》2013 年第 4 期。

罗海山：《试论传统典契中的找价习俗》，《文化学刊》2010年第4期。

马鸣九：《台湾民间婚俗》，《民俗研究》1993年第2期。

茆巍：《紧要与卑贱：清代衙门仵作考》，《证据科学》2014年第2期。

茆巍：《论清代命案初验之运作》，《证据科学》2011年第6期。

茆巍：《清代司法检验制度中的洗冤与检骨》，《中国社会科学》2013年第7期。

彭晓松、刘长林：《"近现代中国社会的自杀问题"国际学术研讨会综述》，《史学月刊》2014年第2期。

王忠春、张分田：《无讼思想与王权主义秩序情结》，《江西社会科学》2006年第5期。

吴才茂：《清水江文书所见清代苗族女性买卖土地契约的形制与特点——兼与徽州文书之比较》，《安徽师范大学学报》2017年第3期。

吴景杰：《从"家事"到"公事"：〈霋辞〉中所见晚明妇女非殉节型自杀案件》，《暨南史学》（台湾）2012年第14期。

吴佩林：《〈南部档案〉所见清代民间社会的"嫁卖生妻"》，《清史研究》2010年第3期。

吴声军：《从贺江文书看清代以降南岭走廊妇女的权利——兼与清水江文书的比较》，《广西社会科学》2016年第6期。

吴欣：《婚姻诉讼案件中妇女社会性别的建立——以清代直、陕、豫、鲁地区判牍、档案资料为例》，《妇女研究论丛》2009年第4期。

吴欣：《清代妇女民事诉讼权利考析——以档案与判牍资料为研究对象》，《社会科学》2005年第9期。

邢铁、高崇：《宋元明清时期的妇女继产权问题》，《河北师院学报》（社会科学版）1996年第1期。

徐忠明、姚志伟：《清代抱告制度考论》，《中山大学学报》2008年第2期。

姚志伟：《清代妇女抱告探析》，《法学杂志》2011 年第 8 期。

张佳生：《清代满族妇女诗人概述》，《满族研究》1989 年第 1 期。

张启龙、徐哲：《被动的主动：清末广州高第街妇女权利与地位研究——以契约文书为例》，《妇女研究论丛》2015 年第 2 期。

张涛：《被肯定的否定——从〈清史稿·列女传〉中的妇女自杀现象看清代妇女境遇》，《清史研究》2001 年第 3 期。

张文香、萨其荣桂：《传统诉讼观念之怪圈——"无讼"、"息讼"、"厌讼"之内在逻辑》，《河北法学》2004 年第 3 期。

张晓蓓、张培田：《清代四川地方司法档案的价值评述——以清代巴县、南部县衙门档案为例》，《四川档案》2007 年第 5 期。

张晓霞：《清代巴县孀妇的再嫁问题探讨》，《成都大学学报》2013 年第 2 期。

张晓霞：《清代抱告制度在州县民事诉讼中的实践——以清代巴县档案为中心的考察》，《成都大学学报》2017 年第 4 期。

赵彦昌、王晓晓：《清代诉状探微》，《档案》2020 年第 7 期。

郑杰文：《南部档案所见清代川北民俗》，《民俗研究》2008 年第 1 期。

［日］野村鲇子：《明清散文中的妇女与家庭暴力书写》，台湾"中研院"《近代中国妇女史研究》第 16 期（2008 年 12 月）。

## 二　英文文献

### （一）著作

Ellen Judd, *Gender and Power in Rural North China*, Stanford: Stanford University Press, 1994.

Janet M. Theiss, *Disgraceful Matters: The Politics of Chastity in Eighteenth-Century China*, University of California Press, 2004.

Margery Wolf, *Women and the Family in Rural Taiwan*, Stanford: Stanford University Press, 1972.

Nan Nü, *Men, Women and Gender in Early and Imperial China*, 3: 1 (2001).

(二) 期刊论文

Bernard Gallin and Rita Gallin, "Matrilateral and Affinal Relationships in Changing Chinese Society", in Jih-chang Hsieh and Ying-chang Chuang, ed., *The Chinese Family and its Ritual Behavior*, Taiwan: Institute of Ethnology, Academia Sinica, 1985.

Beverly Bossler, "'A Daughter is a Daughter All Her Life': Affinal Relations and Women's Networks in Song and Late Imperial China", *Late Imperial China*, 21: 1 (June 2000).

Ellen Judd, "Niangjia: Chinese Women and Their Natal Families", *The Journal of Asian Studies*, 48: 3 (August 1989).

Guotong Li, "The Control of Female Energies: Gender and Ethnicity on China's Southeast Coast", *Gender and Chinese History: Transformative Encounters*, edited by Beverly Bossler, Seattle: University of Washington Press, 2015.

Hsieh, Andrew C. K. and Jonathan D. Spence, "Suicide and the Family in Pre-modern Chinese Society", in Arthur Kleinman and Tsung-yi Lin, eds., *Normal and Abnormal Behavior in Chinese Culture*, Dordrecht: D. Reidel Publishing Com-pany, 1981.

Paola Paderni, "I Thought I Would Have Some Happy Days: Women Eloping in Eighteenth-Century China", *Late Imperial China*, 6: 1 (June 1995).

Rubie Watson, "Class Differences and Affinal Relations in South China", *Man*, 16: 4 (December 1981).

Weijing Lu: "A Pearl in the Palm: A Forgotten Symbol of the Father-Daughter Bond", *Late Imperial China*, 31: 1 (June 2010).

# 后　　记

　　从我开始接触清代州县档案，至今已将近二十年。本书从搜集资料到发表阶段性成果，再到今天的完稿，前后也经历了十二年时间。其间曾一度开小差做了一些其他方面的研究；但为清代下层女性发出一些声音，是我一直的心愿。本书几百个案例中的女性故事，让我看到清代下层女性的隐忍与苦难、坚毅与勇敢、智慧与精明，能将她们的故事较好地呈现出来，让她们的生命也被看见，而不再是历史上"失声"的群体，是我作为一名女性历史研究者一直抱有的一点使命。

　　在本书写作的过程中，南部县档案整理工程的首席专家吴佩林教授给予了多方面的帮助，不仅在档案的解读和分析方面给予指导，其他的学术问题我也常随时跟他请教和交流，可谓良师益友，在此谨表感谢。

　　感谢中国人民大学清史研究所古代史教研室的我的同事们，本书写作过程中，部分内容曾在教研室中进行过讨论，同事们总是能够提出中肯的建议和切中要害的意见，让我在这个小团队不断汲取营养、得到成长。

　　我的学生李莹莹、刘欢欢、郭宇昕、王捷、赵唱、叶佳敏都选择了利用州县档案写作硕士论文，与他们的交流和碰撞，有助于我开拓思路、教学相长。马冉虽然没有选择相关论文题目，但帮我在四川省档案馆查阅了部分巴县档案，在此一并表示感谢。感谢中国人民大学科研处的史雪柯老师和中国社会科学出版社的马明老师，如果没有两

## 后　记

位的努力，本书很难这么快和读者见面。

　　书稿即将付梓之际，欣慰和忐忑之情并存。性别史研究在中国已走过将近三十个年头，仍有很多领域有待发掘，有不少女性群体有待研究。期待更多的人加入这一领域之中，共同讲好中国女性故事。

毛立平
2023 年 4 月 12 日
于中国人民大学清史研究所